旅游质性研究方法

余志远 著

商务印书馆
创于1897 The Commercial Press

序言一

知识探索是伴随人类发展史和个人成长史全部过程的一种现象，只是这种现象在不同的历史阶段会呈现出不同的强度、水平和特点。可以想象，初级阶段的知识获取，必然伴随某种本能的冲动、消极的接受和局限于身体感知能力范围之内这样一些特点，并且在共享获取知识方法、路径、手段以及策略方面，也十分朴素而简单。这既是由知识的本质决定的，也可以由知识论中的知识发展史加以证明。按照社会学家孔德对知识类型的划分，人类的知识大体可以有三个来源：与信仰相关联的宗教知识，与思辨相关联的哲学知识，与实证相关联的科学知识。孔德的这个划分，不仅仅是对知识问题做一个类型学上的回答，实际上也隐含了对于这个问题的知识考古学上的揭示：在人类整体或个体的知识获取早期阶段，从实证切入而增进对世界的本体论认识，必然是人类知识探索的起点性努力。眼、耳、鼻、舌、身，这些天赋感官是人类接受外部世界信息的基础条件，借此人们最终形成对外部世界的本体论认识。所以，处在早期阶段的知识探索带有鲜明的原始性或本能性，同时也具有直接性和个人性。只有当人类的整体心智或个人的身心发育走向成熟的阶段，人们才开始动用反身性的思考来形成知识，甚至借助于知识疆域当中的公共逻辑来推演知识，这时，哲学思辨成为知识的一个来源，而形而上的玄学也由此产生。在今天，我愿把这个知识转向看作人类整体知识发展史或个人个体智力发育史可能面临的第一个根本性挑战，标志着人的知识观可以脱离于外在世界而进行独立的整体性建构。不过，这个时期，与借助于“眼见为实”的路径发展起来的实证性知识一样，早期的（以一种判断或臆断的观点来界定的话，我指文字出现之前的人类历史阶段或个人未识得任何文字的童稚阶段）哲学思辨所获得的知识，仍与外部世界保持着极高的本质联系，其特征可谓“见素抱朴”，也就是说，这种知识很能够“回到事实本身”。然而，当“权威的”文字（我清楚地记得在我的童稚阶段是如何地崇拜着白纸上的方形汉字）出现在人类历史或个人发育史上，知识疆域中的主导性力量被彻底颠覆了，信仰、教条、迷信成了知识界的惯习，人类整体或个人，都被裹挟到一种不能自拔的、被外来和外在知识所控制的洪流当中，知识的力量具备了宗教的力量，“主义”盛行，权威满街，专家遍地，而失去的，则是那些可怜的“自我”以及自我的那点难得的“素朴”。我以为，这是人类知识领域面临的第二次挑战。自亚里士多德之后的科学主义，与那些相伴相随的、对立的各个哲学流派之间的激荡，尽管有某种试图回归“素朴”的努力，但其实，仍在不断地制造规范，不断地创造权威，并通过不断强大的技术力量，最终把人类的知识发展历史，送上了一条没有回路的单行道。

既然没有回路，那么，由人性的本质使然，属于价值判断的知识生产的效率问题，就体现为谁能够在知识探索这条单行道上跑得最快的问题。效率决定了实力，效率会赢得竞争。于是，在培根说出“知识就是力量”之后，笛卡尔会出来“谈谈方法”，阐明他所主张的“正确运用自己的理性在各门学问里寻求真理的方法”。然而，在费耶阿本德看来，通过实证路径获取科学知识的过程，本质上是“一种无政府主义的事业”，它没有普遍规范的方法，于是，他直言“反对方法”。仅仅从这些简单列举便可以清楚地看出，在科学哲学意义上，方法对获取知识的价值是有争议的。由权威所发展的规范、教条和方法，在人类的知识获取过程中的地位，只有在工具的意义上才可见其价值，而在存在的意义上却很难给出更高的评价。不过，话说回来，既然人类的知识获得过程已经走上单行道，那么，“求知的方法”必然成为当今社会知识界趋之若鹜的东西。在这种情况下，“见素抱朴”的直觉知识会因过于个人化而受到排斥，“工具至上”成了颠覆传统知识观的社会潮流。如此，谈谈方法，学学方法，弄弄方法，卖卖方法，也便是知识界的新常态、普遍态了。以我个人的经验，也不免要写一本《旅游研究方法》来随顺这个方法论流行的大潮。但其实，于内心之中，本是挣扎于“有方法”和“无方法”之间的。

无独有偶，余志远博士也是这个潮流中的一员。在旅游研究领域，方法论的书籍还十分有限。余志远博士以其勤奋和学力，完成了一部专门探讨实证研究中的定性方法的书籍，文献涉猎已属广泛，这个努力值得肯定。或许他也意识到了，定性研究在斯特劳斯等人的努力之下其发展方向上更朝向定量化、规范化、程式化的方向倾斜，这是科学主义至上、科学霸权的一种必然结果，因此他也适当地将定性研究方法的讨论框架置于一个略具开放性的哲学背景框架中，这种警觉也值得肯定。在这样一个基本设定之下，该书比较系统地介绍了定性方法在确定研究方案、获取经验资料、展开质性分析、构建理论命题方面的技术、手段和路径，很有参考价值。希望这部书的出版，能够给旅游学术研究提供一些有价值的工具和可利用的方法。不过，面对当前工具主义盛行的科研局面，我想再次强调的是，科学研究的终极目的是获得本体论的知识，而不是自炫方法如何高级或复杂。“伐柯伐柯，其则不远”，道在迩而不可求诸远。人类对世界的认识，只有回到事实本身，回到目的本身，在充分尊重个体知识的基础上构建通则性知识，才能彰显知识的真正价值。在这个前提下，这部质性研究的方法论著作，如果能有助于人们在获得个案性知识和通则性知识方面取得某种平衡，当为作者初衷，也是我之所愿。

是为序。

海南大学教授　谢彦君

2022 年 4 月 17 日于琼岛东坡湖畔

序言二

当东北财经大学余志远副教授将其厚厚的一本专著《旅游质性研究方法》寄到我手上时，对于我这种比较关心行业实际，喜欢从实用性角度以逻辑思维方法研究的学者来说实实在在地大吃了一惊，心中浮现出的第一个词是“厉害”，随即习惯性地担忧是否诘屈聱牙、艰涩难懂。然而打开书卷，品读下来，有娓娓道来之感。一本从哲学角度谈方法论的书籍写得这般律动有趣，足可见志远在思辨能力、理论修为与文字功力各方面的造诣与精道。中国旅游理论研究需要更多这样的文字，中国旅游学科需要更多这样有温度的成果。

伴随着中国现代旅游业从无到有、从小到大，四十多年来中国旅游教育、旅游研究也得到了迅猛的发展，全国办有与旅游相关专业的院校达两千两百多所，从中专到大专到本科，再到硕士研究生、博士研究生，同期在校学生不少于一百万人，构成了一个蔚为壮观的庞大机体。然而，旅游学科建设本身却尚处在一个粗放的阶段，课程体系设计缺乏严密科学的内在逻辑，传授知识依然停留在对管理学、经济学、社会学、心理学、历史学等传统学科理论的复制和粘贴后的简单概说上，这导致旅游教育专业性不强，对学生专业思维塑造能力不够，直接影响了旅游教育的人才培养目标和质量。因此，适应时代的发展，针对中国旅游业发展对人才的需求与标准，改进和完善旅游教育是中国旅游学界的历史使命和神圣职责，这就要求旅游教育者静下心来，调动智慧和才能，立足中国旅游业发展实际和内在规律开展理论研究，形成丰硕成果。在日常教学工作中，以专门化的旅游理论构建科学的课程体系，以专业化的学科知识丰富每一门课程的内容，让旅游知识学有兴趣，旅游教学学有所用，旅游教育学有所长。志远的研究正在做这种一砖一瓦的基础性工作，因而也就显得尤为珍贵。

随着中国社会经济的发展，旅游已成为每个中国人生活的必需内容，旅游产品与服务的品质更关系到人民群众日益增长的对幸福生活的渴望，尤其面对着新消费时代背景下新环境、新技术、新渠道、新族群的挑战，中国旅游业需要转型升级、创新生产方式，这就需要新理论、新思维发挥对行业的引领与指导作用。但是，尽管表面看来旅游研究的理论成果汗牛充栋，而实际上旅游理论与旅游实践始终相互游离，旅游研究成果无法引起旅游实践者们的兴趣，旅游理论创新更无法被实践者们吸纳、接受，进而转化和产生实际的生产成果。造成这种现象的原因复杂多样，行业实践者过度迷恋经验、依赖习惯性的经营方法、缺乏跳出心理舒适圈的勇气等是一个方面的原因，但同时旅游研究无论从选题、研究结论，还是叙述语汇，都沉醉于自身的评价体系之中，追求所谓高大上的“学理性”，导致选题脱离实际、方法“曲高和寡”、结论缺乏共情，这未尝不是另一个重要原因。创造知识和开拓知识是科学研究的双翼，旅游理论研究既需要关注自身体系的构建，也需要关注火热的社会实践。将论文写在大地上，用在行业实践中，形成更贴近实践、更贴近消费、更能激发行业创新与变革热情的理论研究成果，是时代赋予旅游理论研究的历史使命，车同轨、书同文、语同音，才能做到理同心，这就需要旅游学界认真反思和探索旅游研究的方法。志远恰恰是看到了旅游理论研究在方法上存在的某种缺陷与不足，希望通过自己的研究找到一条路子，让理论研究更能揭示行业的内在规律，更能解释行业实践中的诸多现象，从而更能发挥出理论的指导性作用，因而这种研究是积极而具有开创性的。

科学研究采用有效的方法是前提。工业革命以后，在制造业生产逻辑的基础上形成了一整套以量化研究为主轴的科学研究范式，影响了近、现代自然科学、社会科学的理论研究。因而，旅游研究从其发展之初也沿袭了这种方法，形成了许多优秀的成果。但是与冷冰冰的机械化生产不同，旅游是人的一种社会性行为，具有极强的精神性内涵，因此单纯依靠量化研究的方法很难揭示旅游活动的全部意义与规律，而需要多方位、多角度、多层次、多方式地进行研究。正是由于理论研究方法上的单一，导致在实际研究过程中出现了一些不足取的现象。如在一部分学者眼里，旅游研究中仿佛只有定量研究方法才是唯一的、排他的科学方法，常常看到许多这样的文章：一大堆的数据、图表，一系列纷繁复杂的数理公式、模型计算后，给出粗浅的分析以及众人皆知的结论。更有甚者，研究课题的生成或者说研究的发动不是来源于“问题”本身，而是产生于某一既有的“理论”：读到一个概念或者一个理论，便去寻找案例，以所谓的定量研究来印证理论的正确，这样的研究没有实际地开拓知识，更没有创造知识，不过是让旅游研究沦为一种对“概念”的注解，衬托自身理解的深刻与思维的高明罢了。因此，以鲜活的人为对象，以丰富多彩的情感活动为内容的旅游理论研究需要多样性的方法，既需要以量化研究的方式分析旅游现象背后的逻辑关系，也需要以质性研究的方法关注旅游生活中的情感、体验、价值与意义。《旅游质性研究方法》一书应该是基于这一目的，希望建立起更为完善的旅游研究的方法体系，从更广阔与深刻的层面揭示旅游活动的内涵与机理，因而这样的思考是具有人文精神的。

读完书稿，深感内容丰富，逻辑严密，论证有序，无法一时便能深刻地理解其中的全部宏言大义，但有几点给我留下了深刻印象。

这本书选择以“质性研究方法”为题，想通过研究，给学界一种有效的方法，构建起更为完善的旅游研究方法体系，从而能够深刻地去关注和了解旅游活动的价值意义，希望让“理性”的学术研究回到“丰富”的生活世界。正如书中所言：“旅游质性研究是以研究者本人为研究工具，在自然情境下采用多种资料收集方法对旅游世界中的现象进行整体性探究，使用归纳法分析资料和形成理论，通过与研究对象互动对其行为和意义构建获得解释性理解的一种研究活动与方法。”在这里，作者高度重视旅游研究中自然环境“旅游场”下与人工环境“实验场”下旅游者的体验差别，希望在更真实的状态下，关注旅游者最真的感受与体验，探究旅游的价值、意义与社会功能，这样便将旅游研究由单纯解释“经济性”活动上升为同时探索“精神性”世界的一门学问，使旅游研究更具综合性效益和价值。

在志远的心目中，“旅游世界的人包括旅游者、旅游目的地居民、旅游投资商、旅游管理者和旅游服务人员等”，因此作为旅游研究者，需要重视在旅游学术活动中与研究对象的“同喜、同乐、同怒、同悲、同哀，感同身受”，希望真正地理解他们，善待他们，关心他们。基于此，书中强调应做有温度的研究、有情怀的学者，因而在全书的许多论述中，尤其强调“学术伦理”，关注被研究者的感受、隐私、情感与体验，这是一种有人文意识、关爱精神、职业操守的学者风范。

认识志远是在他就读四川大学硕士研究生期间，作为老师，更是朋友，我们一起外出资源考察，做旅游地发展规划，当年的志远便给我一个勤奋好学、踏实努力、谦谦君子的印象。现在的志远，通过博士学习，在教学和科研工作中获得了成长。读他的书籍，看得出来这些年他读了很多书，借鉴既往的研究成果，又不囿于现有的理论，旁征博引，言之有物，析之有据，在理论梳理中，善于挖掘不同理论间内在的渊源与逻辑联系，更有诸多自己的思考与创新，强调理论研究的实操性。如在现象学一节中指出“现象学显然为扎根理论的方法奠定了哲学理论基础。早期的扎根理论就特别强调不建议阅读他人的文献，研究中要尽量避免研究者带入预设，这些操作指导理念似乎都能看到现象学‘悬置’思想在其中起到的作用”；在论及科学研究的创新策略时，书中认为“有些理论受到批判，主要是实践中总能找到一个或多个反例去反驳它们。对此，我们要给予理解。但也不能由此而否定某些理论的解释力以及它们在特定年代所发挥的作用和价值”；在谈论研究选题范围时，主张“论题范围应该缩小，集中论证某一方面的问题，务求有所专攻”。凡此种种，均能深刻体会到作者所具有的历史性思维、独到眼光和实事求是的学术理性。

工欲善其事，必先利其器。读志远的《旅游质性研究方法》一书让我仿佛又回到十几年前，我们相坐而谈的快意，更让我对中国年轻一代的旅游学者充满了敬意，他们是受过更严格训练、更具有国际视野、更怀有人文精神的一代，中国旅游理论研究和旅游教育未来可期。

四川大学教授　李原

2022 年 4 月于成都川大花园

前　言

在过去很长一段时间里，旅游学科相对还是不够自信的。这种境况在今天已有一定的改变。谢彦君在 1999 年谈到旅游学科问题时指出，如果严格按照学科的标准来判断，旅游学科还没有最终形成[①]。这种判断无疑符合当时的学科建设实际。1998 年之前，在我国的旅游专业学科目录中，只有“旅游经济”这个设在经济学门类当中贸易经济二级学科下的一个三级学科；1998 年之后，专业名称改为“旅游管理”，作为二级学科而存在，隶属于管理学门类下的工商管理一级学科。但无论是之前的“旅游经济”还是之后的“旅游管理”都不具有本学科知识体系上的统御性，同时也反映了旅游学在学科领域并没有得到一个适当的地位。好在 21 世纪开始后的 20 多年中，在学科共同体的共同努力下，旅游学的研究以及整个学科的发展都呈现出异常繁荣的态势。在新的发展态势下，保继刚等一直不断地呼吁并努力推进着旅游学科的升级[②]。

旅游学科在推进建设和发展的过程中，有一个需要注意到的不容乐观、似乎带有悖论性的现象，即旅游管理类专业院校

---

① 谢彦君 . 基础旅游学（第 1 版）[M] . 北京：中国旅游出版社，1999.

② 保继刚 . 建设旅游管理一级学科，加快旅游人才培养［ J ］. 旅游学刊，2015，30（9）1–2.

办学层次得到提升、办学规模获得扩张，但人才培养质量却未发生明显的提升，毕业生就业不够理想，职业认同感及社会认同感不高，本行业内的流失率较高。当然，本行业内的就业率不一定完全反映人才培养质量，但它的确是一项值得我们深刻反思的重要指标。这种情况并不意味着本行业对专业人才的需求不够。恰恰相反，如果排除新冠肺炎疫情事件的影响，旅游业需要大量优秀的、专业的旅游人才为其保驾护航，而当下我国形成的以经济内循环为主的文旅新格局与高质量发展的诉求，更是迫切需要高层次、应用型、复合型的旅游管理人才。以上悖论的产生，其原因是多方面的。一些学者在不同的历史时期提到，旅游教育理念不先进、人才培养定位模糊、课程体系不合理、旅游人才发展环境不成熟与职业通道不畅等都是引发该现象的因素。这些因素都客观存在着，并对旅游人才的培养产生着制约性的影响。

笔者对这个问题的思考是，或许我们在旅游学科的知识体系建设方面应给予重点关注。之所以要从知识体系建设方面找原因，主要是由于现实中经常听到一部分业界人士的反馈，表达对旅游专业人才的认可度不高，评价旅游专业的门槛低，认为该专业的话语体系不够特色和鲜明。从这点来看，旅游学科仍没有构建一个成熟的知识体系，知识的深度和延展性等方面都有待加强（尤其是前者），更遑论以此来培养懂理论、会用理论的专业人才。对于知识的深度探索，旅游研究方法无疑在其中扮演着重要的角色。惟有依靠方法，学者才会具备为旅游学科知识大厦生产“建筑”材料的能力。从知识延展性的角度来说，旅游学作为一门新兴的跨学科门类，其知识体系非常庞大，包括与经济学、管理学、历史学、地理学、文化学、社会学、人类学、生态学、统计学等各学科的交叉和融合。该学科在自身建设的过程中，需要充分吸收不同学科背景学者的加入，重视培养其他背景出身的学者对旅游世界探索的兴趣，更要在制度和政策上鼓励他们，支持他们，从而为旅游学科知识大厦的建造贡献力量，构建成熟的学科知识体系。需要注意的是，不同学科有着不同的研究范式、理论、视角和方法，介入旅游研究的诸多学科的学者，难免“鸡同鸭讲”，缺少有效沟通，从而影响学科建设①。依笔者看来，这个问题的解决在一定程度上同样需要仰仗于旅游研究方法。旅游研究方法是不同学科的学者避免“鸡同鸭讲”而获得有效沟通的桥梁。

因此，旅游研究方法在旅游学科知识体系构建中有着重要的支撑性作用，甚至是决定性的作用，因为它实际上是知识得以获得的工具和途径。国内旅游学术界对此也给予了回应，《旅游调查研究方法》（郑国全，2009）、《旅游管理研究的实证方法》（张宏梅等，2014）、《旅游研究方法》（谢彦君，2018；许春晓等，2018）、《旅游调查研究的方法与实践》（李享，2018）、《旅游研究理论与方法十讲》（保继刚，宋海岩，2019）、《酒店及旅游业研究方法》（洪琴，2019）等旅游研究领域的方法论成果就是鲜明的体现。这些著作为旅游学者提供了一套很好的方法论学习资料，但同时我们也看到这些著作中特别关注或定量研究方法，或定量研究和质性研究方法两者兼而有之。笔者所要强调的是要对质性研究方法给予特别的关注。今天的科学研究中（无论是旅游研究还是非旅游研究）所

---

① 陈钢华.中国旅游学科发展：学科归属和研究者群体视角的思考［J］.旅游学刊，2019，34（12）：7-8.

呈现出的一个现象是，一套以数学为基础的符号逻辑思考体系，取代了亚里士多德以来的形式逻辑概念，发展出以量化研究为主轴的科学研究范式，这种实证主义下的符号逻辑思考体系，仍是当代科学研究的主流思想，量化研究方法作为学术训练主体的现象，仍然普遍存在于各学科之中[①]。定量研究这个普遍存在的方法论在推动旅游向着科学的目标迈进、不断揭开神秘旅游世界的层层面纱的同时，我们也要注意到旅游世界中并非所有的现象、所有的问题都能为之适用。另外，正如保罗·法伊尔阿本德对科学的批评（指的是自然科学）那样，追求定量的实证研究往往使人的想象力遭到抑制，甚至其语言都不复属于他。我们还要注意到，对质性研究方法给予更多的了解可以促进不同学术观点之间的理解。当前学界对某些观点的不理解或者误解，在一定程度上源于不同方法在本体论前提和认识论基础上存在着分歧。在这样的背景下，本书试图对旅游研究方法中质性方法的引介做进一步的深化，希望能给大家带来一些帮助。

严格来说，本书中所涉及到的这些方法论知识都是客观存在的，它们原本就为众多方法论领域的先贤、学者们创造。本研究使用的方法则是大量求助、借用、体悟、思考并整合它们，因而具有三个方面的特色：第一，采借他人的知识存储，结合旅游研究中的案例，通过个人的经验和判断，把各种理论知识融合、整合成一个风格统一、前后观点自洽的知识体系。第二，写这本书的目的，本意是想给那些有志于做质性研究的研究者提供方法上的指引和帮助，但这种指引并非仅停留于具

① 邱皓政.量化研究与统计分析——SPSS中文视窗版数据分析范例解析［M］.重庆：重庆大学出版社，2009：2.

体方法的层面，而是要深度阐释方法论的哲学基础，以期认识方法背后的哲学理论依据，因此，将方法置于哲学框架下进行讨论是本书的另外一大特色。第三，批判吸收，去伪存真。本书中不少的方法论知识在一些文献中存在着争议、分歧、甚至是误解，笔者尽最大可能地不任意、不随意地使用某个观点，在尊重他人观点的同时，保持批判怀疑的学术精神和态度，深度细致地辨析相关知识，尽最大可能正确、深入浅出地将它们表达出来，呈现给读者，其中包含了个人多年来在方法论知识研习和运用中的感悟。在知识梳理过程中，笔者廓清了一些基本问题，表达了自己的见解。

全书共有十二个章节，大致可划分为四大部分。

第一部分，旅游科学研究导引篇（第一章）。自然科学和社会科学在发展过程中都取得了进步，并构建起两足鼎力的当代大科学体系。何谓科学？什么是科学研究？全书以科学研究元问题的讨论为开篇，并讨论科学研究的基本类型。通过对这些问题的讨论，加深对探索新知作为科研工作者重要使命的深刻认识，以及明确不同的问题适合从何种角度展开相应的科研探索。科学研究开出的花朵应该是文明之花，因此要在科研中注重学术伦理和道德。此外，本书还深入地阐释了科学研究的三个重要关键词（本体论、认识论、方法论）与四项基本要素（概念、命题、理论、范式）。

第二部分，旅游质性研究基础篇（第二～五章）。在旅游产业发展实践过程中，涌现出诸多有待讨论和分析的问题，但并非所有性质、所有类别的问题都能由定量研究解决，该方法在面对意义类、情境类问题的分析时就显得苍白无力，甚至无能为力。为此，第二章首先从后现代主义哲学思潮兴起和欧洲科学危机与生活世界遗忘等角度论述质性研究为什么流行，从而确定本书的立论前提；其次，对质性研究的定义、特征与类型等基本问题做出解释和说明。每种研究方法的发明，其实都有与之相对应的哲学，这些哲学理论构成了各种方法的理论基石。认识方法论的哲学基础，则更有助于深层次地理解研究方法中的具体操作，能够做到知其然，并知其所以然。如果脱离了相应的哲学理论去谈方法，就如同浮萍，没有了根基和“家园感”。为此，第三章主要阐释旅游质性研究方法的哲学基础，包括实证主义、诠释主义、符号互动论、女性主义和现象学等哲学的产生、发展、各自内涵及其在旅游研究中的应用。第四章为旅游质性研究设计，包括研究问题和研究对象的选择，质性研究数据的收集与分析，研究结果呈现等问题的概述。此外，本书还特别将文献综述这个看似不重要、其实非常重要的问题单独形成第五章加以说明，旨在阐释文献综述的含义与目的、综述文献的来源及其检索策略、文献综述的写作步骤与写作误区。

第三部分，旅游质性研究数据采集篇（第六～七章）。毛泽东指出，没有调查，就没有发言权。无论我们做什么工作，都需要开展细致认真的调查。社会调查的方法很多，其中观察法、访谈法就是两种最基本的方法。英国社会学家莫舍（Mocer）说：“观察可以认为是科学研究的第一等方法。”这种方法被认为是资料收集的重要方法之一。第六章主要讨论观察法的相关知识，介绍了观察法的含义、特点、类型、实施步骤及技巧等。访谈法相比于观察法来说，可以直接了解受访者的所思所想，其内心深处的态度和观念等内容。为此，第七章讨论访谈法，主要阐释访谈法的含义与类型、访谈实施过程以及访谈中的技巧等。

第四部分，旅游质性研究数据分析篇（第八～十二章）。该部分重点阐释了五种典型的旅游质性分析方法，包括类属分析、扎根理论、隐喻抽取技术、话语分析和内容分析法。本书对它们的含义、来源、操作步骤等进行了详细的解释，结合实例说明了各自在旅游研究中的应用，梳理了方法在使用过程中应注意的事项及应当避免的误区，并介绍了质性研究中比较流行的 MAXQDA 软件的基本操作程序。

最后想说明两点：第一，尽管我们强调了研究方法学习的重要性和必要性，但方法始终只是一个工具，研究者千万莫为方法所奴役，其个人的思想理应占据不可替代的位置；第二，做好质性研究绝非完全取决于方法本身，研究者还应广泛涉猎旅游学及其他学科的理论知识，这必然是一个长期积累和漫长沉淀的过程。

目　录

第一章　关于科学研究的认识

中国旅游研究始于20世纪70年代末，迄今已走过40余年的路程[①]。在这段历史进程中，学者们在旅游学科的田野里精耕细作，并已培育出一大批丰硕的果实。单就体量而言，可谓蔚然大观。而其中用于诸多问题分析的方法，从最初的逻辑分析与哲学思辨，到各种数理统计和多元质性研究方法不断涌现，一时之间，颇有百花齐放之感。但其中有一个现象应引起国内学者的警觉——这是国内旅游研究方法应用过程中所呈现出的一种态势，即定量性质的实证研究在国内旅游研究的现阶段正在大行其道。有学者曾在十年前就敏锐地观察到了此种现象，并指出："国内旅游学界的方法应用经历了从没有方法到普遍应用定量研究方法的过程[②]。"定量研究方法在旅游学科中的广泛应用，无疑反映了旅游学界的科学方法取向。这与早期常用的方法相比较，显然可以看作是一种进步。但是，过度实证化和对定量研究方法的一味追捧让人有矫枉过正之感。事实上，谢彦君、张金山对实证研究方法在旅游研究中应用不适

---

① 董晓莉，吴必虎，钟栎娜.基于《旅游学刊》关键词分析的中国旅游研究知识体系解构［J］.旅游学刊，2011，26（8）：26-31.

② HUANG S S, HSA C. Recent Tourism and Hospitality Research in China［J］. International Journal of Hospitality & Tourism Administration，2008，9（3）：267-287.

与过度等问题作出过反思和批判[①②]。比较而言，质性研究方法越来越被更多的旅游研究者接受及青睐，这或许来源于三个方面的事实。

首先，国内旅游学术界目前已普遍感受到了因理论缺位而带来的研究困境，以及由此而造成的旅游产业实践发展的困惑，这些现象都在迫切地呼唤旅游基础理论的构建，尤其是唤起中国本土理论建设意识的觉醒[③]。2020年7月，《旅游导刊》召集举办“研究转向与理论建构系列研讨会”；同年12月，海南大学召开“《旅游学刊》理论创新工作坊首期论坛”。这些具有重大意义的会议和论坛的举办，或许能够反映当前这个阶段国内旅游学人对理论缺位所产生的警觉，以及由此表现出的一种集体焦虑或忧患意识。尽管定量研究也能产生理论贡献，但该理论形成路径过程中理论假设的提出实际上源自于质性研究的结果或者理论思辨与逻辑推演。从这个角度来看，质性研究在理论构建中担负着重要的作用。其次，在旅游产业发展实践过程中所涌现的各种有待讨论和分析的问题当中，并非所有性质、所有类别的问题都能由定量研究解决，该方法在面对意义与情境等问题的分析时就显得苍白无力，甚至无能为力。从更苛刻的意义上来说，社会科学中的定量研究遵从的是自然科学方法论的逻辑与要求，但在人文主义者看来，人文社会现象和自然现象具有本质上的不同与差异，自然现象具有确

① 谢彦君.在旅游普查实践中用学术的眼光审视目前《国标》的得失［J］.旅游学刊，2005，20（4）：8-9.

② 张金山.旅游研究：实证主义大行其道的警惕［J］.旅游学刊，2010，25（11）：6-7.

③ 谢彦君，那梦帆.中国旅游40年研究中的理论发育及角色演变［J］.旅游学刊，2019（2）：13-15.

定性、普遍性和可量化性，可以对其加以客观实证的解析与说明，而人文社会现象，尤其是人的思维、情感、意志和行为等则具有非确定性、个别性和非量化性，它们本质上是个意义世界、价值世界，不可能被客观地加以解析和说明，而只能通过理解才能把握[①]。从这个角度来说，质性研究在旅游研究中具有存在或应用上的"合法性"与合理性。最后，经过方法论学者的不懈努力，质性研究不再局限于纯粹的思辨或形而上学，现象学、类属分析、扎根理论、话语分析等彰显着科学与理性的质性研究方法为越来越多的旅游学者接受、认同并加以广泛应用。

本章重点对科学研究所涉及的基本概念与重要话题进行讨论，首先阐释什么是科学，科学研究的本质究竟是什么以及从质性研究的角度审视科学方法的特征；其次，剖析科学研究的本体论、认识论和方法论以及概念、命题、理论和范式等基本范畴；再次，从不同的角度回顾科学研究的类型；最后，有必要讨论科学研究中的伦理道德问题。

第一节　科学与科学研究

进入近代以后，对自然的认识逐渐向着科学化的方向发展，形成了具有严密性质、严整内容和特定方法的自然科学。自然科学的发展推动了社会的巨大进步，同时也促使社会组织和社会结构发生着深刻的变化。这些变革为人文社会认识的发展提供了对象性的前提和强劲的动力，也促使人们对人文社会

① 欧阳康．人文社会科学哲学［M］．武汉：武汉大学出版社，2001：10.

现象的认识向着科学化的方向发展，即社会科学的兴盛。自然科学和社会科学在各自的发展过程中都取得了进步，最终构建起两足鼎力的当代大科学体系之势。那么，到底什么是科学？有必要对科学研究中这个元问题进行讨论，并在此基础上，进一步剖析科学研究的本质。

一、科学究竟是什么？

“科学”一词，有狭义和广义两种用法，狭义的“科学”仅指自然科学，而广义的“科学”意指全部学问[①]。在英文中，“科学”的英文单词 science 来源于拉丁文 scientia，意思就是“知识”“学问”。早在古希腊时期，亚里士多德（Aristotle）在使用和讨论“科学”这一范畴时就把它与知识联系在一起。因此，科学的种子在古代社会就已生根发芽。无论是在古代的中国，还是在历史上的其他东西方国家，它都曾开过花、结过果，生长在天文学、数学、医学、农学、地理学等各个学科的田野中[②]。15 世纪下半叶以后，文艺复兴运动席卷欧洲，哥白尼用他的太阳中心说向封建神学发起攻击，自然科学从宗教束缚下摆脱出来，开始迅速向前发展[③]，并在这种社会历史背景下逐渐形成比较系统的科学观。

《牛津词典》给“科学”概念下了一个比较清晰、简洁的定义，指的是从确定研究对象的性质和规律这一目的出发，通过观察、调查和实验等方法而得到的系统的知识。对于科学的认识，培根（Bacon）的看法比较具有典型性。培根指出了科

---

① 普利戈津等．软科学研究［M］．北京：社会科学文献出版社，1989：1.
② 王德胜．科学史［M］．沈阳：沈阳出版社，1992：1–3.
③ 吴义生．论科学［M］．北京：求实出版社，1989：1.

学的知识本性，认为科学的本质在于它是存在的反映，科学即为真理的反映；另外，他还驳斥了以往经院哲学所用的那种通过推论求知的方法，同时提出了一种科学认识的方法，主张以经验的内容、对自然的观察和实验为依据，对自然作出说明、解释①。培根的观点与《牛津词典》里的解释具有很大的相通性，主要表现为两个方面：第一，两者都认为科学是产生知识的体系与由此体系所得到的知识。第二，两者都强调了科学这种知识的获得途径，如观察、调查、实验等，这与传统的形而上学和逻辑思辨存在着本质上的区别。培根的观点还特别指出了科学的本质，即科学是存在的反映、真理的反映。从哲学上看，"真理"是一个基本的哲学范畴，真理与真实的东西基本同义，都是指存在者本身的无蔽、自然整体的敞开性存在，即人们的认识对于事物的如实反映或主观对客观规律的正确反映，与谬误相对②。

那么，到底什么是真实？这个问题的讨论实际上触及到的是研究方法中的本体论层面的问题，这同样属于哲学领域中最根本性的问题。事实上，不同历史年代、不同流派的哲学家对它的认识存在着差异。本书将在第三章"旅游质性研究哲学基础"中对该观点作更为详细的论述。此处仅作简略性的说明。实证主义者的基本主张是，一切有效的知识必须以经验事实为基础，必须能够得到经验的证实③。而经验又离不开感官和知觉。因此，人通过视觉、触觉等获得的那些知识

① 吴义生．论科学［M］．北京：求实出版社，1989：2–3.

② 王让新．哲学通论［M］．成都：电子科技大学出版社，2015：51–52.

③ 张庆熊．社会科学的哲学——实证主义、诠释学和维特根斯坦的转型［M］．上海：复旦大学出版社，2010：11–12.

应该是可靠的、坚实的。所谓的“眼见为真”，似乎就是这样的道理。但令科学家惊奇不已的是，每随着科学家对知觉机制的认识深入一步，他们发现真理偏离这种想当然的直观唯物论越远。1860 年，穆勒（Mueller）对神经系统进行研究后指出，人的感官不能传递客观事物性质的多样性。他注意到，某一类感官只能传递某一种刺激，即我们的感官仅能根据它收到的刺激多少进行编码，而不管是什么东西或什么性质引起刺激[①]。基于这种认识，哲学领域里的建构主义流派认为，人对任何事物的认识和描述都和观察者有关，其中就强调了观察者的建构积极参与了认知过程。也就是说，建构主义者在一定程度上对知识的客观性和确定性提出了质疑，他们强调了知识的动态性和主观性，即人们日常所说的“仁者见仁，智者见智”。比建构主义者更为彻底的则是后现代主义哲学家。后现代主义更多地受惠于存在主义者海德格尔（Heidegger）、克尔凯郭尔（Kierkegaard）、萨特（Sartre）以及（晚期的）尼采（Nietzsche）、弗洛伊德（Freud）、福柯（Foucault）等人的思想和学说[②]。福柯认为，他的哲学要实现的第一个任务就是要破除人们千百年来形成的关于“本质”“本原”和“同一”的幻想。在他看来，不存在什么固定不变的本质、规律和基础[③]。后现代主义哲学认为真理不再具有客观性，在信息社会里，由于知识大多以信息形式大量地衍生，真理成了随时可以处置的随意的东西。他们认为语言把真理和理论转化成了某

① 金观涛．系统的哲学［M］北京：新星出版社，2005：21–24.
② 陈晓明．后现代主义［M］．郑州：河南出版社，2004：5.
③ 赵光武．后现代主义述评［M］．北京：西苑出版社，2000：38.

种语言上约定俗成的东西，真理是可以制造的[①]。他们完全不把“不真实”当一回事，它抹杀了“真”与“伪”的界限。按照鲍德里亚（Baudrillard）的说法，当今世界已进入“仿真”时代，没有原物，没有本原，没有“现实”作为参照，仅只是“符号的抽象”[②]。

近40年来，学者在旅游研究领域一直在持续不断地讨论旅游真实性问题。这场旷日持久的思辨最初由历史学家波斯汀（Boorstin）作出的批评而拉开帷幕。该问题讨论过程中，“客观真实性”“建构真实性”“后现代真实性”与“存在真实性”等各种观点接踵而至。结合上文我们关于科学中什么是真实问题的讨论，这些观点似乎就比较容易理解。下面，笔者仅对“客观真实性”和“建构真实性”的理论观点作出简要的阐释。

在旅游研究中，学者最初关注的是博物馆语境下的真实，也就是从历史学的角度判断某个东西到底是不是真的，如判断旅游工艺品、节庆、饮食、服装等的“真实”或“不真实”[③]。所以，当波斯汀指出旅游者所经历的其实是被旅游业设计好的一个个“伪事件”而获得失真的旅游体验时，麦肯耐尔（MaeCannell）对旅游目的地的“舞台真实”产生了讨论的兴趣。麦肯耐尔不同意波斯汀的解释。在他看来，所有的游客都体现着一种对真实性的追寻。游客是一种当代的朝圣者，他们远离了家乡到远方为寻求精神中心进行朝拜。麦肯耐尔认为

---

① 赵光武 . 后现代主义述评［M］. 北京：西苑出版社，2000：15.

② WANG N. Rethinking Authenticity in Tourism Experience［J］. Annals of Tourism Research，1999，26（2）：349–370.

③ 马凌 . 本真性理论在旅游研究中的应用［J］. 旅游学刊，2007，22（10）：76–81.

旅游业设计产品的初衷是为了让游客获得真实性的体验，这种真实强调了东道主为使景观、场所、客体与事件显得更为真实，而在此过程中也不得不做舞台化的处理。显然，麦肯耐尔所说的“舞台真实”是从实证主义哲学的理论视角加以审视，由此而表现为客观真实性的观念。实际上，客观真实存在一个隐晦的预设，即裁决其是否客观、是否真实的权力交由包括博物馆馆长、考古学家、艺术史学家、民族志者或人类学家等权威人士，即由这些专业人士来判定[①]。然而，从建构主义的视角来看，一切判断在某种意义上都是社会性建构，而这些建构者可以是专家、旅游企业从业者、东道主、导游，甚至是游客。科恩·阿哈罗尼（Cohen Aharoni）的文章中举了一个非常有趣且具有代表性的例子，他观察到一个现象：“到访罗马古城的游客很容易获得真实性的体验，这是因为他们可以在古城内参观到大量的纪念碑、拱门和寺庙等历史文化遗迹。但相比之下，参观耶路撒冷老城的游客和朝圣者会遇到真实性体验的挑战。在这个城市里，没有寺庙这种代表真实的历史建筑。那么，如何让游客获得真实体验？”[②]通过参与式观察及深度访谈，科恩·阿哈罗尼从导游的身上寻找到了答案。该研究表明，这个地方是通过导游的表演来塑造和展现真实：导游不仅会通过话语，还通过运用讲解过程中的反映情绪变化的表情，甚至借助动作等各种表演让遗址显得真实。据该研究者的观察：“一位年长的女导游在她每一次带团的过程中，都会将她

---

① 埃里克，赵红梅.旅游研究中的”真实性”：纷争之后［J］.广西民族研究，2013（1）：173-181.

② COHEN A. Guiding the ‘Real’ Temple：The Construction of Authenticity in Heritage Sites in A State of Absence and Distance［J］. Annals of Tourism Research，2017，63（3）：73-82.

的手和脸放在西墙的石头上，同时默默地亲吻着墙祷告。一旦导游触摸到墙壁，游客就会模仿着他们并做出同样的事情。”

二、科学研究的本质

在回答“科学究竟是什么”这个问题的过程中，我们已经认识到了科学是知识体系。科学研究实际上是科学工作者通过探索而发现知识的一种活动。在查阅有关方法论书籍的过程中，笔者看到不少文献对科学研究概念都给出了一种定义，即科学研究是指创造知识和整理、修改知识，以及开拓知识新用途的探索工作①。这个观点揭示了科学研究的本质，即这是一项创造知识的工作。创造知识意味着对未知事物或现象进行探索，从而发现新范畴、新命题、新规律和新原理，甚至发明新的方法。从这个角度来看，科学研究贵在创新。开拓知识新用途也可视为科学研究，这是知识的应用，属于应用研究的范畴。从中可以看出，科学研究既有理论上的功用，也有实践上的功用。前者主要是指通过理论性或基础性的研究认识世界。就旅游研究而言，该类研究获得有关旅游世界的基本知识。而应用研究主要是指针对某种旅游产业发展实践中的问题而进行的具体研究，研究本身是为了提供解决这些问题的思路和方法。譬如，旅游资源开发与规划、旅游线路优化、旅游品牌设计等都属于应用研究的范畴。有学者指出：“基础研究和应用研究在根据已有的知识发展新知识方面是相同的。二者的不同之处在于，基础研究所发展的新知识，可增加我们对统一性的基本认识，而不限于任何特

---

① 徐丕等．现代自然科学技术概论［M］．北京：首都经济贸易大学出版社，2001：5.

定的应用；它旨在扩大构成基础科学的知识之库。而应用研究则是基于已有的知识，找出实际实用目的的新方法，解决实际的问题，这本身超出了基础知识的范围。”[①] 值得说明的是，在上文提到的科学研究的定义表述中，或许还存在不容易理解的地方，即把整理知识也视为科学研究似乎不太合适。整理知识本身不应该看作是科学研究，它可以构成科学研究中的一个重要步骤，但在整理知识的过程中，或许发现某项知识的缺陷与不足，进而产生修改知识的需要，这种知识的修改才算得上是新知识的发现。所以，本书简化地认为，科学研究是指创造知识以及开拓知识新用途的探索工作。但我们还需要强调一点，创造新知并非意味着要跟过去的知识割断联系。很多新知的产生或者是对原来知识的批判、彻底否定，或者是对其进行修改，抑或在原有的基础上进行推进，等等。这也就强调了我们要尊重前人的知识，需要批判性的继承。

三、科学研究之外的求知方法

上文已阐释科学研究的本质是创造知识以及开拓知识新用途。但还需要强调一点，即达到这种目标所用的手段是科学方法。科学方法是人们为获得科学认识所采用的规则和手段系统；是进行科学研究、描述科学调查、根据证据获得新知识的模式或过程；是人们探索解决问题与构造、发展科学体系的手段和工具；是科学认识的成果和必要条件[②]。人类

---

① 罗伯特.社会研究与社会政策［M］.林聚任，等译，生活·读书·新知三联书店，2001：247.

② 梁莹等.公共管理研究方法［M］.武汉：武汉大学出版社，2010：18.

懂得用科学方法来追求知识或解决问题还是最近几个世纪的事，而在此之前，人类在追求知识或解决问题时，只采用一些非科学性的方法，甚至在科学昌明的现代，大家还是不知不觉地在运用它们。在劳伦斯·纽曼（Lawrence Neuman）撰写的题为《社会研究方法：定性和定量的取向》的书中，就列举了几个具有代表性的非科学性的方法[①]。受劳伦斯·纽曼思想的启发，我们结合旅游研究中的实例对这几种方法作以下阐释。

（1）权威依赖法。这种方法诉诸权威（个人、团体或典籍），认为某方面的权威所说的事情，便是真实的或可信的。我们首先要尊重权威，因为权威者在其探索的研究领域具有更多、更为专业的知识积累，这将为后来研究者减轻研究的难度和力度，并体现了知识的积累性与传承性。旅游研究中有大量的研究成果就是在权威观念与理论的基础上进行移植、嫁接、修正和完善。但我们也要对权威所言保持批判怀疑的态度，因为权威所言未必皆是真理。作为哲学权威的亚里士多德其思想中也有很多被现代科学证明是错误的，包括“世界上最纯净的光是白光”以及“重物下落的速度比轻物下落速度快”等观念。旅游研究中也有一些权威性的观点值得我们反思。譬如，在现有的旅游统计中，无论是国外还是国内目前的作法，将休闲、娱乐、观光、度假、探亲访友、就医疗养、购物、参加会议或从事经济、文化、宗教活动都纳入旅游者统计范畴。这种统计口径虽然也有它的道理，一是旅游者其目的并不都是纯粹休闲性质的，二是更方便操作。但这反映了我们到底该如何

① 劳伦斯.社会研究方法：定性和定量的取向［M］.郝大海译.北京：中国人民大学出版社，2007：5–9.

界定旅游的问题，也就是对什么是旅游这个根本性问题的思考。谢彦君长期以来呼吁要对该问题正本清源，并将“休闲体验”“异地”和“暂时”看作是厘清旅游与其他概念的重要依据[①]。国外学者科恩（Cohen）也对“谁是旅游者”这个问题作过详细的阐释。我们可以进行一个自我的反问，那就是假设我们去外地出差，参加某个会议或者回老家探望父母，那么在跟其他人描述时，真的是跟他们说“我在旅游”吗？但反过来，我们在外地休闲、娱乐、观光、度假时，似乎可以言之凿凿地告诉他人“我在旅游”。因此，权威的观点同样值得商榷。

（2）惯常因袭法。该方法诉诸习惯、传统及先入为主的印象或观念，认为过去总是或曾经如此的事情，便是真实的或可信的。人们有时会依赖传统，并视之为知识来源。有些沿袭传统获得的知识被看作为常识，并大量地表现在一个民族的文学、宗教与神话中，甚至会形成脍炙人口的谚语和格言。常识并不是一成不变的或万能的，它会随着具体情况和历史时代而变化。上一代人的常识到下一代有时候就变成谬论了。“旅游是投入少、见效快的产业”这个观点在国内旅游发展的早期可能被认为是一种常识。毕竟在观光旅游的年代，或许在某个风景好的地方划个圈，建个山门，做点基础配套就可以了，现在“旅游是投入大、见效慢的产业”这个观点却可能被认为是合乎常识的。

（3）诉诸媒体法。现代社会充斥着各种媒体，电视、电影、报纸、微信、微博、各种门户网站等等。虽然它们构成了人们获取各种信息的来源，但有些媒体的描述不一定就会反映

---

① 谢彦君.旅游的本质及其认识方法——从学科自觉的角度看［J］.旅游学刊，2010，25（1）：26–31.

社会的真实，甚至常常会出于无知、受到传统的常识或偏见的影响以及纯粹取悦社会大众等各种动机而歪曲了社会的现实。笔者曾经开展过一项有关海外志愿者公益旅游体验的研究，从中能够清楚地体会到有些媒体向公众传递的信息未必就是客观真实的。在这项研究中，我们发现：“旅游者到访目的地之前通常会对这个地方持有一个初始印象，而这种印象常常是由报纸、杂志、电影等媒体建构起来的。大部分志愿者抵达目的地之前，由于一些媒体所建构的某些目的地的负面形象而导致了他们本人及家人对即将展开的行程感到焦虑不安……但这种不安在海外志愿者真正地融入地方之后便烟消云散。海外志愿者们选用‘大大的误解’‘改变了偏见’‘比想象中要好’等词汇表达他们看法的改变。”①

（4）个人经验法。个人经验也会成为知识的主要来源，但由这种途径获得的知识或许也并不可靠，其中的主要原因包括：1）过度概括。过度概括指的是个人有时会凭借少量的证据而试图将结论作更大范围的外推。譬如，针对某个景区开展游客满意度调查时，仅因调查了几十位游客就匆忙得出“该景区具有较高的游客满意度”的结论，这显然是一种过度概括的表现。科学研究需要认真考虑抽样问题，它会建议选择足够多及有代表性的样本以避免以偏概全的错误。2）选择性观察或不全面观察。选择性观察指的是人们往往容易接受自己有兴趣、期望观测到的现象而忽略那些自己无兴趣、不期望观测到的现象。选择性观察会引发观察的不全面，这在很多时候容易导致错误的结论。比如，一个美国游客在法国遭到几个陌生人的无礼对待，

① 那梦帆，余志远，王越. 中国海外志愿者公益旅游体验及其影响［J］. 当代青年研究，2018（5）：54-61.

因而得出结论，法国人粗暴无礼，却不知道那些冒犯者其实是一群来自于其他国家的游客。3）个人很有可能仅凭自己的直觉而想当然地下结论。例如，人们根据对天象的观察，比较太阳、月亮、星星的不同，形成“太阳”“月亮”“星星”的概念；又根据对太阳运行的简单观察，得出“太阳总是东升西落的”判断；再根据太阳、月亮、星星均是东升西落，得出“地球是宇宙的中心”的推理。这种超验的实质是以思维的形式把具体的、当下的事物、事实及感官所能直接察觉到的事物之间的简单关系变成意识。

以上内容旨在说明，科学研究之外还有其他途径给我们提供知识，但这些途径相对而言都有不足之处，因而强调了通过科学研究求知的重要性。不过，需要额外说明的是，虽然实证主义推崇科学，拒斥形而上学，但不能把科学视为唯一的知识、唯一的真理、唯一的方法。

四、科学方法的特征：质性研究的外衣

以上提到了各种求知的方法，包括科学方法和非科学方法，并详细阐释了非科学方法的缺陷和不足。那么，科学方法与其相比具有哪些特点？对此，李怀祖概括了客观性、实证性、规范性和概括性等特征①。但由于李怀祖的著述讨论的是管理学定量研究方法，该方法遵从的是实证主义研究范式，因此，这几个特征对于概括本书所讨论的质性研究中的科学方法未必就是准确的。最具有争议性的或许是其中所提到的科学方法的客观性特征。该特征指的是科研工作者尽量在科学研究中

① 李怀祖．管理研究方法论［M］．西安交通大学出版社，2004：6.

排除价值判断和主观偏好的影响，即保持价值中立或价值无涉。这个特征在描述定量研究的科学方法时比较容易理解。定量研究除了选题环节或许会包含研究者的主观倾向性，其研究过程所涉及到的各种环节一般都会遵守客观、中立的原则。但笔者认为客观性作为质性研究科学方法的特征未必准确。反实证主义者在批判实证社会学时指出，社会学不应该是价值无涉的，而应当根据人们赋予的社会意义对社会现象进行理解和解释，进而体现出对人性的关怀[①]。上文在谈到科学的真实性问题时，提到过建构主义观。在该理论体系中，建构主义者主张知识的动态性和主观性。建构主义对文学作品的理解，或许就会呈现出“一千个读者眼中就有一千个哈姆雷特”的结果，这很有可能会超出作品的本义。显然，质性研究方法不一定全都体现出客观性的特点。但也有质性研究在遵从实证主义哲学的主张下，尽量让研究呈现客观，早期的民族志研究就是一个典型。本书借鉴李怀祖的部分论断，略作补充，将质性研究科学方法的特征重新总结并阐释如下。

（1）实证性。实证性主要强调的是科学的方法不应是不合事实、形而上的思考而得出的观点和命题，而应该依靠观察、调查和实验等手段获得对现实世界的认识。这个特征对于定量研究和质性研究等科学方法的概括都是适用的。对于定量研究而言，实证性还意味着重复性，即不同的人在不同的地点和不同的时间运用同样的方法可得出一样的结论。而对于质性研究来说，在反实证主义的社会学家看来，人类社会有着不同于自

① 童潇.实证主义、价值性与社会学立场——以孔德“实证主义”社会学“价值有涉”为理论起点［J］.内蒙古社会科学（汉文版），2013，34（5）：152–156.

然界的特殊性。首先，人是有意识的，属于世界上唯一具有意识性、思考性的动物；其次，不同的人之间呈现出差异性；再次，相对客观物质来说，人的变化又是极其迅速的（今天与昨天或许就会产生变化），且具有较大的随机性。因此，社会学家就不可能像自然科学家一样通过反复测量同一试验对象而核实观察结果[①]。笔者虽不完全认同这个观点，但同样认为，不是所有的社会学问题都能够进行重复检验。旅游世界中的现象并非发生于实验场域，而是在自然情境中生成。自然情境是动态的、变化的，这就为重复性检验带来难度。譬如，同一位游客的体验会受到旅游场中各种外部因素（天气、景观、旅游从业者的服务、其他游客等）的影响，还受到自己主观因素的调节，正如“人不能两次踏进同一条河流”一样，该游客在不同的时间，即使进入同一个旅游场所都未必能获得同样的体验感受。

（2）规范性。李怀祖谈到科学方法的规范性时指出，规范性指科学研究的程序和步骤都是有序、清晰和结构化的[②]。对于定量研究而言，开展这项研究从整个流程上来说是非常清晰和结构化的，包含文献综述、变量定义、研究假设提出、抽样、数据收集、数据分析和研究报告撰写等线性化的过程。质性研究不像定量研究范式那样具有一整套标准的、规范化的研究程序，它具有自身显著的特质与程序，即更多呈现的是富有弹性的、反思的、参与的、过程动态的特质。定量研究要研究

---

① 童潇.实证主义、价值性与社会学立场——以孔德“实证主义”社会学“价值有涉”为理论起点［J］.内蒙古社会科学（汉文版），2013，34（5）：152-156.

② 李怀祖.管理研究方法论［M］.西安：西安交通大学出版社，2004：7.

什么，研究将要达到怎样的目标都是非常清晰的，顶多是研究假设的检验结果与最初的设想不一致，但这也都在构想范围之内。而质性研究的探索则是曲折前进的，其内容与结论都是在发生动态变化的，甚至随着调研的不断深入很有可能会推翻原有想要讨论的研究主题。但并不能因此而完全否定质性研究的方法具有科学规范性的一面。这里的规范性主要是相较于思辨式研究而言，科学的质性研究各自拥有一套方法程序。譬如，扎根理论方法体现了科学规范性的特点，包含从开放式编码到主轴式编码，再到选择式编码的严格程序和路径。

（3）概括性。概括性指的是通过科学方法开展的科学研究其结果、结论最好能够在更广泛的范围得到推广。科学研究要求探索事物的普遍规律，重在共性，研究结果的共性越大，其价值也越大。对于定量研究而言，它的目标就是试图通过统计推理，由样本得出的结论扩大推论到总体。但对于质性研究而言，有不少的研究都属于个案研究。质性研究中个案研究的结论怎么能推论到总体？对于这个问题，王宁发表的一系列关于个案研究代表性问题的文章，给我们提供了很好的解释[①②③]。结合这些文章的观点，本书对这个问题的认识概括为以下几点：第一，个案研究未必需要将结论推论至总体。当某项个案研究旨在增进对某个现象的认识和理解，或者探索获得某个（些）主要变量、发现某两个变量之间的

---

① 王宁.代表性还是典型性？——个案的属性与个案研究方法的逻辑基础［J］.社会学研究，2002（5）：123-125.

② 王宁.个案研究的代表性问题与抽样逻辑［J］.甘肃社会科学，2007（5）：1-4.

③ 王宁.个案研究中的样本属性与外推逻辑［J］.公共行政评论，2008（3）：44-54.

关系，其结论未必就需要作扩大化的外推。第二，如果非得指出结论的普适性价值的话，需要认识到，个案研究与定量研究在研究结论的扩大化这一目标上存在特定差异：定量研究的目标是水平扩大化，与之相对，个案研究的目标则是垂直扩大化。王宁曾列举了一个日常生活中的例子，研究苹果不是为了增进对水果的认识，而是说明通过研究它可以了解温带水果。也就是说，个案研究可以将其研究结论在同种类型的总体中作以推广应用。第三，个案研究的价值未必就是表现在结论的概括性方面，而是可以将结论当作证伪的证据，这种证伪研究不是要去直接追求某种普遍性或代表性，而是要去否定某种普遍性或代表性。

（4）逻辑性。前文提到了有些知识靠的是人的直觉，虽然由某些直觉而得到的结论似乎是合理、确定和自明的，但纯粹靠直觉思维而产生结论是不科学的，容易得出妄论。相比之下，科学的方法则体现出了其逻辑性的一面，即注重严密的、理性的、合理的推理。借助逻辑，才能正确说明科学认识过程中直观和思维的关系、感性认识和理性认识的关系。就最广泛、最一般的意义而言，无论形式逻辑还是非形式逻辑，都是关于科学方法的理论，因为逻辑“教给我们在一切科学中进行思考的方法”①。只有经过逻辑思维，人们才能达到对具体对象本质规定的把握，进而认识客观世界。

① 张巨青等．辩证逻辑［M］．长春：吉林人民出版社，1982：3.

第二节　科学研究的本体论、认识论和方法论

乔纳森·格里斯（Jonathan Grix）认为，本体论和认识论对于研究而言就好像是地基对于房屋的关系：它们构成了整个建筑物的基础[①]。也就是说，本体论和认识论构成研究方法的基础。这也就强调了所有的研究方法并非无源之水、无本之木。除此之外，本书还认为，本体论和认识论代表的是学术传统的立场和视角。不同的文化背景、本质不同的学术传统在关于世界的认识上具有分歧性的观点，从而代表着各自的立场。

一、本体论

本体论是所有研究的起点，逻辑上跟随在它之后的是该研究的认识论和方法论。本体论一词，英文原名为 Ontology，是研究 onta 的学问，onta 一词来自希腊语 einai，表示“存在”“是”和“有”[②]。所以本体论就是关于存在本质的学说，探究的是世界的本原。其关注的核心问题是：是否存在一个外在于我们的“真实”的世界？哲学本体论探究的是世界的本原和基质，就研究而言，本体论就是这个研究追寻的“真”是什么，或者说，在这种研究范式中，研究者如何理解“真”、如何理解“本质”[③]。

---

① 乔纳森.研究方法的第一本书［M］.孙冰清，王亮，译.大连：东北财经大学出版社，2011：52.

② 张华夏.实在与过程——本体论哲学的探索与反思［M］.广东人民出版社，1997：1.

③ 叶晓玲，李艺.现象学作为质性研究的哲学基础：本体论与认识论分析［J］.教育研究与实验，2020（1）：11-19.

关于世界，先贤们的认识是不一样的。有人认为世界是物质的，有人认为世界是精神的，还有人认为世界是物质与精神的统一。

在最初从事哲学思考的古希腊人中间，多数人都把某一具体的物质形态当作万物的“本原”。如泰勒斯（Thales）说“水为万物之本原”，认为万物皆由水而生成，又复归于水；阿那克西米尼（Anaximenes）认为“气”先于水，“气”是万物始基；赫拉克利特（Herakleitus）则以与水对立的永恒的活“火”为先；恩培多克勒（Empedocles）以“土”加于上述三者，主张“四根说”，以“水”“火”“土”“气”四元素作为万物之始。哲学观点具有一定的传承性，这些观点对亚里士多德产生启发。亚里士多德之所以提出“重物下落的速度要比轻物下落的速度快”，就是受物体构成四元素论的影响。在他看来，重物中“土”元素占比较多，轻物中“气”元素占比更大，“土”有亲近大地的特性，而“气”有倾向天空的特性，由此而提出上述论断。这些观点因将世界的本原看作物质而被贴上“唯物论”的标签。进入近代，有不少的哲学家同样将物质看作是世界的本原。培根继承和发展了古代关于物质是万物本原的思想，认为万事万物都由一些基本粒子构成，并指出物质具有运动的特性，具有规律①。深受唯物主义自然观的影响，遵从实证主义范式指导下的社会科学在本体论层面具有强烈的自然主义倾向，认为社会现象与自然现象之间没有本质的差异，它们都是一种“物”，因此，社会现象之“物”同样具有

① 刘光顺，吕冬云.培根哲学的唯物主义倾向［J].信阳农业高等专科学校学报，2006，16（1）：7-10.

运动上的规律，并可通过外部观察得以洞见[①]。自然界和社会生活的一切实体都存在于其他事物的因果链中，都不能脱离周围环境而孤立存在。我们面前的这张桌子，不是绝对独立的，它来源于木头，木头也不是绝对独立的，它来源于受阳光、空气、水分等滋养而长成的大树。赫伯特·斯宾塞（Herbert Spencer）在其著作《社会学原理》一书中对社会与自然界统一性的思想作了进一步的论证并指出，社会与自然、生物有机体之间存在着许多相似之处，如生长过程、结构进化、功能分化、相互依赖等，因此完全可以用分析生物有机体相同的那些概念、原理和方法来分析人类社会[②]。

随着对自然的不断征服，万物之灵的人类的自知性日益显现出重大的作用，正如恩格斯（Engels）指出的：人们过分地陶醉于他们所取得的成就，已经习惯于以他们的思维而不是以他们的需要来解释他们的行为，人们把自知的思维、意识、心放到极为重要的地位[③]。我国古代哲学家王阳明曾说过一段非常经典的话："可知充天塞地中间，只有这个灵明，人只为形体自间隔了。我的灵明，便是天地鬼神的主宰。天没有我的灵明，谁去仰他高？地没有我的灵明，谁去俯他深？鬼神没有我的灵明，谁去辨他吉凶灾祥？天地鬼神万物离却我的灵明，便没有天地鬼神万物了。我的灵明离却天地鬼神万物，亦没有我的灵明。如此便是一气流通的，如何与他间隔得？"[④]

---

① 姚宇，庆东瑞.从实证主义到实用主义的社会分析［M］.北京：中国经济出版社，2020：22.

② 陈兆漫，张积珠.实证主义在社会学中的发展［J］.三峡大学学报（人文社会科学版），2005，27：28–30.

③ 陶同.世界本原：非哲学命题［J］.求是学刊，1997（6）：40–44.

④ 王阳明.传习录［M］.叶圣陶点校.北京：北京时代华文书局，2014：271.

在王阳明的眼里，天地万物，如果没有人的心灵，就不复存在。因此，人是天地的心灵与万物的灵窍，是主宰天地万物的主体。但是需要说明的是，本书仅说明了这个观点在笔者看来是唯心论，但并不因此而指出王阳明先生就是唯心主义者。事实上，笔者没有深入研究过王阳明的思想，亦不能作此判断。笔者只是从这段话中提出读后看法，仅此而已。王阳明的这种观点似乎与黑格尔（Hegel）的论断有些相似。黑格尔认为世界是人的世界，人的精神体现为世界精神。“如果我创造了一个世界，那么它就是我的世界；它必然有意识地成为我的世界：人的世界，因为人是‘自己的主人’”①。由此看来，这些唯心论的观点认为心是世界的本原，心决定一切，物是心的外化。在这种思想的作用下，实证主义本体论受到反实证主义者的挑战。尽管孔德等认为社会学家可以像自然学家那样“客观地”观察和测量社会现象，但他们的这种主张其实隐含了一个假设前提，即作用于自然界的法则同样作用于人类社会，所以自然科学的方法论也就适用于人类社会的研究。然而问题却恰恰在于，人类社会有着不同于自然界的特殊性，人有意识，而且人与人具有差异性②。这种审视世界问题的角度就强调了对人的精神、人的行为的内在意义的解释，而不能依靠研究者对被研究者外在行为的外部观察和个人理解作出判断。

二、认识论

从哲学自身的发展来说，在休谟（Hume）与康德（Kant）

---

① 科耶夫．黑格尔导读［M］．姜志辉，译．南京：译林出版社，2005：140.

② 陈兆漫，张积珠．实证主义在社会学中的发展［J］．三峡大学学报（人文社会科学版），2005，27：28–30.

之前，哲学研究的中心问题是形而上学问题，思考的问题是世界的终极实在是什么，世界的本原是什么。但是近代经验的自然科学的发展使哲学家变得谦虚起来，去反思：我们怎样能够知道世界的终极实在？我们到底有没有能力认识世界的本质？于是哲学的中心便从本体论问题转到认识论问题，追问人的知识如何得到[①]。在上文的讨论中，我们强调指出本体论其实在探讨什么是真这个问题。而认识论则是在说明科学研究者如何把握这个真，如何认识真。有学者指出，科学是认识的一种方式，就如它也是一种知识体一样。有关知识和这种待证实的真理的情况出现了一套基本问题：一个人获得知识的手段是什么？在知识获得过程中感性知觉起什么作用？思维与这种知觉是怎样联系的？推理在待证实的知识产生中起什么作用？用什么确保信念是正当的？靠什么来怀疑、反驳信念？[②]对这些问题的分析可以叫作“认识论”，或者叫作“关于认识的理论”。

人们看待世界如何构成时产生了最具典型的看法，即“唯物论”和“唯心论”。这两种不同的世界观实际上也代表了对真的把握和认识的差别。唯物论认为世界是由“物质”构成的，“精神”是人脑这种“物质”的功能[③]。因此，二者的关系为：“物质”第一性，“精神”第二性，即“物质”是世界的本体，“精神”是“物质”的属性。也就是说，感觉反映客观世界，客观世界作用于人们的感官，产生感觉，变为感觉的内

---

① 张华夏.实在与过程——本体论哲学的探索与反思［M］.广州：广东人民出版社，1997：2.

② 瓦托夫斯基.科学思想的概念基础——科学哲学导论［M］.范岱年，等译.求实出版社，1982：17-18.

③ 北京大学哲学系外国哲学教研室.西方哲学原著选读（下卷）［M］.北京：商务印书馆，1981：111-115.

容。古希腊哲学家对于外部世界的“真”的认识是：“真”就是实事的存在，它使事物是其所是；人日常所见的仅是实事的显现，但我们可能通过实事的显现去把握实事的存在。而且，诸多的古希腊哲学家相信人的感官是真实的，从而以感官为渠道建立了理智和外部对象的联系。

笛卡尔首先怀疑对外在世界的感性认识，认为感官所获得的对物体、形状、广延、运动和地点的认识，都可能是人内心虚构的产物，外部世界于是就根本不是什么可靠的东西，有可能都是我的幻想；第二，我的身体，例如眼睛、脑袋、手等其他部分，有可能也是想象出来的；此外，我们一般认为比较靠得住的，与广延性物体无关的科学，比如算术、几何学，也有可能是某个邪恶的妖怪所设置的欺骗和假象①。笛卡尔的这种怀疑论断初看上去可能让人觉得有些怪诞不经，但他的某些观念确实值得我们认真思考。笛卡尔认为感官和外部对象是脱钩的，因此而瓦解了感官的可靠性。他强调了感官具有欺骗性。他在论证感官的欺骗性时，运用了灯塔原理，当我们距离灯塔较远时，所见到的形状会发生改变，比如在远处是圆的，近看却是方的。因此，感官不能作为我们认识的出发点，这一论证彻底颠覆了亚里士多德以来的认识论基础②。

解释主义否认存在独立的、客观的社会现象，认为实证主义所探求的所谓的“客观规律”，在社会科学研究中是无法获得的。也就是说，解释主义对实证主义范式的立论前提持有怀

---

① 李华.我思、上帝与世界——论”笛卡尔循环”的内在性根据［J］.云南大学学报（社会科学版），2015，14（6）：18-26.

② 张伟特.笛卡尔的真理理论：一种间接要求融贯性的符合论［J］.哲学研究，2018（5）：84-94.

疑。解释主义还不认为直接的经验观察是获取研究材料的主要手段，因为解释主义所关注的意义、话语等核心概念往往是难以直接进行经验观察的，甚至可以说是内化于社会行动者之中的[①]。既使观察，也要强调“主体间性”和“移情式”的理解，即要求研究者从局外人向局内人角色的转换，通过亲身体验，对被研究者的生活故事和意义构建产生主观认识。除此之外，解释主义者分析问题的视角还需探究行动者的意向、信念、情感、观点以及文化—历史背景，而不同于实证主义那样仅关注物理—生物世界和构成这个世界的动力因果结构[②]。

三、方法论

方法论由研究问题或假说、一个论题的概念性方法、研究中所使用的方法（以及它们的合理性）、以及资料来源多个部分组成[③]。所有这些组成部分之间都不可避免地以一种合乎逻辑的方式相互关联。一篇论文或论述的方法论部分包含以下几个主要的组成部分：如何着手开始获取研究问题和（或）研究假设的陈述；采用怎样的方法收集资料与分析资料等。

本书需要特别说明两点：第一，研究者使用的方法论是由特定的本体论和认识论所驱动的。换言之，不同哲学流派的本体论和认识论影响并指导着研究者开展研究。第二，方法论实际上是关于研究方法的体系化的讨论，也就是方法理论、学说与知识体系。“方法”一词的原义是“沿着正确的道路发展”，

① 张汉.质性研究与量化研究是截然对立的吗？——社会科学研究中的本体论和认识论辨析［J］.国外理论动态，2016（5）：47-57.

② 罗伯特.社会科学哲学：导论［M］.王亚男，译.北京：科学出版社，2018.

③ 乔纳森.研究方法的第一本书［M］.孙冰清，王亮，译.大连：东北财经大学出版社，2011：26.

指的是研究所采取的程序或操作方式，表明了研究的主要手段和步骤，而这些步骤是为了达到一定的目的而必须按规定的程序进行[①]。收集资料阶段有实地搜集的方法，如观察法、访问法、问卷法、测量法等；有间接收集的方法，如查阅文献法和音像法等；此外还有模拟收集的实验法。资料整理阶段有审核、分类、编码、复查、登录、汇总等方法。分析研究阶段运用的具体方法，有统计分析法、扎根理论、内容分析法等。图1–1揭示了科学研究中本体论、认识论、方法论和方法之间的关系，由此反映了它们之间是环环相扣、密不可分的。

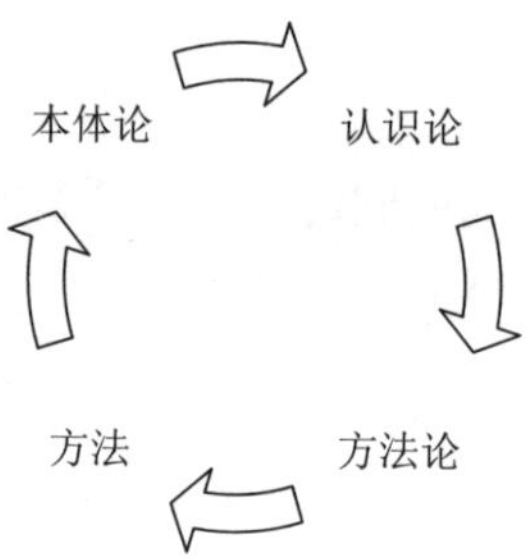

图 1–1　本体论、认识论、方法论和方法之间的关联

第三节　科学研究中的理论及相关概念

科学研究旨在发现新的知识，包括探索并发现新的规律与原理等。在研究的过程中，研究者往往会构建形成有价值的命题，若能提炼总结出一套有益的理论则对知识的贡献更大。什么是理论？理论究竟有什么用？该话题的讨论有助于加深我们

① 林定夷.科学哲学：以问题为导向的科学方法论导论［M］.广州：中山大学出版社，2009：1.

对科学研究必要性和重要性的理解。而讨论理论这个话题，有必要把其他几个与之相关的关键词（如概念、命题、范式等）放在一起加以阐释。

一、概念

“概念”一词在《现代汉语词典》中的解释为，“概念指的是思维的基本形式之一，反映客观事物的一般的、本质的特征。人类在认识过程中，把所感觉到的事物的共同特点抽出来，加以概括，就成为概念。”在日常生活中，概念的发明是人们为了能够让彼此更为清晰地了解其所描述或指涉的东西。例如，人们为了让“上有平面，下有支柱，可以在上面放东西或做事情”的家具有所指涉而发明“桌子”概念。在科学研究中，研究者构想出一些概念的功用之一或许在于此。如“服务质量”“交互质量”“实体环境质量”“结果质量”“满意度”“忠诚度”等概念表达着各自的内涵，区别着彼此。概念的另外一个作用，则在于它们作为最基础的“原材料”在“理论大厦”的建造过程中发挥着重要的作用。换言之，理论体系实际上是由概念这种最基本的元素构建而成。

科学研究的概念主要通过四条途径形成。第一条途径，是从日常词语中引进；第二条途径，是从其他学科移植；第三条途径，是从他人文献中吸收；第四条途径，为独立创造[①]。在这四条途径中，第一条途径显然对任何一个学科的研究而言都适用，而旅游学科中有很多概念的产生则依赖于第二和第三条途径。谢彦君在《基础旅游学》中分析旅游学科的性质

① 宋林飞. 社会调查研究方法［M］. 上海：上海人民出版社，1990：67.

时，列举过学科独立应具备的条件，其中之一则是“学科研究中使用独特的语言系统”[①]。由此而判别，旅游学科具有跨学科的性质。有些学科之所以独立，源于它们具有自己独特的语言系统。譬如，机械工程学科里包含公差、配合、热处理、机床、铣削、基准、粗加工等诸多丰富的独有性的概念。而旅游学作为一门跨学科，显然缺少自己独有的概念，该学科中很多的概念其实都是从其他学科借鉴和移植所得。旅游需要、旅游动机、旅游内驱力、旅游期望、旅游感觉、旅游模仿、旅游认同等概念是从心理学学科中移植而来；而旅游景观、旅游资源、旅游流等则采借于地理学学科的语言系统。当然，旅游研究中也同样鼓励第四条途径，即独立创造，毕竟这也可看作是研究的一种创新。但有必要提到的是，研究者在独立创造一个新的概念时一定要谨慎推敲，要言之有理，析之有据，这样才可能为学术共同体接受，并推广运用。但有的时候，即使研究者说得很有道理，也未必能够被学界广泛认同。王金伟等观察到一个观点：斯通（Stone）在给黑色旅游分类时，按照悲剧事件发生的惨烈程度而将黑色旅游划分为“最黑色旅游”“更黑色旅游”“黑色旅游”“浅色旅游”“更浅色旅游”及“最浅色旅游”等六类[②]。王金伟等认为，“黑色旅游”这个译词不足以准确概括黑色旅游的类型，并提出“墨色旅游”新概念，因“墨分五色”之义而显得更为准确。这个概念的发明有新意，也有一定的道理。但“黑色旅游”这个词已在学界广为流传和使用，甚至已在社会大众层面形成了一定的认知和影

① 谢彦君 . 基础旅游学（第 1 版）［M］. 北京：中国旅游出版社，1999.

② 王金伟，王国权，王欣 . 黑色旅游的批判性反思与理论建构［J］. 旅游导刊，2020，4（6）：6–22.

响。因此，要想在名称方面再做变更的话，恐非易事，或许也无必要。其实，笔者也有过类似的经历。受益于李原的教诲，笔者在 2006 年撰写的题为“功能有限型饭店概念及定位初探”的文章中，阐释过“经济型饭店”这个概念可能会给市场传递“廉价”“低质”的符号之义，而通过对其本质的分析，认为经济型饭店只是功能上的取舍，因此而尝试提出将其变更为“功能有限型饭店”这种称谓①。但十多年过去了，“经济型饭店”的称谓一直沿用至今。以上两个例子还反映了概念的发明基于一种灵感和思辨。严格意义上来说，概念的独立创造从科学研究的角度来说应是概念化的结果。概念化指的是人们通过一组心象形成概念的过程。我们以“服务质量”概念为例来说明（但这个例子只是笔者的一种猜测）。“服务质量”概念没有发明之前，人们去服务场所消费时，会形成包括对服务人员礼貌、热情、美味佳肴、温馨氛围、整洁环境等评价性的看法，基于这些共性的心象而抽象出“服务质量”概念加以表达。

二、命题

所谓命题，指的是把两个以上概念关联起来的陈述，或者说它是反映现象之间关系的陈述②。例如，“旅游是个人利用其自由时间并以寻求愉悦为目的而在异地获得的一种短暂的休闲体验”就是一种命题形式的表达。这个命题由“自由时间”“愉悦”“异地”“短暂”“休闲体验”等概念按一定的逻辑

① 余志远，张明.功能有限型饭店概念及定位初探［J］.北京第二外国语学院学报（旅游版），2006（9）：42–46.

② 范伟达，范冰.社会调查研究方法［M］.上海：复旦大学出版社，2014：41.

组合而成。某个命题的形成，可由演绎和归纳两种途径获得。遵从演绎逻辑而构建命题这一路径往往与定量研究联系起来。其步骤一般包括如下：

（1）形成研究假设。研究假设实际上是有待检验的命题。首先，依靠观察、经验、个案研究或文献梳理等形成某个理论化的问题，再借助问题及相关概念发展出某个命题，最后形成待实证检验的研究假设。值得说明的是，尽管我们提到研究假设从理论上来说可由研究者的观察、小范围的调查、经验形成，但这种经验其实应该建基于一定的理论素养以及严密的逻辑上，并不能发挥不切实际、漫无边际、不合逻辑的臆想，更不能随意地提出研究假设而将检验的工作完全交给数理统计分析。事实上，运用数理统计分析的方法其目的是用来验证变量的关系。关于这个问题，笔者想借用《爱上统计学》一书中的一个小例子进行说明。因为笔者在每年的硕士生毕业论文答辩中，经常会读到学生撰写一些没有研究假设的统计推论性质的文章。《爱上统计学》一书中列举的例子说的是：在美国一个中西部的小镇，人们发现一个不符合逻辑的现象，统计发现冰淇淋消费量越多，犯罪率就越高，即两个变量之间呈现一种正相关①。如果这两个变量果真呈现正相关的话，那么，地方政府只需要管控冰淇淋的销售数量就可以降低犯罪率，但实际上是两个变量共有了气候这个共同的变量而导致了两者之间的伪相关。

（2）对概念进行操作化与测量，展开调查、收集数据。具体来说，概念要通过操作化的步骤转变成可观可测的项目，最

---

① 萨尔金德.爱上统计学［M］.史玲玲译.重庆：重庆大学出版社，2011：60.

终开发成可以测量它的量表。将量表转变成调查问卷，展开对研究对象的调查，从而收集数据。

（3）运用统计学的方法进行数据分析，对假设进行验证，证实或证伪。一旦证实，则说明该研究所提出的命题得到了经验的支持。

除了演绎的方法，归纳方法亦可构建命题，而这正是本书所重点讨论的质性研究策略。一般来说，这种方法首先通过观察、访谈、民族志等途径采集分析资料或质的研究数据；然后通过编码的方法获得与研究主题相关的各种符码并进行同类合并而形成主要概念或范畴，然后再通过资料的分析，结合逻辑思辨，辨析主要概念或范畴之间的联系，搭建它们之间的关系；最后用陈述的方式表达以生成命题。显然，这种分析路径是一种自下而上式的过程，通过不断地归纳将经验的事实发展成命题。

三、理论

社会学家布莱拉克认为："理论并不仅仅是一群概念体系或类型，它必须含有能串联两个或两个以上的概念或变量的命题。"① 理论是指一组相互关联的且内含逻辑关系的组合在一起的命题。

理论具有不同的层次，可根据研究者想要处理的社会事实的层次而被广泛地归为三大类，即宏观理论、中观理论和微观

① BLAOCK H. Theory Construction from Verbal to Mathematical Formulations［M］. Engleword Cliffs：N J Prentice Hall，1969：2.

理论[①]。宏观理论是以整体性的社会现象为诠释对象，它是一种高度概括的诠释框架。具有宏观分析取向的学者主要关注的是社会结构层面的现象与问题。社会学中最典型的代表就是帕森斯（Parsons）的结构功能主义理论。这个理论将社会比作一个大的系统，由群体、阶级等各种功能体构成，每个功能体之间有连接，彼此都发挥着作用以维持社会的良性运行。从生态学的角度来看，旅游目的地是一个大的生态系统，旅游资源、旅游目的地居民、旅游者、旅游投资商、旅游规划与管理者等属于该系统的生态要素构成，彼此依赖、相互关联，这个生态系统只有处于动态平衡状态，才能生生不息。一旦平衡被打破，或者哪个要素遭受影响，则不利于旅游目的地可持续发展。与宏观理论相对的微观理论关注的则是行动个体之间的互动层面的现实与问题。具有微观分析取向的学者，普遍强调微观个体实在的重要性。社会学中最典型的代表就是符号互动论和常人方法论。如作为符号互动论代表人物之一的赫伯特·布鲁默（Herbert Blumer）提出，社会学应重视对人们的社会行动的意义性的研究。他认为行动者总是根据他所处的情境采取行动，并选择、重组和改变其意义，即意义存在于人际互动之中。中观理论是介于宏观理论和微观理论之间的理论，其抽象层次和所诠释对象都介于两者之间。

旅游研究中的理论有什么用？不仅旅游管理专业的学生有此疑惑，甚至有不少的旅游业界人士直接宣称理论无用。网络上，有一篇旅游行业同仁撰写的题为“猪在教鸟儿怎么飞——我对理论的质疑”的文章中表达了一个核心观点，即对理论的

① 范伟达，范冰．社会调查研究方法［M］．上海：复旦大学出版社，2014：41–43.

否定，并突出旅游实践中经验的重要性。本书无意在此辨析理论和实践的关系，也不对理论的作用作出具体的说明。我们首先想以一个理论为例阐释它在实践中的应用。然后，解释人们怀疑理论的功用其原因到底是什么。

人们的出游究竟是为了什么？谢彦君在他的《基础旅游学》中提出了一个理论解释，即补偿匮缺是旅游的根本内驱力。这个理论观点来源于弗洛伊德（Freud）的精神分析论。准确来说，源自于弗洛伊德精神分析理论体系中的人格结构说。弗洛伊德将人之“我”分为“本我”“自我”和“超我”。本我，是原始的我，这种我的特征由人的本能所决定，本我的行事原则是快乐至上的原则；超我，属于理想的我，是人在社会伦理道德规范约束下的我，超我的行事原则是全善原则；自我，则是现实中的我，是协调本我和超我之间关系的我。这几种“我”之间是存在矛盾冲突的。因此，人们有时会感到痛苦和焦虑。弗洛伊德的女儿安娜（Anna）在她父亲理论的基础上，提出了著名的“心理防御机制理论”，并认为补偿是心理防御机制中的一种，补偿是出于对自我的一种防卫，有助于缓和焦虑，消除痛苦。而弗洛伊德的弟子阿德勒（Adler），更是直接提出了补偿理论，他把人所有的心理和行为问题统统归结为补偿，个体是利用某种方法来弥补他生理或心理上的缺陷，从而掩盖自己的焦虑感、自卑感和不安全感。从这个角度来说，旅游属于心理上的一种补偿。但旅游中的补偿匮缺理论把“补偿”的外延作了更大程度上的拓展，它补偿了个体日常生活世界中的风景、文化、气候、运动、人际关系等各方面的匮乏。

旅游内驱力理论可以帮助我们解释旅游产业发展中的一些

现象，甚至帮助旅游企业经营者诊断问题，指导旅游目的地规划与开发。举个例子，今天的三亚呈现一幅欣欣向荣、活力四射的样子。它目前正在着力建设国际旅游消费中心。但存在的一个问题是，为什么它对欧美游客的吸引力不足？事实上，我们可以运用该理论来解释这个现象。欧美本身就是海洋文明，欧美人对大海并不陌生。在20世纪50年代，3S旅游［sun（阳光），sand（沙滩），sea（海洋）］在欧美国家很流行。海洋属于欧美人日常生活世界里的常见景观。对于欧美人来说，三亚的海对他们没有太大的吸引力，真正吸引他们的是独特的地方文化。同样地，按照补偿匮缺旅游内驱力理论进行思考，我们就清楚为什么欧美游客喜欢到访北京、西安等地。

有人认为理论无用，或许是以下几个方面的原因所致。

首先，理论源于实践，指导实践，但并非百分之百适用。上文在阐释理论的产生时指出其所使用的方法是归纳法。今天旅游学科里的很多理论，抑或是其他学科中的理论，绝对不是空想产生，这些理论的生成基于科学的研究方法，通过对实践的调查、归纳、提炼和总结形成。比如，管理学中的保健—激励双因素理论是赫茨伯格（Herzberg）和他的助手通过对成百上千个工程师、管理者的访谈资料归纳得出。它是从实践中提炼、抽象形成的理论。反过来，它对实践能够起到一定的指导作用。但为什么说它们在指导实践时并非百分之百适用？这是归纳法本身的缺陷——归纳不全——所导致的。因为，实践中总能找到反例去反驳某些理论。

其次，理论具有时代特征和社会背景，人们之所以认为理论无用或许是时代发生了变化，社会已变迁。前文所提到各种旅游真实性理论从本体论的角度给予解释。这种看待世界真实视角的改变其实也是由于时代的变化。旅游客观真实理论在当代能够适用且能被运用，是因为这个时代的人们还是比较迷恋客观真实。许多的旅游者之所以愿意访问民族村寨，其目的是体验原汁原味的民族文化。按照这种理论，旅游景区所提供的旅游产品和活动项目应尽可能地真实，不能虚假，否则，他们会不满意。但值得注意的是，这个理论会随着后现代社会的来临而分崩离析。在未来，旅游者出游或许不会再关注真实不真实的问题，旅游景区只要能让他们愉悦、开心即好。我们列举这个例子旨在阐释，当发现某些理论不能适用或发生不了功用，根源或许在于此。

最后想说的是理论是有阵营的。人们基于不同视角的观察，往往会对同一个现象或事件给出不一样的理论解释。这些理论观点很有可能是互相对立的。旅游者为什么能从景观观赏中获得美感？对于该问题的解释，美学原理中大致有三个观点。其一为客观要素论，该观点认为景观本身就是美的，它包含了美的元素，比如九寨沟之美是由于湖水的五彩斑斓、彩林的绚丽多姿，其形态、质感、颜色等都透射着美的光芒。其二是主观移情论，这个观点不将美感的产生归因于客体，而是强调主观，即认为美感的产生是由于个体把自己的主观情感投射到了客体的身上。“感时花溅泪，恨别鸟惊心”就是这样的道理。其三是格式塔心理学的“异质同构论”，将美感看作是人的心理场和景观的物理场同频共振所得。所以，这个例子是想说明世界上对于现象的解释存在不同的理论观点，有时人们不相信某个理论，或许是因为他们已经采纳或接受了另外某种观点。

四、范式

“范式”（paradigm）在社会研究中是个老概念，它是研究人员通过它观看世界的思想之窗。一般情况下，研究者在社会世界所看到的，是按他的概念、假设和偏好的范式所解释的客观存在的事物[①]。因此，不同研究者根据不同的范式描写相同事物，可能会出现不同的看法。在自然科学史上，爱因斯坦（Einstein）的相对论、达尔文（Darwin）的进化论和哥白尼（Kopernik）的太阳中心说等，就是自然科学的若干范式。上文所提到的“旅游体验中的美感因何而生”这个问题之所以有多种解释，其实就是范式在“作祟”。有学者遵从“客观要素论”的理论范式而给出解释，而有的学者则根据“主观移情论”的理论范式进行说明。每种范式都有自己生存的土壤，各自在一定的历史时期也都绽放过精彩，甚至能够长久不衰，能够吸引各自的“粉丝”为之添砖加瓦，形成学派，共同推进各自理论共同体的进步与完善。这里要提到的是，理论构成范式需要相同研究志趣的学者的共同努力，而非仅凭理论发明人的一已之力。而且，理论范式在推进的过程中会发生不断演变。按照笔者的理解，尤瑞（Urry）的初衷是想提出与麦肯耐尔的“旅游是一种真实性寻求”不一样的观点，将福柯的“凝视”概念运用到旅游中，认为旅游是一种离开家乡社会，在旅游目的地对非同寻常的景观、符号等注以愉悦的凝视。尤瑞赋予了视觉凝视在旅游体验中的根本性和重要性。但尤瑞的旅游凝视理论虽然借鉴于福柯的凝视理论，但似乎与它又有所不同。福柯的理论中含有权力、规训等义，而尤瑞在他的著作《游客凝

① 贝利．现代社会研究方法［M］．上海人民出版社，1986：32.

视》中开宗明义地提出他所讨论的主题与福柯所关注的严肃的凝视毫无关系。但后来有学者发展了尤瑞的旅游凝视理论，并将其与权力联系起来[①]，还提出“当地人的凝视”（local gaze）和“双向凝视”（the mutual gaze）等概念[②]。

谈到理论范式这个问题，我们还得认识到一点。或许有朝一日，就像“花无百日红”的道理一样，新的理论范式不断产生。在旅游研究中，有不少的理论范式不断地推陈出新。正如尤瑞自己在著作中坦言道：“有人认为，绝大多数的假日体验是身体或肉体的，并不仅只是视觉的。”由此而引发“具身体验”和“旅游表演”等理论范式的流行。这几种范式都引起了国内外学者的青睐，运用它们开展了各自的研究。同样，科学研究方法也存在范式问题。使用定量研究方法而开展研究的学者是“实证主义”范式的“忠粉”，这些研究者信奉它、迷恋它，愿意在这种范式的规范与原理的指导下开展相关的研究工作。

第四节　科学研究的类型

从不同的角度，可以将科学研究划分成各种类型。这些不同类型的研究为研究者及研究主题的需要而展开，彼此之间并无高低与优劣之分。我们借鉴了谢彦君的分类[③]，并对以下类型进行解释。需要指出的是，这几大类型彼此之间并无互斥的

---

① LEE Y-S. Tourist Gaze：Universal Concept?［J］. Tourism，Culture and Communication，2001，3（2）：93-99.

② MAOZ D. The Mutual Gaze［J］. Annals of Tourism Research，2006，33（1）：221-239.

③ 谢彦君 . 旅游研究方法［M］. 北京：中国旅游出版社，2018：89-118.

关系，它们只是从不同的视角而进行类别上的划分而已。我们在每个类别中都采取了一种比较的方式进行阐释和说明，这将有助于我们对相关方法的理解。

一、定量研究与质性研究

自二战以来，定量研究方法一直占主导地位[①]。在很长一段时间里，质性研究的主要作用通常被简化为帮助创建和提出假设，然后使用统计研究方法和模型对这些假设进行检验。这种趋势在很多的社会学科里都得以体现，如社会学、管理学、市场营销学以及旅游学等。我们在很多的刊物中都能够发现这一点：刊物收录的不少论文中，包含大量复杂的图表、模型和公式。不过，随着人们对定量研究的适用性与局限性等认识的加深，以及质性研究方法论本身研究的不断推进，质性研究不再被看作只是与“数据”相对抗的“文字”，而是一种包含一套方法的方法论，一种可获得知识的替代方式，它体现了对社会科学研究中实证主义霸权的抵抗[②]。博特里尔已经证明，质性研究有助于丰富旅游研究，使研究过程充满人文关怀，并可注入更多的批判思想和观念[③]。

概括而言，定量研究和质性研究的区别主要表现为以下几

① WALLE A. Quantitative Versus Qualitative Tourism Research [J] . Annals of Tourism Research，1997，24（3）：524–536.

② MURA P，KHOO–LATTIMORE C. Asian Qualitative Research in Tourism：Ontologies，Epistemologies，Methodologies and Methods [M] . Singapore：Springer，2018.

③ BOTTERILL D. The Epistemology of A Set of Tourism Studies [J] . Leisure Sciences，2001（2）：199–214.

个方面[①②]：

（1）两者感兴趣的问题，抑或各自解决问题之所长不同。定量研究主要关注和回答有关整体的、相对宏观的、相对普遍的、侧重客观事实的，特别是有关变量之间关系的问题；而质性研究主要关注和回答的则往往是有关个体的、相对微观的、相对特殊的、侧重主观意义的，特别是有关具体情境之中的互动问题。

（2）研究目标不同。定量研究更多地是以描述总体的分布、结构、趋势及其相关特征，揭示变量之间的关系，验证已有理论假设等为目标；而质性研究则更多地是以揭示现象变化过程、现象内在联系、研究对象的主观认知、诠释行为意义、发展和建构新的理论为主要目标。

（3）研究过程不同。定量研究往往是固定化、程序化、线性化的过程，而质性研究常常表现为弹性化、曲折前进，甚至不断迂回的过程。这其实也反映了两者的分析框架的不同。定量研究是事先设定，而质性研究虽然在质性数据收集之前有一个笼统性的研究框架，但研究者在研究过程中结合分析发现而不断加以调整，甚至很有可能会推翻之前的框架结构。

（4）分析方式不同。定量研究通常采用的是演绎法，首先通过文献回顾和实地探索，归纳提炼出研究问题和研究框架，然后进行研究设计，再收集数据，验证研究假设。而质性研究主要使用归纳法，扎根于质性研究数据，自下而上式地归纳出

① 陈向明.质的研究方法与社会科学研究［M］.北京：教育科学出版社，2000：10–13.

② 李先涛.大数据时代定量与定性研究方法的对立与统合［J］.齐鲁师范学院学报，2016，31（1）：106–110.

若干范畴，研究范畴之间的逻辑关联并构建命题。

（5）表达方式不同。定量研究用数据说话，而质性研究用文字进行表达。质性研究常常被批评，其中一个原因是文字的不确定性和模糊性。举个例子，游客在景区售票处前排队买票。如果该游客说："队伍很长，我前面排了不少人。"这是一种运用文字进行的描述，但这种表述实际上不太能够让人理解，因为不同的人对于"队伍很长"的认识其实是不一样的。如果把这句转换成"我前面排了大约 20 个人"这种表述的话，相信所有人都能够获得清晰的理解。

尽管上面罗列了诸多定量研究和质性研究的区别，但从方法论角度而言，两种方法各自都拥有优势和劣势。而且在很多的研究过程中，它们恰恰能够取长补短，互为依托，甚至可以相互结合。质性研究提出思想论点，展开探索性的分析而提出假设命题，定量分析利用统计分析的方法对假设命题进行实证检验，或利用定量分析的结果作为质性研究提出的某个观点的支撑，两者相互配合形成一套严谨的逻辑推理体系。

二、理论研究与应用研究

根据研究的性质，无论是自然科学研究还是社会科学研究都可以被分为理论研究和应用研究。理论研究也称为基础研究，顾名思义就是对学科最基础的研究，是为了认识现象，获取关于现象和事实的基本原理而开展的研究，不以任何专门或特定的应用或使用为目的。旅游研究中也有不少纯粹性的理论研究。比如，对"什么是旅游""何为旅游的本质"这种关乎旅游学科元问题的探索属于纯粹性的理论研究，或许其只涉及对知识本身的好奇，并不考虑它能否解决旅游实践中的问题

（笔者并非认为对旅游本质问题的讨论不具有实践价值）。而应用研究，是围绕特定目的或目标而进行的，在研究过程中可能也会获取新的知识，为解决实际问题提供科学依据。旅游政府部门和产业界往往倾向于重视应用研究，关注旅游研究的社会应用，希望能够解决国家、地方和企业在发展过程中遇到的难题。应用研究往往需要大规模的资料搜集，常常需要政府部门提供基金支持，否则很难进行。每年的国家社会科学基金以及文化和旅游部的资助课题都存在这种导向，经常要求结合政策与社会热点提供愿意资助的研究课题指南。例如，国家文化和旅游部 2020 年公布了它愿意提供研究资金的研究项目申报指南。这份申报指南涵盖主题广泛，包括“旅游业危机（公共卫生、自然灾害、社会动乱等）影响评价与应对策略”“文化和旅游融合”“文化和旅游发展中的科技与大数据支撑”“乡村文化建设和旅游发展”“旅游景区预约制度建设与管理机制”“中国高星级酒店管理创新”等等。研究者从中找到选题，撰写一份课题申请书，对选题价值、研究目标、研究内容、研究方法和预期成果等进行概要性的解释和说明。

社会科学家往往更重视知识贡献，而认为应用只居次要地位。在一些学者的眼里，理论研究才属于真正意义上学术研究的范畴，而应用研究不被看作为学术研究。近年来，党和国家也逐渐认识到基础理论研究的重要性。国家多项产业受制于人，主要由于缺少核心技术，“卡脖子”问题比较突出。而国家自然科学基金不断加大基础理论研究的资助力度，让更多的科研工作者潜心钻研于新知识、新原理、新理论的探索，这就是一种认识方向上的导引。尽管上文提到旅游研究中存在纯粹性的理论研究，但旅游学从性质上来说毕竟是一门应用性较强的学科。这种学科性质或许决定了它不像数学那样可以埋头沉浸于纯粹原理和规律的探索，而是要通过对发生的现象和问题的关注而展开研究。因此，旅游研究尽管也分为基础理论研究和应用研究，但两者的关系比较密切，并不像有的学科那样可以做到明显地区隔。

三、归纳研究与演绎研究

归纳就是从无数个个别推导到一般。我们认识事物都是从一个个具体的事例、方面入手的，对这些事例、方面观察多了，我们就能总结出同一类事物的一般情况。如果没有归纳，我们观察到的事例再多，只能是一个一个具体事例的堆积，缺乏对事物的完整认识，或者见到的只是无数事物的某个侧面，形不成整体概念。当我们见到一只、两只、三只、成百上千只乌鸦后，可归纳得出“天下乌鸦一般黑”的结论。演绎则是从一般到个别，从一般性的结论推演到归属该类事物的一个个具体对象。最具代表性的演绎法例子就是三段论：“凡是 A 级景区都要测量旅游容量；黄山风景名胜区是 5A 级旅游景区；所以黄山风景名胜区也需要测量旅游容量。”

归纳和演绎在科学研究中都有不可替代的作用，同时又存在一定的局限。正如恩格斯所说：“归纳和演绎，正如分析和综合一样，是必然相互联系的，不应当牺牲一个而把另一个捧上天去，应当把每一个用到应该用的地方，而要做到这一点，就只有注意它们的相互联系、它们的相互补充。”[①] 比如说，人们对同一类事物的调查进行了无数次，得到了许多相同

① 恩格斯．自然辩证法［M］．人民出版社，1997：206.

的结论，于是就归纳对该事物的一般概念，称为定理、法则，今后我们遇到同一类事物，往往会从这些定理、法则出发，推导到该具体事物，得出一些新的结论[①]。这种情况就反映了归纳研究和演绎研究相辅相成的特性。美国社会学家华莱士（Wallace）在其著作《社会学中的科学逻辑》中提出了社会研究的逻辑模型（图 1–2）[②]。这个模型的核心思想其实与本章第三节中关于命题的形成的论述比较相似。

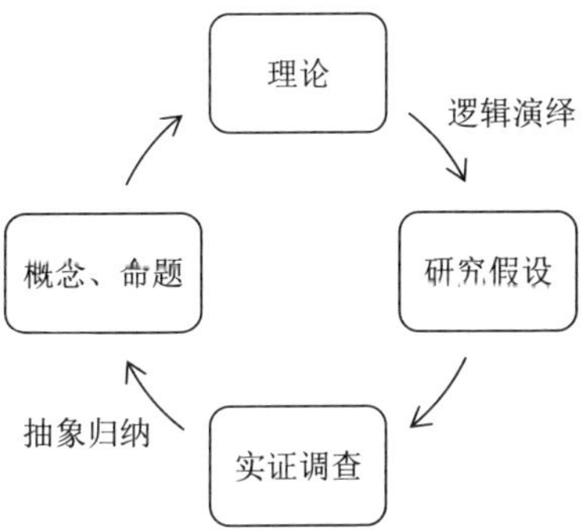

图 1–2　华莱士的科学环（略有改动）

在这一科学环中，研究者有两个入口与研究路径：

（1）研究者首先通过实证调查收集质的研究资料，通过描述并解释他们所观察到的事实，形成概念、命题，概括上升为理论。然后在他们的理论基础上作出预测，即对未知事物的假设，再通过观察新的事实以检验这种预测。这种路径属于先“归纳研究”后“演绎研究”。

（2）研究者首先从理论出发，由理论产生假设，再通过实

① 邹农俭.社会研究方法通用教程［M］北京：中国审计出版社，2002：17.

② WALLACE W. The Logic of Science in Sociology［M］. Chicago：Aldine，1971.

证调查检验研究假设，支持、反对或建议修改命题，并构成最终的理论。该路径则属于先“演绎研究”后“归纳研究”。无论研究者遵从的是哪个路径，都显示了归纳研究和演绎研究在科学研究中可以相互补充的事实。

关于归纳法和演绎法的论述，还有以下两个观点值得注意。

第一，在逻辑方法上，密尔在其《逻辑体系》一书中主张科学逻辑是归纳逻辑，强调归纳法是发现和证明科学知识的唯一工具和方法，并认为演绎法不能成为一个科学的方法，因为演绎推理只是同义反复，不能增加新的知识，而且，演绎的结论实际上已经包含在大前提中，结论只是对大前提机械地进行重复[①]。因为演绎推理结论的正确性来源于大前提的正确性，但大前提的正确性是预设的，它是否正确需要通过归纳的方法来证明。因此，离开了归纳的方法，演绎推理的大前提或者是已被盲目接受的论据，或者是被预设权威的论据来作为前提。

第二，归纳法和演绎法被很多人认为是科学研究最为倚重的两种思维方法。但除这两者之外还存在另外一种方法，即联想法，它在科学研究中，尤其是在质性研究中所发挥的作用不可忽视。不少学者或许是受到实证主义哲学的影响，常常会拒绝或排斥质性研究中的一些必要联想，甚至会把它们归为臆想的层面。前文虽然阐释过形而上学的弊端，但并不意味着我们就可因此而完全地拒斥或否定它。杨国荣曾明确指出，要重新关注形而上学，这意味着向智慧的回归[②]。如果从科学的角度来说，弗洛伊德的精神分析论或许不具有严格意义上的科学

① MILL J. A System of Logic [M]. London：Longmans, Green and Co.，1959.

② 杨国荣.成己与成物：意义世界的生成 [M].北京：北京大学出版社，2011.

性，他的思想里面有很多的主张其实就源于个人的联想或想象，但不可否认的是，这些因学术想象而构建的理论却构成了人类精神分析知识体系中一笔极为宝贵的财富。另外，从建构主义的角度来说，质性研究其实是允许研究者本人参与知识的建构过程。在列维·斯特劳斯的眼里，联想法属于第三种思维方法，并且他又指出，科学的疏漏是只能在前两种思维方法论上横行，而对第三种思维方法——联想法无能为力，甚至认为科学探究应具备的两种策略，一种是知觉和想象的平面，即传统的非理性思维科学；另一种则是与之平行的那种著名的理性思维科学①。实际上，胡塞尔（Husserl）的现象学哲学就推崇联想，联想在本质直观中居于最为关键的一步。从这些角度来看，质性研究在某种意义上需要、甚至呼唤联想法。也就是说，研究者的主观联想在质性研究过程中所发挥的作用应该得到认可和重视。

四、共时研究与历时研究

共时研究又称为截面研究，指的是研究者针对某个研究主题在某个时间节点上收集资料并开展的研究。而历时研究与共时研究相反，指的是针对某个主题开展的跨时段、带有追踪性质的、动态视角下的研究工作。从研究的耗时、耗费的角度而言，前者相对轻松，研究者投入的时间、精力和金钱成本较少；从信息量获得的角度来说，后者获得的信息量更大，内容更全面，能够揭示某个现象的演变过程与发生规律，并依此作出趋势判断。两者都可以对同一个主题展开分析和讨论。举例

① 斯特劳斯．野性的思维［M］．李幼蒸，译．北京：商务印书馆，1987：21

来说，研究者可以对“旅游目的地居民对旅游发展态度”这个问题进行共时研究或历时研究，且既可以做定量研究又可以做质性研究。研究者如打算开展质性的共时研究，则要求通过在某个时间点对案例地进行实地调查，通过观察、访谈，收集居民对当地旅游开发的看法等信息，并进行归纳，总结该时间点居民对旅游发展的态度。相反，历时研究则要求研究者在不同的时间点，如开发初期、快速增长期、成熟期等各种关键时间点进行调研，以此揭示不同时期居民对旅游发展的不同态度。

五、出位研究与在位研究

研究者站在不同的立场、不同的位置展开观察、开展研究，会得到不尽相同的结论。这就如同“横看成岭侧成峰，远近高低各不同”的道理。出位研究和在位研究就是从认识论的视角对研究进行划分而得到的两种类别。出位研究要求研究者以局外人的视角收集和分析资料，强调的是价值中立或价值无涉；在位研究强调的是以局中人视角收集和分析资料。

以实证主义范式为指导的定量研究是一种典型的出位研究。这类研究拒斥研究者将自己的主观情感融入研究过程与报告写作中，而主张用数字去说话。社会学名著《自杀论》就是一项经典的出位研究代表作。在这项研究中，涂尔干（Durkheim）首先提出了各种有关自杀现象诱发因素的假设，然后收集数据来检验这些假设。比如，有观点认为酗酒是导致自杀的一种不正常的心理因素。涂尔干用两个统计事实批驳了这种说法：第一，在法国国内，酒鬼最多的地区并不是自杀倾向最严重的地区，而酒鬼最少的地区也不是自杀倾向最不严重的地区。第二，比较不同国家情况，一个国家人均酒的消费量和这个国家自杀率之间也没有相关关系。

与定量研究相反，很多的质性研究则是在位研究。但值得提及的是，西方学者开展的早期的质性研究由于受到实证主义范式的影响，不太重视研究者的主观作用，而侧重从资料中去挖掘当事人的观点和态度，从而发现所谓的“客观现实”。即使研究涉及到研究者的主观世界，这个主观世界也被认为是“客观存在的”[①]。但后期的质性研究则认识到移情、共情地理解被研究者的重要性。譬如，怀特（Whyte）为了研究波士顿市某个意大利人贫民区的街头帮派，主动与这个群体生活在一起，置身于观察对象的环境和活动中，对闲荡于街头巷尾的意裔青年的生活状况、非正式组织的内部结构及活动方式，以及他们与周围社会的关系加以观察，并及时做出记录和分析，最后从中引出关于该社区社会结构及相互作用方式的重要结论。这类研究就属于在位研究，而在位研究最为伟大的主张，则是站在被研究者的角度，真心地关切并理解被研究者的所思、所想，甚至要对被研究者的社会与文化背景有所掌握。2001 年，中国大陆上演了一部反映中美文化差异的电影《刮痧》。许大同与妻子简宁在美国奋斗了多年，事业有成。一次意外却改变了这种美好的生活状态：5 岁的儿子生病了，老父亲用传统的中国民间刮痧帮孙子治病。美国学校的老师、医院里的医生都统统误认为这对夫妻在虐待儿童，一个又一个物证和人证的证词让夫妻俩百口莫辩，因为西医根本无法了解这种传统的中国疗法。

① 莫特纳，伯奇，杰索普，米勒.质性研究的伦理［M］.丁三东，王岫庐，译.重庆：重庆大学出版社，2007：2-3.

第五节 科学研究中的伦理道德问题

2019年政府工作报告中提出，要“加强科研伦理和学风建设，惩戒学术不端，力戒浮躁之风”[①]。科研伦理在本质上就是科研工作者在科研活动中应该恪守的价值观念、社会责任和行为规范[②]。一些发达国家的科研人员基本都要经过伦理培训，选修相关课程。针对在校生的教育培训更要加强，目的是让他们在学术生涯的起步阶段就养成崇尚科学精神、遵循科研伦理、严守学术规范的良好习惯。科学研究中的伦理道德表现在研究中的各种环节。以下为几种典型的学术不端行为。

一、摒弃中立立场

社会上有很多的企业在实践中遇到了一些难题，常常利用课题合作的形式雇请研究者们帮助解决。但有些研究者在合作过程中，由于利益的诱惑而放弃了科学研究所要秉持的客观立场与中立原则，完全从课题资助方利益的角度考虑问题，并积极为其出谋划策。前几年，著名的医学期刊《JAMA Internal Medicine》登出了一篇极具冲击力的文章。来自加利福尼亚大学的肯思（Kearns）博士挖掘了医学界的一段不堪往事。上世纪60年代，哈佛大学的营养学家们在顶级医学期刊上发表了两篇综述，轻描淡写地介绍了糖对冠心病的影响，在当时引发了热烈的争论，最新披露的文献则揭开了他们背后的秘密：该

---

① 十三届全国人大二次会议政府工作报告［R］.2019-03-15.

② 廖侃.恪守科研伦理是为了更好地开展科学研究［J］.科学与社会，2015，5（4）：7-11.

研究由制糖业商业团体设立并给予资助，目的非常明确——保护糖在公众心中的声誉[①]。这样的案例在旅游领域也不少见。譬如，旅游规划是一项科学性很强的工作。从科学性角度来说，旅游目的地的空间规划、资源利用、产品设计与市场营销等都需要符合市场的规律与需求，平衡资源的保护与开发之间的关系，尊重旅游目的地东道主、企业和游客等多方的利益，兼顾公平与可持续发展的原则。但有些接受规划课题委托的专家不严格遵从规划的科学性、而按照企业方利润至上的原则行事，这就属于摒弃了中立立场的不端行为。

二、隐瞒与欺骗

质性研究往往强调研究者要以局内人的角度理解其所关注的对象，质性研究者采取的策略是接近信息提供者。在资料的收集过程中，撒谎、夸张、有意无意的欺骗，人际之间的表面应酬和造作等诸如此类的情况，都会给收集准确可靠的资料带来严重的问题[②]。虽然“隐瞒派”认为，人类的本性是不相信别人，不愿意向别人暴露自己的真实想法，为了获得可靠、真实的资料，研究者不必征得被研究者的同意[③]。但“公开派”还是建议研究者不应对信息提供人有所隐瞒、甚至欺骗，而是要开诚布公，向他们表明自己的身份，解释研究的主旨与意图以及研究可能带来的风险，以此获得信息提供人的支持和帮

---

① 佚名.哈佛教授曾被收买？为糖正名的一段尘封往事［Z］. https：//www.sohu.com/a/115175546450839，2016-09-26.

② DOUGLAS J. Investigative Social Research［M］. Beverly Hills，CA：Sage，1976.

③ 夏晓丽.关于质性研究中“自愿”伦理道德原则的思考［J］.现代经济信息，2015（21）：413，415.

助。坦诚与建立信任是信息提供人愿意合作的基础，良好合作关系的建立和维系还需要遵从互惠原则。信息提供人在研究参与的过程中往往会询问一个问题，即你的研究能给我带来什么？按照霍曼斯（Homans）的观点，人类的诸多社会活动可由“交换”概念给出解释，即若干行为的发生主要是个体可以获得相应的奖励或报酬[①]。研究者需要从互惠的角度考虑可以给信息提供者带来怎样的回报。但需要提醒的是，慎重采取用金钱作为交换媒介。有时金钱是一种合适的交换媒介，但是要明白，这样一来就成了商业买卖关系，而以此为基础又会影响正在交换的信息的内容。你会发现有许多并不涉及金钱的公平交换方式可以巩固信任与合作关系，例如表扬、赞赏、提供帮助，这些方式在加强信任与合作的关系上比金钱有效得多[②]。现实中，有的研究者给信息提供人赠送小礼物或者帮其家里的小孩辅导功课等都是一些值得考虑的好做法。

三、违反保密原则

由于信息提供者为研究者提供了大量的信息，有的信息甚至关系到其本人、家庭或者族群的秘密，因此需要强调保密。在研究开始之前，研究者要申明保密原则，在研究过程中也要不断提醒自己，不要因为自己与被研究者的关系密切就可以随便向他人提及有关情况，尽量在文章中将被研究者的真实姓名隐去，在任何情况下，都要把被研究者的利益放在第一位，不

① HOMANS G. Social Behavior［M］. New York：Harcourt, Brace & World, 1961：153–154.

② BLAU P. The Research Process in the Study of the Dynamics of Bureaucracy［C］. Hammond P E. Sociologists at Work. New York：Basic Books，1964.

让被研究者受到伤害[①]。

四、数据捏造与篡改

这里的研究数据既可指代定量研究数据，也可以包括质性研究数据。无论是定量研究还是质性研究都有可能会涉及到数据的捏造与篡改问题。譬如，在数据采集环节，有研究者为了省事，不严格遵循工作严谨、诚实守信的原则，自己填写调查问卷，这种捏造数据的行为就明显有悖于科研伦理。质性研究者有时可能也会为了省事，不去访谈更多数量的受访者，并在研究报告中故意夸大受访者的数量，这同样属于一种数据的故意捏造行为。另外，由于质性研究面对的分析数据多数是文字材料，所以有研究者为了给相关主题的论证提供更为贴切的论据，捏造或篡改受访者的表述。

五、观点剽窃

观点的剽窃指的是文章里的一些表述并非源于作者本人的想法，而是使用了前人研究中的观念，并且没有将其作为参考文献进行标注、标明。但我们也需要分清一种情形，即现实中会存在一种学者们的观点具有互通和相似的情况，即所谓的“英雄所见略同”。举个例子，东西方哲学家对世界本原这个问题都进行过思考。古希腊哲学家阿那克西曼德（Anaximander）对他的老师泰勒斯的“水生万物”的思想提出质疑，并推论认为任何一个具体之物都不能作为万物的根本，最终提出“阿派朗”（apeiron）是世界的本原。其中，“阿”是否定词，“派朗”

① 贺静.关于质性研究中伦理问题的思考［J］.才智，2014（14）：298，301.

是规定性；合在一起就是无规定性之义。“阿派朗”指代的是一个无规定性的东西，但这个东西是何物并不明朗，其在运动中分裂出冷和热、干和湿等对立面，不同的组合形成水、火、土、气，并最终构成世间万物。笔者以为，阿那克西曼德的思想就与我国古代哲学家老子“道”的思想具有很大的相似性。比较有意思的是，这两位哲学家又生长于同一个时代。在老子看来，“道”不能被言说，但“道生一、一生二、二生三,三生万物。”从这些解释来看，“阿派朗”和“道”的观念就具有很相似的地方。由于旅游学科具有很强的跨学科性质，旅游学中许多的理论就是从其他成熟学科理论中借鉴、融合而成，某些学者从共同的理论源流中受到同样的启发，从而导致了观点的趋近和相似，事实上这种情形不应简单地被看作是观点的剽窃。

六、抹杀他人贡献

对于一篇学术文章而言，有没有新的知识贡献是衡量它质量好坏的一个法则。有些学者为了夸大自己文章的价值，而在论文中不对同行的相关成果进行介绍，或者故意隐匿与其文章具有高度相关的文献，这也属于一种学术不端行为。从这个角度来看，学术论文在前部分做严格的文献综述、后部分要在讨论中与前期文献进行对话等作法是非常有道理的，一方面是从文献综述中了解该主题的研究进展，并自然而然地引出该篇文章的创新性贡献，另外一方面则是为了向前人学者致敬，尊重他们在前期科研工作中付出的努力及为知识共同体所带来的贡献。

七、一稿多投

现在很多期刊的审稿周期一般为 2—3 个月。在这个过程中，有些期刊审稿处理效率非常高，即使没有通过初审也会及时向作者作退稿处理，以方便作者另投其他刊物；但有些期刊即使某篇稿子连初审都没有通过，却不作任何处理，让作者等待至期满再投递别的期刊。这就导致了一些作者采取一稿多投的策略，希望“大面积播种，总有一个地方开花”，或抱着“东方不亮西方亮”的侥幸心理。但事实上，这种一稿多投既是不尊重知识产权又是不尊重审稿人劳动的表现。所以，一稿多投问题也属于学术不端，违反了学术伦理。

八、署名不端

署名是一篇论文的重要组成部分，是作者对论文拥有著作权的标志，是论文学术责任、道义责任、法律责任的依据，署名不端包括名誉署名、赠送署名、搭车署名、买卖署名等四个方面的具体表现[①]。《中华人民共和国著作权法》和《科学技术报告、学位论文和学术论文的编写格式》等相关法律和国家标准是学术论文作者署名的原则和依据。《科学技术报告、学位论文和学术论文的编写格式》对论文署名有着明确的指导意见：“在学术论文的正文前署名的个人作者，只限于那些对于选定研究课题和制订研究方案、直接参加全部或主要部分研究工作并做出主要贡献，以及参加撰写论文并能对内容负责的人，按其贡献大小排列名次。至于参加部分工作的合作者、按研究计划分工负责具体小项的工作者、某一项测试的承担者，以及接受委托进行分析检验和观察的辅助人员等，均不列入。”

---

① 宋如华.科技论文不端署名的表现及防范对策［J］.编辑学报，2009，21(5)：396–398.

第二章　旅游质性研究基本问题

学术界将质性研究方法应用到旅游研究领域是相当晚近的现象。从国内最具影响力的旅游学术期刊《旅游学刊》上的载文情况来看，早期关于旅游世界中诸多问题的讨论大多数是思辨性的文章，而实证性的文章则以定量研究的发育为先。这些文章在开疆拓土的年代为中国旅游研究奠定了坚实的基础，但这类研究严格意义上来说还不属于质性研究的范畴。按照笔者的理解，保继刚等在 2001 年发表的题为《香港迪斯尼乐园对珠江三角洲的影响》的文章才算带有一定质性研究的色彩。这篇文章以访谈为经验材料，并做出归纳性的讨论。尽管该研究的归纳并没有完全地体现目前比较流行的类似类属分析或扎根理论等方法所推荐的具体作法，但它在那个年代不落入纯粹思辨式研究的窠臼就已属于创新的典范。那么，到底什么是旅游质性研究方法？该方法具有哪些特点？它又包括哪些具体的分析方法？这些问题构成了本章讨论的焦点。事实上，我们讨论这些问题时可以把“旅游”这顶帽子去掉。也就是说，这些讨论适用于社会科学中的各个学科。

第一节　科学研究中的质性研究取向

邱皓政曾指出，在学术领域，一套以数学为基础的符号逻辑思考体系，取代了亚里士多德以来的形式逻辑概念，发展出以量化研究为主轴的科学研究范式……虽然 20 世纪末期，主张后实证科学的学者，来势汹汹地挑战实证范式的科学传统，但是库恩（Kuhn）所谓的科学革命似乎尚未发生，实证主义下的符号逻辑思考体系，仍是当代科学研究的主流思想，量化研究方法作为学术训练的主体现象，仍然普遍存在于各学科之中[①]。尽管如此，我们也看到质性研究在近些年来被不少的研究者所青睐，并愿意按照这种研究范式开展探索性的工作。那么，质性研究为什么会流行？哪些因素在其中起作用？本节主要针对这两个问题展开讨论。

一、后现代主义思潮对质性研究兴起的影响

后现代主义哲学于 20 世纪 50 年代在法国思想界登台，后来传播到美国，60、70 年代成为欧美国家的流行思潮，80 年代成为世界性的文化景观[②]。在这片文化景观林中，生长着包括存在主义、解释主义、西方马克思主义、女性主义等思想丛林。因此，有学者指出，后现代主义并非一个严谨的理论体系，它是由一系列观点各异甚至相互矛盾的学说构成的一个松

① 邱皓政 . 量化研究与统计分析［M］. 重庆：重庆大学出版社，2009：2.

② 李少军 . 后现代主义哲学产生的社会历史背景［J］. 首都师范大学学报（社会科学版），1999（2）：22–26.

散的“家族”[①]。值得注意的是，后现代主义的提出与划分是与前现代主义和现代主义相对的。前现代主义是西方古代和中世纪文化的特征。这是一种神圣文化，中世纪的基督教文化是前现代神圣文化的典型。现代主义是伴随着资本主义的产生而兴起的。现代主义崇尚科学，提倡理性，主张用理性战胜无理性、非理性。资本主义由自由竞争发展到垄断阶段，资本主义固有矛盾日趋尖锐化，最终导致了20世纪人类最残酷的两次世界大战[②]。由科学、理性制造出来的工具成了杀人武器，人性的残忍与凶恶以及精神的堕落和工业文明及科技进步形成了强烈的反差[③]。从某种意义上来说，后现代主义是对两次世界大战反思的结果，通过两次世界大战，后现代主义者看到了以理性主义为核心的现代主义价值体系的失效，为了寻找新的价值体系，后现代主义者对现代主义展开了深刻的批判，提出了自己的反叛理论[④]。以后现代主义中的存在主义哲学为例，这个学派的一些哲学家看到战争给人带来痛苦与迷茫的景象，深刻地反思并试图寻找人该如何更美好地生活这个问题的答案。

某些后现代主义者反思的还不仅仅是战争，他们亲身感受到了资本主义的诸多弊端，亲眼见证了机械复制时代的文化图景，这个图景用一个最恰当的词概括就是现代性，因此而对现

① 闫杰.后现代主义思潮对心理学质化研究兴起的影响［J］.南京师大学报（社会科学版），2008（4）：103–107.

② 曹琦佳.后现代主义哲学产生的原因及其精神实质［J］.沧桑，2020（6）：159–160.

③ 王建阳.后现代主义哲学产生初探［J］.边疆经济与文化，2005（5）：67–69.

④ 赵光武.后现代主义哲学述评［M］.北京：西苑出版社，2000.

代性展开了激烈的批判[①]。现代性最初表达的是现代时期的社会生活及其事物所具有的性质和状态，其本义描述的是现代社会与传统社会的差异，表达了现代社会对自由和进步的追求，批判的是传统社会的宗教迷信和愚昧[②]。但随着资本主义大工业发展，现代性的内涵已与最初的含义相悖离，呈现为一种资本主义现代性。它探讨的是内蕴于现代社会，支配着它并贯穿其始终、使现代之为现代的本质、根源、根据或基础[③]。

现代社会是以技术为基础的大规模机器生产，机器大生产在一定程度上将人从繁重的体力劳动中解脱了出来，让人获得了自由，但在以技术为主的工厂流水线上，高度的社会分工与苛刻的经营管理又将人奴役。如果将整个社会比喻成一个大机器的话，每个人就好比其中的一个零部件，甚至出现人与机器之间关系的颠倒，不是人在使用机器，而是机器在使用人，人几乎丧失了主体性，沦为像物一样的存在。如果这个例子有些极端，那么我们可以反思一下作为高科技产物的手机同样会让人们感到生活被它所奴役和主宰。英国《经济学人》杂志曾刊文称，信息的爆炸式增长和智能手机的普及导致职场人士不堪重负，原本悠闲的个人生活被繁重的工作挤压，甚至连婚姻和心理健康也都受到威胁。因此，马尔库塞（Marcuse）概括为："发达工业社会的发展内在存在着这样一种关系：技术进步＝社会财富的增长＝奴役的加强。"[④]

---

① 李庆霞.本雅明现代性批判的四重维度［J].社会科学战线，2018(7)：10–15.

② 李留义.现代性境域中的生态危机研究［D].上海：上海师范大学，2016.

③ 李智.论海德格尔的现代性批判［M].北京：首都师范大学出版社，2003.

④ 马尔库塞等.工业社会和新左派［M].任立，编译.北京：商务印书馆，1982.

从以上分析可以看出，现代性赋予人以自由的同时又将人异化为物欲的奴隶，人的主体性消失了，给人带来了新的不自由。从这个角度看，对人的存在、存在的意义等问题的探索成为社会科学所要讨论的重要议题，而这类问题的探讨需要人文关怀，它不是冷冰冰的数字所能够解决的。

二、欧洲的科学危机与生活世界的遗忘

孔德将知识的演进划分为神话知识观、形而上学知识观和科学实证知识观三个阶段[①]。在远古时期，原始人类对自然现象和社会现象的解释求诉于诸神。这种知识观在生产力极为低下的远古时代是可以理解的，但同时也反映出他们思考这些问题时其思维是非理性的。因此，当古希腊第一位哲学家泰勒斯对世界本原问题发出追问，提出“水生万物”的观点之后，一大批哲学家对宇宙中的物和现象产生好奇，并前仆后继地构建着各自的理论与学说。立足于今天的知识体系审视泰勒斯等的观点或许会认为它们是荒谬的，甚至是可笑的，但这些观点放在两千多年前却被认为是知识演化的一个重要拐点，它们标志着知识从非理性生产到理性生产的转变。有人将这种转变赞誉为:“个人思想的一小步，人类知识前进的一大步。”但进入 17 世纪以后，形而上学的一再失败与实证科学在理论和实践上不断获得的成功形成鲜明的对照，使得现代人开始迷恋科学以及科学所造就的繁荣。“科学世界”成为了最可靠的世界范式，整个近代开始数学化，也让人们生活的世界不再是生活本身，而是数学化、科学化了的世界。这就是从数学的视角审视这个

① 陶虹.孔德与社会学的创立［J］.青年干部学院学报，2010，20(5)：7–15.

世界。比如我们面前的这张桌子是由高速运转的分子、原子构成，我们肉眼看到的各种颜色的光不过是各种波段的电磁波，我们人体，无论是生理还是心理，包括心率、体温、血压、血糖、紧张、恐惧、害怕等也都被数字化。整个世界都被数字化改造了。这种观点有它科学的一面。但是我们也看到，这种数学化"抽象掉了一切精神的东西，一切文化特性"。结果是，公式篡夺了意义，构成自然科学意义基础的真实世界被遗忘。在胡塞尔看来，欧洲陷入了科学危机，并因此而呼吁，不要过分沉迷于实证主义的科学理论，要回到生活世界[①]。也就是说，对这个世界的认知和诠释不要沉迷于冷冰冰的数字，而要有情感和人文的关怀。这个背景也为质性研究的兴起奠定了肥沃的社会土壤。

以上重点提到的是社会因素促进质性研究的兴起。需要说明的是，质性研究的兴起还离不开质性研究软件的发明。在质性研究中，研究者常常需要使用编码分析技术。尽管编码分析工作也可以靠手工完成，但由于在手工编码过程中，研究者面对浩繁的文本需要反复查阅前面编过的符码，因此，手工编码是一件非常辛苦、繁琐且效率低下的工作。而质性研究软件的发明，可以使研究者在一个界面中完美地处理这个难题。从这个角度来说，20 世纪 80 年代开始出现的质性分析软件无疑大大提升了研究者的工作效率。

---

① 胡塞尔.欧洲科学危机和超验现象学［M］.张庆熊，译.上海：上海译文出版社，2005：6–8.

第二节 旅游质性研究方法的定义与特征

陈向明吸收了国外文献并对“质性研究方法”给出了一个很好的定义。本书在参考陈向明的定义的基础上，将旅游质性研究方法归纳为“旅游质性研究是把研究者本人作为研究工具，在自然情境下采用多种资料收集方法对旅游世界中的现象进行整体性探究，使用归纳法分析资料和形成理论，通过与研究对象互动对其行为和意义建构获得解释性理解的一种研究活动与方法。”该定义包括以下内涵，并以此展示质性研究方法的特点。我们可以结合这些特点与上一章阐释的定量研究与质性研究的区别加以系统性思考，以便更深入地理解到底什么是质性研究。

第一，质性研究者本人作为研究工具，强调与研究对象的互动。定量研究依赖研究者本人进行严谨设计的同时，数据分析工作主要依靠各种统计分析软件。但质性研究的研究设计、研究数据收集以及数据分析等各项工作都要依赖研究者，质性研究的编码尽管可借助于软件，但编什么码实质上还是由研究者决定。在定量研究过程中，研究者保持着中立的态度和立场，对资料的分析不掺入个人情感，这种作法遵循的是实证主义范式的研究法则。早期的质性研究其实强调这种作法，但后来基本上接受了将研究者本人看作研究工具的观点，研究者移情地理解被研究者，与他们同喜、同乐、同悲、同哀、同愤、同怒、感同身受，并将自己在田野调查中撰写的反思笔记与备忘录同样当作分析的对象。这些作法实质上是认同了研究者在数据采集与分析过程中所起到的知识建构的作用。质性研究强调与研究对象的互动，不仅仅是因为有了互动就可以设身处地地理解他人，而且增进互动也是数据采集的重要途径。周小凤等为了研究社区搬迁与遗产保护之间的关系，需要实地访谈社区居民[①]。最初的访谈并不顺利，许多村民由于不信任而不愿意谈论搬迁的经历。为此，课题组成员白天在村民们家四处“蹭饭”聊天，傍晚与街坊们一起乘凉、看露天电影等，这些互动慢慢地卸下了村民们的警惕与防备。

第二，质性研究是在自然环境下展开而非在人工控制的环境中进行。自然科学如物理学等常常在实验室中开展实验，但这种通过控制其他变量而达到某种观察目的的作法不被质性研究者认同。由于旅游学者所关注的是关乎人的社会现象，其复杂性远高于自然现象，实验室场域的环境要素与自然情境大不相同，这些要素的改变将会带来结果的差别。笔者曾在一篇关于眼动实验法的文章中反思过类似的问题[②]。从文献来看，目前绝大多数的眼动方面的研究都是在人工实验室进行。也就是说，研究被试并非在真实的旅游世界中参与实验。当置身于实验室环境时，这些“离场”的“旅游者”（甚至只能称为潜在旅游者）会意识到他们正在参与一项研究，从而因为社会期望、政治正确性等因素的影响而带来实验偏差。而更应引起我们重视的是，自然环境的“旅游场”和人工环境的“实验场”明显不同，这会影响“旅游者”的体验感知。不少研究邀请被试观赏旅游景观照片或访问景区开发的虚拟旅游体验平台，进

---

① 周小凤，张朝枝，蒋钦宇，等.搬还是不搬？——遗产化与旅游化情境下的社区居民搬迁研究［J］.旅游学刊，2022，37（3）：83–95.

② 余志远，刘玥.对眼动实验法在旅游心理研究应用中的反思与展望［J］.旅游学刊，2020，35（12）：7–8.

而采集眼动数据。但这些眼动数据很有可能会因“场”的不同而带来数据的失真。首先，实地旅游提供给旅游者的是具身体验，人体的各种感官都会参与其中，而且，各种知觉要素之间是相互连接的。旅游者的情感生成不仅取决于视觉，还是多种感官的交互作用。从这个角度来看，旅游场中的旅游者瞳孔的变化与实验场中该指标的变化其根源或许不一样，内容也就不同。其次，虚拟现实技术所创造的“真”只是游戏的真，它或许能够做到视觉上足够的真实，但参与者会意识到这并不是实际的“真”，并不能取代客体本身的“真实”。最后，真正的在场让旅游者能够获得与日常生活具有差异的体验感，这种感受甚至在决定出游的那一刻就弥漫在旅游者的心里。

第三，质性研究所使用的收集资料的方法是多元的，如开放型访谈、参与型和非参与型观察、游记和旅游评论分析、实物分析等，甚至包括研究者在田野调查中撰写的反思笔记，而一般不使用量表这种测量工具。

第四，质性研究在分析某种现象时往往需要联系各种背景资料进行整体性的探究。定量研究常常关注的是几个变量，而忽略了其他变量所带来的影响。但质性研究在探索某个现象时，往往要联系多个要素，甚至对看似不具关联性的要素展开分析。2013 年 10 月 2 日，九寨沟景区由于游客太多，发生了滞留事件。管理人员认为，部分游客可能因没有赶上公交车，导致交通线路瘫痪，拥堵数公里长，下午 15 时 20 分，游客开始进行疏散。按照笔者的判断，这次九寨沟滞留事件的发生很有可能与 2013 年《中华人民共和国旅游法》的实施具有某种关联。在《中华人民共和国旅游法》实施以前，国内不少的旅行社长期以来凭借零负团费的经营模式招徕市场。然而，《中华人民共和国旅游法》明文规定：旅行社不得以不合理的价格招徕游客，因此打破了依靠低价团费吸引游客的作法，最直接的办法是通过上涨团费来保持盈利。团费的上涨，使得原本一部分想报团参加旅游的游客改为了自由行，这就使得当年十一期间九寨沟旅游者的构成中自由行旅游者数量远高于参团游客数量。相对于参团游客来说，自由行旅游者缺少了导游的管理和引导，再加上景区没有做好危机管理措施，这才导致了当年景区的混乱。

第五，质性研究结论的形成使用的是归纳的方法，通过对质性研究数据自下而上地归纳，提炼出类属和理论命题。

第三节 旅游质性研究的类型

对质性研究进行分类具有一定的实践意义。首先，用分类的方式对质性研究进行梳理可以帮助我们比较系统地了解目前质性研究呈现出的状态，也就是通过分类实际上可以了解质性研究的各种形态。其次，通过分类的方式可以清晰地掌握质性研究的类型，进而了解自己将要展开的研究在这些类别中的定位以及如何按照该类型而展开相应的探索和研究。

陈向明从研究问题、研究目的、研究意图等方面梳理了质性研究的类型[①]。但有些分类正如陈向明所提到的，其本身并不是很清晰。本书摘录其中笔者认为相对比较清晰合理、由墨斯（Morse）提出的按照研究问题的角度所作的分类（表2-1）。陈向明的著作中仅给出了这张表，我们尝试对该表格

① 陈向明.质的研究方法与社会科学研究［M］.北京：教育科学出版社，2000：46-63.

中的内容进行理解，并作出以下解释。

表 2-1 质性研究的类型

研究问题的类型	策略	范式	方法	其他资料来源
意义类问题：了解生活经历的本质	现象学	现象学	录音谈话；笔录个人经历中的有关轶事	现象学文献；哲学反思；诗歌；艺术
描述类问题：对文化群体的价值观念、信念和行为进行描述	民族志	文化人类学	无结构访谈；参与性观察；实地笔记	文件；记录；照片；地图；谱系图；社会关系图
过程类问题：了解时间维度上事情发生的变化，研究问题可以呈现阶段性和不同的层面	扎根理论	符号互动主义	访谈（录音）	参与性观察；写备忘录；记日记
口语互动和对话类问题	常人方法论；话语分析	语用学	对话（录音/录像）	观察；记实地笔记
行为类问题： 宏观 微观	参与型观察；质的生态学	人类学 动物学	观察；实地笔记；观察	访谈；照相录像；记笔记

一、意义类问题

意义类问题并不完全局限于墨斯所言及的探讨生活经历的本质，而探讨这个问题所运用的策略除了墨斯所提到的现象学之外，符号互动论等都能给予很好的支持。人生活在意义世界之中[①]。人类与意义共存。意义类的问题概括起来可以从以下

① 赵毅衡.意义理论，符号现象学，哲学符号学［J］.符号与传媒，2017（2）：1–9.

几个方面进行理解。

首先，人对世界敞开，对世界的认知和把握与意义紧密相连。月晕而风，础润而雨。“月晕”（月球周围出现光环）、“础润”（基石润湿）是自然的符号，二者分别与“起风”“下雨”的意义相联系；而人工符号（人直接创造的符号）涉及更宽泛的领域，从交通信号到电码、化学符号，从语言、体态身姿、艺术符号（如绘画、雕塑、音乐、舞蹈等）到建筑符号，等等[①]。其次，人终其一生似乎就在不断获得或加深对自我的认识，追寻自身之“在”的意义。对此，以关乎生活经验、维护人生存的“意义世界”为己任的现象学在这类问题的解决上找到了自己的定位，同样，关注人该如何更好生活的存在主义哲学流派也不断努力地做出这方面的探索。在旅游研究领域，“诗意地栖居”旅游本质论就是从现象学和存在主义的理论视角展开对旅游意义问题的追问。最后，人的行为的意向，即人做事背后的动机，同样属于意义类话题。心理学中的行为主义流派仅把动物或人当成对特定刺激作出特定反应的有机体，也就是说，个体行为的发生是客体刺激的结果。但对符号互动论学者来说，个体对刺激的反应不是刺激本身，而是接受刺激的个体对刺激的意义的解释，决定了个体的后续行动。很多背包客热衷于旅行，源于这种行为背后象征着自由、认同等的意义。笔者曾运用符号学的方法分析西江千户苗寨村民与旅游者的互动，借此理解东道主行为的意义[②]。按照彭丹的观点，旅

---

① 杨国荣.成己与成物——意义世界的生成［M］.北京大学出版社，2011：56.

② 余志远，王楠，韵江.旅游目的地意象的游客感知及形成过程——基于符号学理论视角［J］.地域研究与开发，2022，41（3）：129-134.

游世界中主客互动的本质就是符号的互动[①]。苗家男女老少身着精美的苗族服饰，列队等候，载歌载舞，用最高礼节“拦门酒”迎接着来自远方的宾客；年过半百的老人们吟唱着古老的苗歌；盛装的表演人员为游客献上展现苗族发展历史的精彩歌舞剧。这些符号都拥有各自的象征性意义，如拦门酒代表着苗家人的待客礼仪，承载着浓烈的好客之情；苗家人日出而作、日落而息的劳作场景展示着悠久的农耕文化；歌舞表演展现了苗族人的节日盛况和歌舞助兴的风俗，象征着热情和友好。

二、描述类问题

描述类问题主要是对社会现象进行描述。旅游研究中的各种研究领域实际上都拥有大量的有待探索或已经探索解决的描述类问题，如旅游景区的旅游产品具有哪些类型和形态、其市场招徕力或吸引力怎样，旅游目的地旅游发展存在哪些阶段、每个阶段具有怎样的特征，东道主对旅游发展持有怎样的态度、他们如何参与旅游发展等等。从这个角度来看，上述表格中墨斯所提到的“对文化群体的价值观念、信念和行为进行描述”其实仅是描述类问题中的一个典型。但有必要指出的是，墨斯的这种观点的阐发其实与质性研究最早关注的问题有关。譬如，西方早期的质性研究以马林诺夫斯基（Malinowski）人种志研究和芝加哥学派社会学研究为主要代表。这一时期的质性研究专注于异文化、外国或奇风异俗等题材。另外需要认识到，就描述类问题的解决策略而言，民族志也只是其中的一个典型手段，而现象学同样可被认为是描述类问题的一种有效解

① 彭丹．“旅游人”的符号学分析［J］．旅游科学，2008，22（4）：23-27.

决策略。学者指出，现象学重在回答人在生活世界中的体验，如“这种或那种体验是什么样了的？”它和其他任何一门科学的不同之处在于它试图对我们在世界中反思性的体验方式进行细腻的描述[①]。

三、过程类问题

过程类问题旨在了解时间维度上事情发生的变化。正如墨斯所提到的，扎根理论确实是一种非常适用于解决过程类问题的策略或方法。尽管扎根理论在方法论的发展过程中有发展与变化，但其中流居不变的是它始终坚持固守的任务和使命，即扎根于研究资料，针对研究主题而展开从原因到现象再到结果的过程性探索。近年来，旅游研究中涌现出大量使用扎根理论方法而展开的研究。举例来说，符国群等运用扎根理论探索了“子代—亲代”家庭旅游过程。该项研究所要探讨的问题是：旅游之前，子女带父母出游出于什么样的动机并具有怎样的期望；旅游中，这种家庭旅游获得何类性质和内容的体验；旅游之后，子女再带父母出游的意愿如何[②]。从这个示例中，我们很明显地看出该项研究的过程揭示得非常明显。

四、口语互动或对话类问题

这类问题常常使用的方法是常人方法论和话语分析。常人方法论是由哈罗德·加芬克尔（Harold Garfinkel）所创立的一

---

① 范梅南.生活体验研究——人文科学视野中的教育学［M］.宋广文，等译.北京：教育科学出版社，2002：11.

② 符国群等.运用扎根理论构建“子代—亲代”家庭旅游过程模型［J］.旅游学刊，2021，36（2）：12–26.

个关注研究微观行动秩序的理论流派[①]，旨在研究普通人如何运用常识性知识和程序来解释互动情境、建构日常秩序的方法。个体的互动既包括行为，又包括语言，所以常人方法论是从新的视角关注人的做事和说话。迈克尔·林奇指出，常人方法论对语言应用和实践行动提供一种更深邃的理解[②]。正因为如此，常人方法论被拿来分析口语互动或对话类问题。针对话语的分析，常人方法的话语分析其基本假定是谈话互动具有一定的秩序性或组织性。也就是说，遵循常人方法论范式指导下的话语分析是用来研究和发现谈话互动的秩序和结构。坦白来说，目前旅游研究中运用该研究方法而展开的相关研究相对匮乏。

口语互动或对话类问题分析的另外一个策略是话语分析。实际上，话语分析出自社会学对社会成员日常实践的常人方法论研究[③]。从名称上就能看出，话语分析法是对说话者的言语进行分析[④]（但话语的内涵不限于说话者的言语。本书第十一章将给出更多解释）。需要说明的是，对说话者言语的分析和理解，不仅要结合社会、历史和文化等语境进行考虑，还需要将其置入当时的情境场中进行考察。维特根斯坦（Wittgenstein）在其主要作品《哲学研究》中指出，词语的意义取决于语境，我们只有在使用语言的过程中才能理解语言的

---

① 马光川，林聚任.常人方法论与科学社会学研究传统的继承创新［J］.科学与社会，2015，5（1）：59–71.

② LYNCH M. Scientific Practice and Ordinary Action：Ethnomethodology and Social Studies of Science［M］. Cambridge：Cambridge University Press，1993.

③ 赵万里，范宏雅.常人方法论的谈话分析：理论旨趣与研究取向［J］.广东社会科学，2012（4）：197–208.

④ 庞佳奇.影视戏说类短视频的多模态批评性话语分析［D］.上海师范大学，2021.

意义[①]。相对于常人方法论而言，旅游学界倒是经常使用话语分析法展开研究。譬如，樊友猛等曾运用话语分析法对上九山村地方旅游发展决策中的权力呈现问题进行过有趣的分析。本书摘录其中一段对话情景进行阐释。

> 村民郑祥林：“俺这个香台子，说拆就拆了。”开发公司副总经理黄明利：“您说这个香台怎么样？”镇党委书记张军：“大爷说的香台子，确实不应该拆。”黄明利：“张书记，我是觉得规划上与现在不符合。”张军：“我们规划可以依据我们民俗来定，规划可以再修改。咱今后在建设当中，不光要注意搞好建设，同时也一定要注意对这些老物件搞好保护。”[②]

要理解这场对话，需要了解传统的上九山村有上香祈福的习俗，村子里的老院落里大都建有石头做的烧香用的香台。开发者按照规划要拆掉香台，村民难以接受。该对话的情境便是在此背景下展开。值得提到的是，该项研究从权力的角度剖析其话语的意义：香台被拆意味着村落本真性的破坏，村民为保护民俗传统而进行抗争，是反对他者化的自发性文化捍卫；张军期望通过开发促进遗产保护，不希望在开发初期就因为矛盾影响项目进程，故表现出一个强势调解人的姿态；开发者完全成为弱势的一方，只能听令于政府的意见。在胡春阳的总结中，

① 刘月文.从胡塞尔到维特根斯坦：“常人方法论”思想探源［J］.中国社会科学报，2017（7）.

② 樊友猛，谢彦君，王志文.地方旅游发展决策中的权力呈现——对上九山村新闻报道的批评话语分析，2016，31（1）：22–36.

提到了话语分析的两个走向：一是对话语本身的结构及其组织、运用规则进行研究，比如言语分析理论、会话分析理论以及一般意义上的修辞分析等；二是对话语运用的社会、文化、政治关联进行研究而发展出的社会批评理论[①]。

五、行为类问题

旅游世界中有大量的行为类问题同样值得关注，有些行为类问题又很有趣味。单就旅游者而言，为什么他们做出冒险的行为？为什么很多女性游客热衷于玩旅拍？为什么有些中年妇女喜欢携带丝巾出游？要理解这些行为的意义常常需要借助观察法。这里所说的观察法并不局限于在前文表格 2-1 中墨斯所提到的参与性观察。事实上，非参与性观察同样是一种策略。两者之间的根本性不同在于是以局内人的身份还是以局外人的身份进行观察、有无参与行为发生过程而已。两种策略的观察法各有利弊。关于这个问题，我们将在第六章进行详细讨论。

---

① 胡春阳.话语分析：传播研究的新路径［M］.上海：上海人民出版社，2007：293.

第三章　旅游质性研究哲学基础

在第一章中，我们谈到了知识获取最好借助科学的方法，因为非科学的方法都有各自的不足与缺陷，这样很有可能会带来知识的失真。时至今日，科学研究方法的种类已然五花八门、丰富多样。每种研究方法的发明，其实都有与其相对应的哲学基础作为指导，这些哲学构成了各种方法的理论基石。就目前最为流行的实证研究中的变量关系类的研究而言，该类研究的处理策略是排除主观干扰、纯粹用数据说话，运用数理统计中回归分析的方法分析 A 变量对 B 变量的影响，从而完成对两个变量之间关系的检验。之所以这么做，主要是由于该研究方法遵从了实证主义理论范式的指导。实证主义者信奉世界是客观的、并存在真实，具有规律可循。因此，这些变量关系的实证研究才可以这么进行，否则，这种作法是毫无依据、没有理由的。质性研究的理论基础不是来自一种哲学思想，而是受到很多不同思潮、理论的影响，实证主义、符号互动论、解释主义、女性主义和现象学等都是质性研究的哲学基础，本章将对它们分别作出阐释。

第一节 实证主义

自从伽利略（Galilei）通过观察与实验等方法证伪了古希腊哲学中一个个原本被视为真理的观念之后，自然科学的这套逻辑引起了社会科学研究者的兴趣，进而带来了实证主义哲学的创立与流行。今天，实证主义范式已经成功地应用在社会科学的各个领域。这种哲学不仅对定量研究的成长产生最为直接的影响，而且也影响着质性研究的发育。

一、实证主义的产生与发展

实证哲学（positive philosophy）最早是由19世纪初法国著名的空想社会主义者圣西门（Saint-Simon）提出，而真正赋予它生命的是圣西门的学生孔德。从1830年开始，孔德陆续刊布其六卷本《实证哲学教程》，标志着实证主义的形成，人们因此而将孔德看作是实证哲学的鼻祖。

从词源上来看，“实证主义”的英文单词positivism出自希腊文positivus，表达的是肯定、明确、确定之义。在实证主义哲学家的眼里，只有实证的才是科学的，并因此而反对玄幻的神学思想以及过于强调思辨、意味着抽象、空洞、言而无物的形而上学。

在神学阶段，人们自由幻想，以此探索着世间万事万物的内在本性、自然界中各种现象的根源及原因。由于认知水平有限，再加上生产力水平较低，原始的先人们饱受着大自然的风霜之苦，因此朴素地将自然万物敬畏地虚构为一个个的神，并将各种难以解释的自然界现象统统归因于神力的作用。值得肯定的是，神学观点的发展对人类知识的发展也起到了一定的帮助性作用。在此阶段，早期的科学知识也是受神学统治的，天文学表现为占星术，化学表现为炼金术[①]。如果没有神学阶段，人类知识就只能按照它的原始惯性永远处于安稳不动的状态。但这种阶段所形成的知识观从严格意义上来说是非理性的。

在形而上学阶段，一大批哲学家以形而上学的抽象思想代替了超自然的神力来解释一切，要求获得关于事物的本质的绝对知识，并独断地把这些抽象思想当作绝对知识。相较于神学阶段，形而上学阶段对知识的思考更为理性，因此被认为具有重大的进步。无论是神学阶段还是形而上学阶段，它们的趋向都是寻求问题的绝对解决，寻求对事物的内在性质、来源、命运及其产生方法的解释。它们之间的唯一差别就是以抽象代替具体，以论证代替想象。

在实证阶段，一切知识都以"实证"的事实为基础。在这个阶段，人们"不再探索宇宙的起源和目的，不再探求各种现象的内在原因，而只是把推理和观察密切结合起来，从而发现现象的实际规律，也就是发现它们的不变的先后关系和相似关系。"[②]在这个阶段想象和论证都附属于观察和实验。一切科学知识的唯一来源和基础是观察和实验事实[③]。

实证主义的产生与孔德所处的时代背景具有关联。孔德所处的时代具有几大特点：第一，经过大革命洗礼之后的法国，

① 郭奕杉.实证主义社会科学哲学思想的兴起［J］.山西财经大学学报（高等教育版），2007，10（1）：230–231.

② 洪谦.西方现代资产阶级哲学论著选辑［M］.北京：商务印书馆，1964：26.

③ 苏建国.论孔德的实证哲学［J］.山东医科大学学报（社会科学版），1994（1）：82–85.

思想极端混乱，社会失范严重[①]。圣西门批判指出，当前的时代是一个批判、否定和瓦解的时代，是一个精神混乱的时代，是一个有批评而无组织的时代[②]。因而，整个19世纪法国思想界的一个中心议题是怎样重构社会的秩序。第二，19世纪欧洲自然科学取得了巨大成就，尤其是以牛顿力学为核心的经典物理学获得了空前的成功并逐渐达到登峰造极的地步[③]。孔德同样受到这种科学范式的影响，认为只有参照自然科学的模式来改造和重整社会研究，这样才能使之科学化，并最终依照科学的原则在理论上将自然知识和社会知识统一起来，才能消除思想上的混乱，重建社会秩序。第三，实证主义产生的时代正值欧洲主要资本主义国家的资产阶级已经先后取得了政权。当时英国已进行工业革命，法国等大陆国家也正着手进行工业革命，反映在意识形态上，资产阶级鄙视以黑格尔为代表的思辨唯心主义，而对发展科学技术表现出强烈的兴趣[④]。

一般认为，实证主义分为三个阶段：第一代实证主义（19世纪30—40年代），以孔德、斯宾塞等人为代表；第二代实证主义（19世纪70年代—20世纪20年代），以马赫（Mach）、阿芬那留斯（Avenarius）等人为代表；第三代实证主义即逻辑实证主义（20世纪20年代），代表人物有石里克（Schlick）、纽拉特（Neurath）、卡尔纳普（Carnap）等人。第一代实证主义和第二代实证主义又称为古典实证主义阶段，而第三代实证主义又称为新实证主义阶段。与古典实证主义相

---

① 张小山．孔德实证主义原则论略［J］．江汉论坛，1996（6）：33-36.

② 梯利．西方哲学史［M］．吉林出版集团有限责任公司，2014：482.

③ 张小山．孔德实证主义原则论略［J］．江汉论坛，1996（6）：33-36.

④ 张志祥，黎春娴．谈谈实证主义［J］．河北理工大学学报（社会科学版），2006，6（1）：21-25.

比较而言，新实证主义有以下特点：第一，新实证主义摒弃了古典实证主义的一些主张，不再将自然科学及其方法看作是社会科学理论赖以存在的基础，而把它们视为社会科学研究中必不可少的工具；第二，新实证主义社会科学依然保持着自然主义的风格，认为社会是具有一定结构或组织手段的系统，社会的各组成部分以有序的方式相互关联，并对社会整体发挥着必要的功能；第三，在强调经验材料重要性的基础上，开始重视科学方法论的研究，力图使社会科学的研究通过程序化、操作化和定量化等手段，达到精细化和准确化的水平，进而将社会学的理论概念同经验的操作概念联系在一起，实现理论知识体系和逻辑—方法论手段相统一的目的[①]。

二、实证主义的基本内涵

孔德在其题为《实证精神论》的著作中，全面地论述了实证的六点含义：现实性、有用性、确定性、明晰性、积极性、相对性，具体含义简释如下："其一，'实证'意味着'现实'，即一切知识必须以被观察到的事实为出发点，反对神学与'形而上学'的空想，因此，'实证'是与'空想'相对立的。其二，'实证'意味着'有用'。反对用于满足人的无用的空泛的好奇心的知识，知识必须探求实在，要求对社会有用，以有益于个人和集体生活的改善，因而，'实证'是与'无用'相对立的。其三，'实证'意味着'确定'。反对在不着边际的悬而未决的问题上作抽象议论，而致力于个人以及人类精神的一致，因此，'实证'与'不确定'相对立。其四，

① 袁政.公共管理定量分析：方法与技术［M］.重庆：重庆大学出版社，2006：18.

‘实证’意味着‘明晰’。因此，‘实证’与‘模糊’相对立。其五，‘实证’意味着‘积极’或‘建设性’，反对‘形而上学’否定现实的破坏倾向，因此，实证与‘消极’相对立。其六，‘实证’意味着‘相对’。人们对现象的研究受到人的内在状况和外在状况的限制，总是具有相对的意义，必须反对以往哲学追求绝对知识的倾向，所以‘实证’与‘绝对’相对立。”①

从本体论、认识论和方法论的角度来说，实证主义具有以下内涵：

（1）本体论：社会现象等同于自然之物，并具有一定的规律，存在因果关系，因此可以预测。实证主义的思想源于自然科学。自然科学认为世间万物的生长或运行都是有规律的。为了能有果腹之食，人要选择某种植物来种植，并相信它在种下去后会产出粮食；树木的长成缘于阳光、空气及水分等环境要素的综合作用；物体的运动源于力的作用，为了将皮筏划得远一些，向冲刺的目标更近一点，人要调整他的肌肉力量，控制运用力量的距离和方向。实证主义认为社会是在自然之中，社会现象与自然现象之间并没有本质的差异，因此同样具有一成不变的规律。但这种观点其实存在一个立论前提，即社会现象等同于自然之物。社会现象之所以能被看作是自然之物，是以社会群体为基础的，而解释群体的行为需要从群体心理学的角度去解释。也就是说，社会现象不是源于个人的心理。个人的心理是主观的、不稳定的，很难客观地观察。但社会现象是集体意识的产物，超越个人心理，群体间的行为会表现出一定的

① 欧力同．孔德及其实证主义［M］．上海：上海社会科学院出版社，1987：30–31.

规律。这源于群体行为的发生通常会受到一个地方的法律、道德、文化及习俗等因素的影响，这些因素具有一定的强制性或强迫性，个体违反了它们，将会受到惩罚，因此而表现出一定的规律性。

（2）认识论：重视经验主义取向。经验主义者相信人可以达到对世界的真理性认识，掌握具有普遍必然性的科学知识，其实现的途径在于经验的方法。休谟（Hume）在《人类理解研究》中提出过这样的观点："我们关于实际事情的一切推论，其本性是……建立在因果关系上的；我们关于那个关系所有的一切推论和结论，其基础是在于经验。"[①] 经验主义哲学里的"经验"主要指人的认识过程中的感性认识阶段，即大脑通过处理和综合感觉器官受外界刺激而接收到的有关客体的信息，从而得出对客观事物的直观反映，并能对曾经感知过的事物的形象进行回忆和重组。从这个概念的专有性的解释中可以看出，经验方法强调的是对客观事物的反映，这需要借助观察等方法得以实现。实际上，近代认识论从一开始就因哲学家们侧重的方法不同而分成经验派和理性派。经验派强调通过观察法、调查法及实验法等得到科学真理，确定经验为知识的唯一来源，从而把握客观世界，而理性派注重逻辑推理，将天赋观念看作知识的来源[②]。另外值得提到的是，实证主义把人的认知建立在主体和知识客体分离的基础上，认为并不存在诸如真实的自我或主体之类的东西，并不关心研究者本人的态度，而只关注客体，强调研究对象的客观性[③]。也就是说，实证主义

① 赵敦华．西方哲学简史［M］．北京：北京大学出版社，2001.

② 牟婉祯．经验主义在科学哲学中的地位［D］．新疆大学，2015：9.

③ 阙祥才．实证主义研究方法的历史演变［J］．求索，2016（4）：71-76.

强调研究者与研究对象之间保持一种客观的或价值中立的关系，即不主张研究者将个人的偏好、情感、态度、价值判断等融入研究。

（3）方法论：注重通过经验主义方法收集研究数据，客观、严谨地报告研究发现，并重在说明社会现象是什么以及为什么这样等问题，而不是应该怎样。从方法论的角度来说，实证主义的方法论受到本体论和认识论等方面的影响。本体论上受到自然科学的影响，认为社会现象中存在规律并有待发现，认识论上则认为通过经验主义的方法可以客观地揭示规律、认识规律。定量研究很明显地将实证主义作为自己的哲学基础并实际践行了实证主义本体论和认识论上的要求。譬如，首先提出表达规律的研究假设（如 A 变量对 B 变量具有正向的显著影响），即有待检验的理论命题，然后通过调查或实验等方法，运用极其客观、不含任何情感色彩的数字、数理模型等对该变量关系做出检验，最终证实或证伪该理论命题。

三、实证主义对旅游质性研究的方法论指导

尽管定量研究旗帜鲜明地将实证主义看作自己的方法论基础，但并不能说实证主义哲学仅对定量研究起理论指导性作用。实际上，实证主义哲学思想在质性研究的方法论构建过程中也扮演着重要的角色。具体体现在以下几个方面：

第一，按照实证主义本体论的观点，社会现象具有规律可循。孔德一再指出："这种哲学将所有现象看作服从某些不变的规律。"[①] 而总结和发现这些规律对产业的实践发展具有帮

① 张小山．孔德实证主义原则论略［J］．江汉论坛，1996（6）：33-36.

助。譬如，孙艳等对千禧一代出境旅游目的地决策过程的规律产生研究兴趣，通过抽样访谈和对受访者叙说的经历故事进行分析，提炼出包括目的地驱动决策场景和良机驱动决策场景等两类决策场景理论。显然，这种规律的概括和总结受到实证主义哲学思想的影响。

第二，研究客体独立存在于研究者主体之外，不受主观价值因素的影响，研究者只是客观地、保持价值中立原则地进行探索与发现。这种价值中立的原则在质性研究的早期，如一些民族志研究中得以体现。譬如，林德夫妇对美国中部城镇居民生活进行研究，从谋职、成家、生儿育女、闲暇、宗教、社会活动等六个方面对居民的道德观念和精神状况进行了客观的考察[①]。以实证主义为方法论基础的质性研究不太重视研究者的个人作用，侧重从资料中去挖掘当事人的观点和态度，从而发现所谓的客观现实[②]。

第三，实证主义强调经验主义方法的取向，将观察、访谈，甚至实验等科学方法获得的经验材料作为研究材料的重要依据，这种作法从根本上摒弃了形而上学等纯粹思辨方法的弊端，并严格遵从了社会世界的真实是通过外部的观察和调查所得这一指导原则。

① 林德 R S，林德 H M. 米德尔敦：当代美国文化研究［M］. 盛学文等译. 北京：商务印书馆，1999.

② 文军，蒋逸民. 质性研究概论［M］. 北京：北京大学出版社，2010：7.

第二节 诠释主义

诠释主义又称为诠释社会学或者诠释学派，它是西方一支源远流长的哲学流派，是最早的反实证主义的理论范式。它非常关注某些特定事件或过程所拥有的独特价值与意义，关注社会行动者的动机与意图，旨在挖掘富有创造性和启发意义并使思维变得愈发敏感的思想和观念，刺激人们不断地反思和探索，更加深刻地理解社会生活并积极地参与其中。马岚指出，社会人文科学存在两种不同的研究取向：其一是追求通则、规律的理论解释；其二是寻求各种可能性的意义解释①。前者为自然科学的方法；后者则为人文社会科学的方法。诠释主义对质性研究产生过重要的影响，并且随着时间的推移，这样的影响可能会越来越重大。

一、诠释主义的形成与发展

从词源上看，诠释学（又称解释学）一词来源于Hermeneutik。Hermeneutik来源于词根Hermes（赫尔默斯），赫尔默斯是希腊神话中神的一位信使。赫尔默斯不但有双脚，而且脚上有双翼，因此也被人称为“快速之神”。赫尔默斯的任务就是通过翻译向人间传达诸神的信息和指令。赫尔默斯既要理解诸神的语言，又要熟悉人间的语言，因而他是在两种不同的语言世界中进行沟通，以使一种意义从一个世界转换到另一个世界。换句话说，在两个世界之间进行中介或沟通的是中

① 马岚.从解释社会学到解释人类学——谨以此文纪念人类学家格尔茨［J］.广西民族研究，2007（2）：36-40.

间人的诠释或解释。

（一）特殊诠释学或局部诠释学阶段

1654 年，丹恩豪尔（Dannhauer）写成《圣经诠释学或圣经文献解释学方法》这本书。从该书或可看出，这里的“诠释学”的本义是把《圣经》中上帝的话语所蕴含的意旨，通过语言注释与解释，转化为大家可接受或理解的东西①。除了圣经，西方最早的诠释学还以其他特定的文本（如法典）为解释对象，由特定的解释者（如法官等）进行阐释，由此而形成的一种解释技艺以及相关的规则和方法。因此，这个阶段的诠释学是“圣经诠释学”“法典诠释学”等特殊的诠释学或局部诠释学。早在中国的汉代、唐代也存在类似的方法，如以解释儒家经典为核心内容的“经学训诂学”，主要以“随文释义”的方式展开。

（二）哲学诠释学阶段

到了 19 世纪，施莱尔马赫（Schleiermacher）将诠释学的研究范围从圣经和法典扩大到解释人类所有流传下来的精神作品。而施莱尔马赫更大的贡献在于，将诠释学的关注点从理解的特殊技术转移至理解的普遍规则，即将其从一项技艺上升至一门科学来看待；同时，也将研究的重心放在理解本身，而不是被理解的文本上。“谋求超越作为一种规则集合的诠释学观念，并使诠释学成为一门系统化的、具有逻辑一致性的科学，即成为在描述所有对话中的理解之条件的科学”②。现代诠释学致力于从散乱的理解技术（那些主要借自修辞学的规则与

---

① 龚群.生命与实践理性——诠释学的伦理向度［M］.北京：中国社会科学出版社，2004：3.

② 帕尔默.诠释学［M］.商务印书馆，2014：60.

方法）中发现理解的一般性质，并从理解的普遍性中发现可以作为所有类型文本诠释基础的一般性原则，以此方式将非学科的诠释学发展成为学科性的一般诠释学，即一门有关于文本理解与解释的系统科学。施莱尔马赫强调从对文本的理解转至对理解本身，其理由在于，人类精神作品是与作者所处的时代背景和情境密切相连的。由此看到，诠释学的主题发生了革命性转变——从关注诠释的语文学原则、规范、方法转变为关注理解活动的现象研究。自此之后，"理解"成为现代诠释学的主题。狄尔泰（Dilthey）富有成效地推进了施莱尔马赫的工作，他清晰地区分了"理解"（understand）与"说明"（explain）两个概念，并更加坚定地将"理解"与人文学科（精神科学）联系在一起，而将"说明"与自然科学联系在一起。他认为，精神科学是一种内在的体验，这种体验使个体可以在个人间的相似性，即全人类共性的基础上理解他人精神的客观化物，进而理解他人的精神①。实际上，狄尔泰对人文学科本体论的认识具有开拓性。我们在讨论实证主义哲学时，提到实证主义哲学家将生活世界等同于自然世界。但以狄尔泰为首的一批哲学家就不这么认为。他们认为，人的精神科学与自然科学有着根本的区别。人与自然界的植物及某些动物不一样，人类拥有意识和情感，并在不同的情境下作出具有不同意义指向的行为。狄尔泰给人类精神生活勾画了四种特征："第一，人类精神生活是有目的性的。人类的行为无论是发出的声音还是做出的手势，都是为某种目的服务的，如果我们不了解目的，我们就达不成理解，更不能实现友好的交往。第二，进行价值评价是人

① 张颖慧.哲学诠释学的发展脉络及其理论特征［J］.社会科学家，2011（10）：26–29.

类精神生活的另一特征。因此与自然物质不同，人类的精神产物可作价值的判断，如果不形成各种价值判断，我们就不能对个人、社会、日常事务或历史事件进行充分讨论。第三，人类精神生活的规则和原则，从道德原则到交通规则，从礼仪规矩到饮食细则，都不像自然法则那样具有永恒的有效性，它们是约定俗成的，而且富有变化。第四，精神世界具有可传递性，自然物质只是作为“自在”的存在，它们是纯粹的物理事实，没有任何要表达的意义（即使有意义，也是人所赋予的）；但精神客观物却总是指向自身之外，它们具有表达的意义。”[①] 譬如树叶的摆动和人的挥手两者之间就存在意义上的差别。尽管两者都可以看作是力的作用，但人的挥手在不同的情境下包含不一样的含义。

（三）存在诠释学阶段

海德格尔从存在论的角度发展了诠释学。有学者指出，诠释学真正地兴起且融入人文科学研究各领域得益于海德格尔的改造性工作[②]。在《存在与时间》一书中，海德格尔把“存在的意义”问题作为自己探究的主题。如何来着手这一探究呢？存在始终是存在者的存在。因而，关于存在的意义问题，必须通过对一种与存在有着根本关联的存在者的研究才能着手和进入。海德格尔的诠释学与诠释学最初的本义至少有以下几个方面的不同之处：首先，在海德格尔的诠释学中被传达的不是神的消息，而是人自身的存在或者说是实际性的生命经验；其次，传达者不是信使赫尔墨斯，而是生活在世界之中的人自

① 蒋红雨. 对人文科学与自然科学观念的生存论透视［D］. 吉林大学，2003.

② 范波. 论海德格尔的此在诠释学［J］. 西南科技大学学报：哲学社会科学版，2014，31（3）：104-108.

身；最后，传达对象首先不是另外一个存在者，而是传达者自身，传达是人对于自身存在的自我理解与自我解释[①]。事实上，关于个体存在问题的诠释能够帮助我们进一步理解旅游的意义。本书作者曾经开展过的几项研究实际上都从对这个问题的思考中受益。如《旅游的意义：走出生活世界的自由体验》一文通过对背包旅游者自我叙说的诠释，从社会批判的角度指出，作为人们安身立命、繁衍生息的场所，生活世界在某种意义上发挥的是一个让个体自由感丧失的作用，相应地，生活世界赐予人的，不是快乐，而是烦恼、压抑、苦闷、孤独、甚至是绝望等悲观情绪[②]。该论断就是从背包客的叙说中对他们日常生活存在状态的诠释和解读。

二、诠释主义的基本内涵

从本体论、认知论和方法论的角度阐述诠释主义的基本内涵包括：

（1）本体论：诠释主义认为世界是由多重事实而非单一事实构成的，即“真”是多元的。诠释主义理论认为，社会学的研究对象是社会行动。社会行动是指指向他人的有意义的行动。社会由人组成，而人的一切行动都在人的主观意志作用下进行，一切行动都是指向特定的对象（他人），对于行动者而言都是有一定意义的，即都是为了达到一定的目的而进行。诠释主义认为人类的动机具有复杂性特征，相同的行动也许动机

---

① 陈勇．论海德格尔的生存解释学［J］．中国现象学与哲学评论，2019（2）：85-103.

② 余志远．旅游的意义：走出生活世界的自由体验［J］．北京第二外国语学院学报，2013（3）：21-27.

不同，动机相同的又不可能有相同的行为方式，行动受多种动机影响[①]。所以没有唯一确定性，存在多种解释。

（2）认识论：提倡以“局内人”的身份理解研究对象，因此具有主观主义认识论的特征。在美国小说《杀死一只知更鸟》中出现过这么一句话：“You never really understand a person until you consider things from his point of view ... until you climb into his skin and walk around in it.”此句可以翻译为“你永远不会真正了解一个人，除非你从他的角度去考虑问题，直到你深入他的内心，走进他的世界，在其中徜徉。”“入乎其内”指的是对他者感同身受、设身处地、推己及人地理解他们，尽可能真实地还原他们的内心世界，从而清楚他们的所思、所想、所做、所为，这种理念显然不同于自然科学研究那样通过局外观察得出结论。在诠释主义者的眼里，主体与客体并不是截然对立的，主体与客体随时处于互动之中，主体不断地对客体进行新的建构，即主体用自己的观念、态度等对客体进行分析、研究、甄别和筛选，用自己的观念体系、思维定式对客体进行诠释[②]。因而，纯粹客观的世界是不存在的，人们能够接触、了解的只是各种现象，人们对于世界的认识都毫不例外地包含了人们对于世界的理解，包含了主体的主观成分。该作法也使得研究者主体与研究客体（被研究对象）之间发生价值关联，因此与实证主义范式强调的“价值中立”存在根本性的差异。

（3）方法论：诠释主义者利用人的主体间性，把握分析对

---

① 刘艳红.解释社会学范式：旅游研究的一种理论范式基础［J］.兰州交通大学学报，2012，31（2）：112–115.

② 金健.实证主义、诠释主义与批判主义［J］.北京市总工会职工大学学报，2000，15（2）：48–51.

象所处的情境，结合当时特定的历史文化背景，使用语法或者心理学等知识理解关乎意义类的问题。这里强调的是理解。韦伯区分了可观察的理解与解释性的理解[①]。前者只要观察人的行动就足够了。正是通过这种方式，我们理解了表情、姿势。这种理解是对人的行为的最初级理解水平，但是它要求观察者具有一定的知识，而不能单靠直觉来达到。解释性的理解代表了对人的行为的较高层次的认识，它并非以揭示行为本身的意义为目的，而是旨在获得有关指导行动者的动机的知识。理解社会学不仅要理解行动的主观意指的意义，而且还应说明人们的信念和价值观如何决定人们的行为。对行为的理解还要借助于文化。举个例子，假设一位游客访问国内某个村寨，看到一个叼烟斗的老大爷坐在自家房屋的墙角下晒太阳，这位游客上前一步提出给老大爷拍照的想法，大爷右手做了一个捻指头的手势，暗示给他小费。这个手势是：1）有意义的；2）它是社会公认的符号；3）专向某人发出。

三、诠释主义在旅游质性研究中的应用

根据诠释主义的发展历史，可以看出诠释主义理论范式在文学作品和人的行为研究中都能发挥作用。受到该结论的启发，诠释主义在旅游质性研究的以下几个方面可以加以应用：

（1）解读并理解旅游领域形成的精神作品。这些精神作品包括旅游领域形成的政策文件、游记、照片、宣传视频、图片、明信片等多种体裁的文本材料。这些文本材料向读者传递着一定的意义和内容，显然可以借助诠释主义帮助理解。

① 马岚.从解释社会学到解释人类学——谨以此文纪念人类学家格尔茨［J］.广西民族研究，2007（2）：36–40.

我们仅此列举两项旅游研究案例进行说明阐释。譬如，张朝枝和林诗婷曾通过对国务院、原国家旅游局近年来发布的一系列旅游相关文件进行话语分析，从而指出政府所理解的旅游既包括“旅游活动”，也包括“旅游业”；另外，政府理解的旅游既包括异地性的旅游活动，也包括日常休闲与游憩[①]。因此，该项研究试图从政府的视角对“什么是旅游”这个问题进行解读，以此增进对旅游本质的新认识。作为一种文化类艺术设计产品，旅游明信片形象地展示了旅游城市、旅游景区的整体特色，又暗含浓厚的文化内涵，折射并直接影响着人们的价值观、生活态度、生活方式、人生哲学和意识形态。王培时从产品语意视角讨论旅游明信片的设计，其中对若干旅游明信片的设计进行了解读和理解[②]。例如，他在分析《杭州旅游门票明信片册》时指出，明信片采用吉祥、喜庆的红色背景底色，给人强烈的视觉冲击力，并传递出一种“热情的杭州欢迎您”的心理感受；明信片下半部分水墨风格的西湖设计，体现“水墨西湖”朦胧的意境美；片体左下角和右上角的“祥云”图案相互呼应，寓意美好的杭州将会与世界各民族“和谐共融”，而现代的龙纹则代表了整个中华民族的形象。

这种对精神作品的理解和解释似乎是原创造的再创造，这种再创造有可能比原创造更好。康德在《纯粹理性批判》中指出：“在我们把一位作者在日常谈话里或在著作中关于他的

① 张朝枝，林诗婷.旅游是什么?——基于政府文件的话语分析［J］.旅游导刊，2017，1（2）：20–31，121.

② 王培时.产品语意视角下旅游明信片设计表现研究［D］.河北科技大学，2014.

对象所表述的思想进行比较时，发现我们甚而比作者自己理解他还更好地理解他，这并不是稀奇的事。”[①] 施莱尔马赫也说过：“我们（指解释者）可能比作者理解他自己还更好地理解作者的思想。”[②] 施莱尔马赫的普遍诠释学强调两点：一是理解是对原始创造活动的重构，是对原来生产品的再生产，是对已认识东西的再认识；二是理解者和解释者的理解更优于作者自己的理解，理解这一创造性活动不是简单的重复或复制，而是更高的再创造，是创造性的重新构造或重新认识。因此，对精神作品的理解如超出原意的理解或解释是可以接受的。

（2）对旅游世界中的人的行动的意义给予解释。诠释学不仅可以对以上所提到的特殊文本进行分析，重要的是能够进入他人精神生活之生命哲学层面。关于人的精神分析，韦伯所追问的一个中心问题是“人们究竟赋予自己的行为以什么意义？”[③] 社会文化领域不同于自然界，自然科学和社会科学的研究对象不同。社会人文科学存在两种不同的研究取向：其一是追求通则、规律的理论解释；其一是寻求各种可能性的意义解释[④]。因此，诠释学可以将旅游世界中的人，主要是他们的行为的意义纳入分析的范畴。这里所说的旅游世界中的人包括旅游者、旅游目的地居民、旅游投资商、旅游管理者和旅游服务人员等。理论上来说，这些扮演着不同角色的人在不同情境下做出的行动都可成为解释主义讨论的对象。总体上，我们把

① 康德. 纯粹理性批判［M］. 韩林合，译. 北京：商务印书馆，2022.

② 洪汉鼎. 理解与解释：诠释学经典文选［M］. 北京：东方出版社，2006.

③ 马岚. 从解释社会学到解释人类学——谨以此文纪念人类学家格尔茨［J］. 广西民族研究，2007（2）：36-40.

④ 同上。

它们归结为行动者的行动意义类问题，但具体的细分问题则包罗万象，不胜枚举。比如针对旅游者可开展以下主题的研究：旅行中的涂鸦、微信朋友圈“晒旅行”、冒险漂流、网络邀伴旅行等；针对旅游目的地居民可开展东道主社区旅游参与实践方面的研究；同样，旅游从业者的诸多接待行为（如表演理论视角下的导游讲解行为）都值得运用诠释主义理论范式进行探索与研究。

图 3–1　杭州旅游门票明信片册

第三节　符号互动论

符号互动论的理论基础源于美国早期的社会学和心理学理论，但其思想渊源可追溯至 18 世纪苏格兰哲学家们的意识流之中，以亚当·斯密（Adam Smith）、休谟（Hume）等为代表[①]。该理论为各类社会现象提供了一个新的解释视角，成为20世纪60—70年代以来的主流社会科学思想。

一、符号互动论的肇始及其思想渊源

符号互动论将社会中人与人之间的交往看作是符号的互动过程，互动的双方传递的是包括语言、表情、肢体动作等符号以获得理解和达成共识。作为当代社会学理论丛林中很有影响力的学派，符号互动论发端于社会心理学。库利（Cooley）、托马斯（Thomas）、米德（Mead）和布鲁默（Blumer）等学者为该理论的创立奠定了坚实的基础[②]。

库利在其《人类本性与社会秩序》一书中提出"镜中我"的概念，并将他人比喻成一面镜子，而映照着对方。该论述在亚当·斯密的表述中同样可见，亚当·斯密说："将一个人带到社会中，他立即便有了一面他所渴望得到的镜子，这面镜子就在与他一起生活的人的表情与行为之中。这是唯一的一面我们可以在某种程度上从别人眼中看到的镜子。通过它可以检查我们的行为举止是否得体。"[③]从理论的本义来说，该理论将他人比作镜子，每个人通过观察及想象他人对我者的行为和外貌的感觉、评价或反馈等来理解自己。具体内涵包括：1）个体对"自我"的认识或建构是在社会互动过程中产生的。"自我"（self）在米德的眼里分为"主格我"（I）和"宾格我"（me）两个部分，其中，"主格我"代表的是生物学意

---

① 毛晓光.20世纪符号互动论的新视野探析［M］.国外社会科学，2001（3）：13-18.

② 黄晓京.符号互动理论——库利、米德、布鲁默［J］.国外社会科学，1984（12）：54-57.

③ 贾春增.外国社会学史［M］.北京：中国人民大学出版社，2000：3.

义上的"我"，而"宾格我"则代表社会化过程中形成的社会学的"我"。因此，从准确意义上来说，与人交往互动促进了个体"宾格我"的发展。2）个体通过与他人的互动，实际上是从他人对我者的语言、表情或动作的反馈中进行符号意义的解读，进而判断、想象他人对自我的评价，以此理解自我。其实，库利的镜中我理论非常有助于旅游学者分析旅游体验中的自我认同问题。镜子实为一种隐喻。我们可以把一切能反光的物体当作镜子来看待，通过它们能映照自身的影子。在笔者看来，旅游世界是个镜像的世界。在这个特殊的时空框架里，拥有无数个由不同性质材料打磨而成的小镜子（小镜子主要指的是旅游世界的关键构成要素，即景观、他者、其他的旅游者或活动等）[①]。通过凝视、交往和游戏等途径，旅游者与旅游世界中的关键构成要素产生互动，并在一系列的互动过程中借助一面面的小镜子观察自我、反思自我、建构自我。

库利的"镜中我"有助于理解个体的心理与自我的建构。相比之下，米德的符号互动理论则有助于理解个体的行为。米德认为，行动是人类活动的基本单位，是某个人在特定情境下的全部反应，不仅包括行动者的实际行动，还包括行动者在特定环境中对特定人和事物的主观感受[②]。米德的学生布鲁默继承并发展了米德的观点。布鲁默在著作《符号互动主义：观点和方法》中提出了符号互动论的三个前提：

第一，个人对事物采取什么行动，根据是他对事物赋予的

① 余志远，沈晓婉.背包旅游体验中的自我认同建构研究［J］.北京第二外国语学院学报，2013（11）：9–14.

② 波普诺.社会学［M］.李强，译.北京：中国人民大学出版社，2007：131–133.

意义。符号互动论作为一个学派，它与心理学中的行为主义学派的观点泾渭分明。行为主义者开展的一些典型实验如“巴甫洛夫的狗”“桑代克的猫”“斯金纳的小白鼠”等都把动物当成对特定刺激做出特定反应的有机体，并将这种观念推论至人。也就是说，行为主义把人的行动简单地看作是刺激下的反应。在刺激和反应之间，对有机体感受刺激和做出反应的内在过程，行为主义则有意不予涉及，认为这不是科学所能研究的范围。与行为主义把个体内部当成无法也不必窥视的“黑箱”不同，符号互动论强调个体对刺激的主观解释，认为不是刺激本身，而是接受刺激的个体对刺激的意义的解释，决定了个体的后续行动。此时，刺激就不能再叫做刺激了，它代表意义。按照赵毅衡的解释，符号就是携带意义的感知[①]。从这点来看，个人之所以采取某种行动，是由于该行动对于其个人具有一定的意义。有些背包客之所以愿意长途跋涉，历经磨难，开展长期的、艰苦的、甚至是冒险的旅行，正是由于这种性质的旅游方式在他们的眼里意味着自由、坚强和自我认同。

第二，这种意义来自人们与自己同类的社会互动。事物的意义并非由事物本身所固有，而是来源于个人与他人的互动。这种观点与库利的“镜中我”理论具有相通之处。他人是一面镜子，个人在与他人互动的过程中通过观看他人的反应而获得事物的意义。很多背包客热爱冒险的旅行，不仅来自于他们对自由的向往，还源于从他人发出的“很酷”“好棒”“特别厉害”等反馈性的评价中认识自我存在的意义，并将其作为自己坚持的动力。

① 赵毅衡．符号学：原理与推演［M］．南京：南京大学出版社，2016.

第三，意义可以通过解释过程加以修正。事物的象征意义也并非一成不变，它会经历产生、修正、发展和变化。如大众旅游在其产生的早期阶段被世人看作是积极的旅游形态，它意味着为社会创造巨大的财富，带来更多的就业机会，但随着大众旅游的井喷式发展以及掠夺式的扩散，其消极的一面也暴露无疑，它代表着通货膨胀与环境不友好等意义。

二、符号互动论的基本内涵

从本体论、认识论和方法论的角度来说，符号互动论具有以下内涵：

（1）本体论：社会是由符号构成；世界的“真”由人主观建构或创造；规律并非一成不变，而是由情境决定。该理论的本体论包括三个观点：首先，社会是由符号构成。卡西尔指出，人生活于符号之宇宙[①]。赵毅衡在其著作《符号学：原理与实践》中开宗明义地指出：“人的精神，人的社会，整个人类世界，浸泡在一种很少有人感觉到其存在却没有一刻能摆脱的东西里，这种东西叫符号。”[②]实际上，对于构成生活环境的所有事物，人都可以主观地赋予意义和解释，并能理解其意义。反过来说，人的一切行为都是借助于符号来与对象进行交往的，社会因此可看作是由代表心理过程的姿态和语言等重要符号的交换而构成[③]。其次，世界的“真”由人主观建构或创造。这个观念与实证主义本体论存在明显的差别。实证主义者

① 卡西尔：《人论：人类文化哲学导引》，甘阳，译.上海：上海译文出版社，2017.

② 赵毅衡 . 符号学：原理与推演［M］. 南京：南京大学出版社，2016.

③ 谢彦君 . 旅游研究方法［M］. 北京：中国旅游出版社，2018：145.

所信奉的是，世界上存在客观的真。也就是说，真是客观的，外部独立而存在的。而符号互动论更多关注主体的心灵，即心理意识。因此，在符号互动论者的眼里，“真”是主观的，是可以建构或创造的。对此，戈夫曼的拟剧理论可以给出很好的诠释。戈夫曼将社会比作舞台，每个人都是这个舞台上的演员，人们在日常的生活和工作中扮演着各种各样的角色，并在不同的情境场中完成着各自的表演[①]。在戈夫曼的眼里，人们在互动过程中总是有意或无意地运用某些技巧（如言辞、表情或动作）来塑造自己在他人心目中的形象，并借此达成某种个人意愿，这种策略被称为“印象管理”或“印象装饰”。从这个观点可以看出，个体是可以通过“印象装饰”让他人形成对他的印象或看法，而这种装饰是能够借助自我的表演进行符号意义的传递，这种“印象装饰”（或可称为建构、创造）后的“真”未必就是客观的真。最后，规律并非一成不变，而是由情境决定。由于“真”由主观创造，这种“真”的规律会随着情境的改变而改变，并且，其结果由情境的定义决定。人际互动总在特定的情境下实现，人们对某一特定情境中所特有的目标、行动、内容、符号、方式等做出自己的解释，这个过程被称为“情境定义”。按照符号互动论的观点，一个人对情境的主观解释（或定义）会直接影响他的行为。如果人们把某种情境定义为真实的，那么这种情境就会造成真实的影响。有一个真实性有待商榷的故事：两个人在医院里做了身体检查后，阴差阳错拿错了化验单，身患癌症的甲拿了身体本来就是正常的乙的化验单，而乙拿了甲的化验单，最后甲慢慢康复，而深信

① GOFFMAN E. The Representation of Self in Everyday Life [M]. New York: Doubleday, 1959.

有病的乙却在郁郁寡欢中离世。这个故事说的就是相信的力量。需要指出“情境”（situation）不同于“语境”（context）。后者通常指的是“上下文”或某一事件发生的前后状况。而“情境”则不然。托夫勒（Toffler）认为：“任何一种情境都可以用五个组成部分来加以分析，它们包括：由天然或人造物体构成的物理背景；行动发生的舞台或地点（场合）；一批角色（人）；社会组织系统的场所；概念和信息的来龙去脉。”[①]

（2）认识论：研究者必须从被研究对象的角度来看世界。从符号互动论角度出发，研究者要去把握被研究者所赋予他们的行动、事件和经历以及周围环境的主观意义。库利特别主张社会学者必须站在他们所研究的行动者的立场上，推己及人地了解他们的心智历程，如此才能对研究对象及研究对象的想法产生体谅与共鸣，进而了解研究对象行为背后的意义和动机。对于同一个事物，不同的人所赋予的意义不尽相同。皮尔斯（Pierce）的符号三角形理论指出，符号由三部分构成，即符号“再现体”（representamen，又译作代表物或代表项）、“对象”（object）和“解释项”（interpretant）；符号的意义由这三部分及其之间的关系所决定[②]。其中，符号“再现体”是符号的可感知部分，如颜色、形态、质感等属性；符号中的“对象”则指的是符号所指代的人或事物；“解释项”就是解释者对原初符号的解释，而这种解释是一个不同于原初符号的新符号，它是解释者所认为的该符号的意义。需要指出的是，解释项是由解释者结合情境及自己的经历、社会文化背景等方面的因素而给出。也因此而看出，对于不同的解释者而言，解释项是存在

① 托夫勒. 未来的冲击［M］. 中国对外翻译出版公司，1985：30–31.

② 赵毅衡. 符号学：原理与推演［M］. 南京：南京大学出版社，2016：94–100.

差别的。譬如，梯田作为农事工程，在老百姓的眼里意味着艰辛、劳作和富足；但成为景观而被旅游者凝视时，它可能会象征着勤劳、勇敢和智慧[①]。但也不能借此认为解释项就是千人千面的。否则，社会科学工作者无法开展研究。前文所提到的实证主义为何可以认为社会现象具有规律可循，其解释实际上采借的群体心理学的知识，而非个体心理学。笔者认为，符号互动论者在进行行为者的行为类型化研究时，同样可以从群体心理学的角度作出判断。

（3）方法论：符号互动论者倾向于自然主义的、描述性的和解释性的方法论，偏爱参与观察、生活史、人种史等方法。经验世界实际上由人类日常生活所构成，而这种内部行为的知识只能通过观察和参与研究才能获得，即要展开深入实地的人类群体生活和人类成就的科学研究[②]。这种研究需要或至少应该分为两个阶段进行：第一阶段是考察，即调查者需要着重了解他想要研究的社会情境的第一手资料，目的是把在其中生活的人们所理解、所适应的世界照样描绘出来，主要用参加者的语言来表达；第二阶段，即检验阶段，研究者集中注意环境中的“分析因素”，这些因素要在理论指导下进行观察才可能获得。

三、符号互动论对旅游质性研究的指导

符号互动理论提供了一种途径来研究个体如何通过互动和

① 余志远，王楠，韵江.旅游目的地意象的游客感知及形成过程［J］.地域研究与开发，2022，41（3）：129-134.

② 黄晓京.符号互动理论——库利、米德、布鲁默［J］.国外社会科学，1984（12）：54-57.

交流来建构个体层面的意义[①]。由于旅游是一种互动性较强的活动类型，许多学者都先后将符号互动论运用到了旅游研究之中。最突出的是，符号互动论非常有助于从符号学的视角分析旅游世界中的人际互动问题，包括旅游世界中各群体之间的互动体验、互动中个体的表演及身份建构等，甚至不同时空框架下的互动问题（如网络旅游直播、微信朋友圈“晒”旅游等），对于理解旅游世界中人的心理、态度、言行举止、价值观、做事的意义等具有重要的意义。举例来说，彭丹深入分析了旅游者、旅游目的地居民以及旅游从业者这三类人群的互动，并指出，旅游中各种人的符号学意义可以从地位符号、身份符号与角色符号三个方面进行解读[②]。

本书想跟各位读者讲一个故事。这个故事或许可以当作符号互动理论用于旅游问题分析的案例。故事的主人公叫 CJ（化名），我采访过他。他有点不善言辞，对他的分析很大程度上借助了他写的游记。我采访他那年，他才 30 岁，高中文化学历，自我评价比较内向，没有稳定的职业，年收入大概 5000 块钱。他是一个热爱旅游的人，尤其酷爱冒险的户外活动。他曾经有过几段黄河漂流的经历。2005 年 5 月，他来到黄河上游往下漂，起漂点是青海的玛多县，漂流的工具是他自己专门从天津订做的一块 2 米长、1 米宽、40 厘米厚的大泡沫。5 月份的青海是寒冷的，黄河水面有的地方还结着冰。当时他戴着手套，身上穿着一件棉大衣，腿上穿着厚毛裤。就这样，他坐

① AZARIAN R. Joint Actions, Stories and Symbolic Structures：A Contribution to Herbert Blumer’s Conceptual Framework［J］. Sociology，2017，51（3）：685–700.

② 彭丹 .“旅游人”的符号学分析［J］. 旅游科学，2008（4）：23–27.

在泡沫筏上晃晃悠悠地漂荡着。有的地方是一片浅滩，泡沫吃水很少，但仍然免不了搁浅，需要下水推筏。他为此发出感慨:“那是什么水？天寒地冻的水啊！哇，走两步，脚骨头都要被拔出来。”我们分析 CJ 的这种行为。如果按照世俗社会的评判标准，CJ 在日常生活世界里，他所体验到的社会认同感并不强。但他将常人难以体验的经历发布于网络，公布于众时，许多网友在他的帖子下面献鲜花、飞吻、点赞，这些互动中的符号象征着敬佩、赞美和认可，而 CJ 则从这些符号的互动与解读中寻找到了强烈的群体认同和自我认同感，这也成为了他热爱户外旅行的内在驱动。

最后关于这个话题，值得提醒的是，从更加宽泛的视角，即符号学的角度对于探讨“物 – 人”互动、“场 – 人”互动等问题同样具有指导性作用，例如旅游目的地形象的符号学感知、旅游吸引物的符号意义解读等。

第四节　女性主义

“女性主义”概念起源于西方，它的英文单词是 feminism，从各种有关辞典、百科全书、著作和论文的相关定义来看，它既特指 19 世纪和 20 世纪试图消除妇女受限制状况的女权运动；同时它也指关于性别的政治、经济和社会平等的主张和理论，并在此基础上被进一步理解为一种思想的方式和分析的方式，乃至一种新的世界观①。结合该定义及相关研究，归纳女性主义理论的基本内涵包括：第一，“女性主义”理论产生于声势

① 章梅芳 . 女性主义科学编史学研究［M］. 北京：科学出版社，2015：21.

浩大的女性主义运动，但有研究认为该理论是在与女性主义运动相互呼应、相互滋养及相互批评中成长壮大起来的[①]。第二，女性主义理论将性别问题作为研究的出发点，它认为人类的生活经历具有性别区分的特征，表现在政治、经济、思想、文化等多个领域。第三，女性主义对社会学的贡献不仅仅在于提出几个观点或论调，而是改变了整个观察社会的角度[②]。也就是说，女性主义从理论层面上说是一种认识世界、社会和人类自身的全新的视角，强调两性平等，肯定女性的价值观念、学说或方法论原则[③]，从知识的角度来看表现为对实证主义范式的批判，并由此在新的知识范式框架中开辟了一块独特的领地[④]。

一、女性主义的形成与发展

（一）性别歧视的观念由来已久且依然存在

性别歧视植根于文化之中，这一文化已有数千年的历史。我们从某些宗教言辞，甚至一些伟大的哲学家言论中都能找到若干性别歧视的观念。

波伏娃（Beauvoir）在其著作《第二性》中指出，女性处于“他者”地位，即父权社会下的男性居于主导和决定地位，女性则处于附属、被支配的地位，在他人或环境的支配下，女

---

① 郑湘萍.范达娜·席瓦的生态女性主义思想研究［M］.北京：人民出版社，2020：1–2.

② 熊欢.身体、权力与性别——女性主义体育理论发凡［J］.体育科学，2010，30（8）：14–26.

③ 倪志娟.女性主义研究的历史回顾和当代发展［J］.江西社会科学，2005（6）：135–141.

④ 吴小英.女性主义的知识范式［J］.国外社会科学，2005（3）：34–43.

性丧失自我意识，由此而成为一个主观人格被异化的人[①]。

在当今社会，父权制思想精英不敢再公开说女性是天生的二等公民，但性别歧视的话语和观念还远远没有退出公共话语的舞台[②]。卡拉·亨德森等在其著作中开宗明义地指出，当今的现实是女性几乎总是生活在一个由男性统治和控制的世界中[③]。该观念表明距离实现真正意义的男女平等还任重道远。在过去的半个多世纪里，我国为实现妇女解放进行了伟大的探索和实践，为实现男女平等作出了巨大的贡献并取得了长足的进步。但仍有国外学者认为，中国的妇女解放尚未完成，在某些方面，父权制依然存在[④]。值得警惕的是，国内最新研究表明，性别分工观念具有明显的向传统回归的趋势，如“男主女从”和“男主外、女主内”这可能是由于中国男尊女卑的父系父权传统过于强大[⑤]。由此可以认为，我国当今阶段男女性别平等观念仍受到传统的父权制文化的影响。

（二）女性主义主要流派

女性主义浪潮最初出现在伦理道德领域和社会政治领域，并很快就蔓延到更广泛的社会科学领域[⑥]。在女性主义理论发展过程中，涌现出自由主义女性主义、激进主义女性主义、社

---

① 波伏娃．第二性［M］．郑克鲁，译．上海：译文出版社，2014：359．

② 李银河．女性主义［M］．上海：上海文化出版社，2018：17.

③ 亨德森等．女性休闲——女性主义的视角［M］．刘耳，等译．昆明：云南人民出版社，2000：3，10.

④ 郑颖．建国70年来海外视域中的中国妇女解放［J］．社会科学论坛，2020（2）：125–136.

⑤ 许琪．中国人性别观念的变迁趋势、来源和异质性——以“男主外，女主内”和“干得好不如嫁得好”两个指标为例［J］．妇女研究论丛，2016（3）：33–43.

⑥ 刘建成．当代女性主义认识论的理论来源探析［J］．教学与研究，2013（5）：73–79.

会主义女性主义、后现代女性主义、生态女性主义等流派。这些理论流派中有些激烈如火，而有些则平静如水，但是所有的女性主义理论都有一个基本的前提，即女性在全世界范围内是一个受压迫、受歧视的群体。女性主义的理论千头万绪，归根结底就是一句话：在全人类实现男女平等。本书主要选择自由主义女性主义、社会主义女性主义和激进主义女性主义等传统女性主义三大派别进行简要阐释。

（1）自由主义女性主义。在传统女性主义三大派别中，自由主义女性主义产生最早，从 18 世纪至 20 世纪中期，一直是主导性的女性主义理论形态[①]。它是西方自由主义“天赋人权”观念在妇女群体中的延伸，其基本立场是男女两性在公平社会里应当拥有同等竞争的机会[②]，主要代表人物及著作有玛丽·沃尔斯通克拉夫特（Mary Wollstonecraft）的《女权辩护》、约翰·斯图尔特·米尔（John Stuart Mill）的《妇女的屈从地位》及弗里丹（Friedan）的《女性奥秘》。在自由主义女性主义者看来，男女两性间的不平等不是由于生理上的差异而带来的，主要是由于社会制度、传统习俗、教育和法律制度等造就。波伏娃在其代表作《第二性》中对传统的社会观念、信仰、习俗等提出质疑，反对传统的、固有的观念对女性命运的禁锢。人类从进入到父系社会开始，女性似乎就被归为从属性的附属地位，并与家庭捆绑在一起，充当起照顾者的角色，这就限制了女性进入社会公共生活领域（如职场、政治领域

① 纪德英，姚云云.论自由主义女性主义的两性平等观［J］.大庆社会科学，2021（5）：135–138.

② 李霞.传统女性主义的局限与后现代女性主义的超越［J］.江汉论坛，2001（2）：87–89.

等）的机会[1]。自由主义女性主义通过调查发现，科学从其诞生之日起几乎就成为男性的专利，女性很少涉足科学领域，即使有少数女性进入科学领域，其所取得的成果与声望都不能与男性相提并论，由此揭示科学领域的这种差异是男女受教育程度所导致[2]。由于教育机会的不平等，男性在社会中接受教育的机会要多于女性。在实现男女平等的途径上，自由主义女性主义倡导通过立法，让女性接受高等教育和进入职业领域。但自由主义女性主义更多从受教育状况角度审视男女之间的差异，却忽略了男女在生理上本身具有的差别。自由主义女性主义者往往要求女性以男性的规范为标准，这种建立在男性品质基础上的科学其科学性也值得商榷。

（2）社会主义女性主义。社会主义女性主义是二战前在马克思主义影响下产生的一个女性主义理论派别。该理论的基本思想是从经济和阶级的角度看待男女性别差异和不平等问题，它将社会划分为男人和女人两个阶级，并认为私有制以及维护私有制的资本主义制度是产生两性不平等的根源。社会主义女性主义认为实现男女平等的途径是女性进入有偿劳动力市场和参加反对资本主义的阶级斗争，同时主张国家承担部分孩子抚养的工作和家务劳动，以保证女性能够充分就业[3]。但这个理论流派过分关注导致两性不平等的经济根源，而忽略了其社会文化根源。结果在女性实行大规模就业以后，她们仍然感到无

---

① 纪德英，姚云云. 论自由主义女性主义的两性平等观［J］. 大庆社会科学，2021（5）：135-138.

② 李鹭. 自由主义女性主义与激进女性主义科学观浅探［J］. 忻州师范学院学报，2006，22（3）：11-14，75.

③ 李霞. 传统女性主义的局限与后现代女性主义的超越［J］. 江汉论坛，2001（2）：87-89.

处不在的性别压迫，大多数女性忍受着家庭和事业的双重负担和煎熬。

（3）激进主义女性主义。当自由主义女性主义和社会主义女性主义显露出自身局限性时，激进主义女性主义应运而生。激进主义女性主义不看重经济压迫，认为那种推翻经济压迫、一切问题就会迎刃而解的观点是错误的。激进主义女性主义认为，父权制是女性处于从属地位的根本原因，性别压迫是最基本最普遍的形式。该流派一度观点非常激进，把男人当成敌人，鼓吹排斥男性。1970 年，米利特（Millett）的划时代著作《性的政治》面世，首次将父权制作为女权理论的核心概念，为激进主义女性主义的理论发展奠定了一个坚实的基础①。这个时期，妇女运动被理解成所有女人针对所有男人的斗争。

二、女性主义理论内涵

从本体论、认识论和方法论等角度理解女性主义的内涵包括以下几个方面的内容：

（1）本体论：社会由性别构成，并且现有的社会是以压迫女性、强化男性统治为特征的。女性主义区别于传统实证主义以及同时代其他后实证主义哲学流派的一大特色是对性别平等问题的高度重视。也就是说，在女性主义理论范式中，性别处在一个核心的地位。从本质上来说，女性主义是社会批判理论，并且，它的知识批判源于对性别不平等的不满。性别被视为社会研究过程中一个无可争议的理论视角和分析范畴。女性主义相信，在所有制度和文化中，性别都对社会关系具有核心

① 刘建成.当代女性主义认识论的理论来源探析［J］.教学与研究，2013（5）：73-79.

作用，而已有的社会理论以及作为正统知识模式的实证主义恰恰忽视了这一点[①]。

（2）认识论：突出研究主体作为具体的人所具有的历史、文化和价值取向，并倡导研究者与被研究者之间建立一种参与式的互助合作关系。在“知识是否具有客观性”问题上，女性主义认识论基本持否定意见。实证主义传统一贯坚持科学知识和方法的客观性、普遍性，忽视知识主体的差异性，排斥情境的、主观的、价值的和个体的因素。女性主义理论与提倡“价值中立与客观”的实证主义范式具有明显的区别，它具有主观性的特点。在女性主义学者看来，实证主义最为推崇的“客观性”原则，其本身具有“男性中心主义”的特征[②]，这种价值中立、性别无涉的纯粹科学是父权制文化下的政治权利、社会利益共同建构的产物，它本身就代表着一种价值取向[③]，被认为是“男性偏见的遮羞布”[④]。

（3）方法论：关注研究对象所处的情境，并发挥研究者的主观性与反思的力量。吴小英的研究中列举了朱迪丝·库克和玛丽·福诺概括的女性主义研究范式常见的几大特点[⑤]：1）反身性作为一种见解来源的作用。反身性意味着女性主义对研究过程的本质进行反思、批判性地考察和分析的倾向。2）行动的导向。这种对行动的强调反映在有关研究目的、主

① 吴小英.女性主义的知识范式［J］.国外社会科学，2005（3）：34–43.

② 常红，曹志平，易显飞.女性主义科学批判进路解析［J］.自然辩证通讯，2013，35（2）：66–77.

③ 吴小英.科学、文化与性别——女性主义的诠释［M］.北京：中国社会科学出版社，2000：7.

④ 李银河.性别与科学：1990——当代西方女性主义理论精选［M］.北京：中国妇女出版社，2007：154.

⑤ 吴小英.女性主义的知识范式［J］.国外社会科学，2005（3）：34–43.

题选择、理论取向、方法选择、人类本性的观点以及研究者角色定义的陈述中。女性主义研究的目的是彻底变革父权制并相应地赋权于女性，因此她们对于有关女性研究的政策应用给予特殊的关注。在方法上女性主义强调在研究者与被研究者之间建立起一种平等合作的关系而不是权力控制关系。3）对研究行为中的情感成分的关注。女性主义研究者拒绝忽视研究行为中的情感维度，往往自己参与到知识生产过程的特定情感角色中，并将情感因素作为知识见解的来源之一。4）对具体情境的运用。女性主义研究强调关注日常生活世界，将具体情境的运用作为方法论策略，强调研究主题和方法选择上的自发性、即时性和创造性。

三、女性主义在旅游质性研究中的应用

女性主义研究在20世纪70年代末开始出现在旅游及休闲领域，并在20世纪80年代涌现大量的研究成果[①]。今天虽然有一些评论员和学者主张关闭妇女研究部门和课程，认为不需要对女性问题进行研究，理由是女权运动取得成功，性别歧视现象已成为过去，但普里查德表示，性别歧视现象并未消失，而女性主义视角下的旅游研究未来还将会从研究的边缘走向研究的中心[②]。

回顾女性主义理论在旅游及休闲领域的文献积累，一些代表性的成果重点围绕两大主题加以探讨：1）性别视角下的女

① AITCHISON C. Feminist and Gender Research in Sport and Leisure Management: Understanding the Social-cultural Nexus of Gender-power Relations［J］.Journal of Sport Management，2005，19（4）：422-441.

② PRITCHARD A. Predicting the Next Decade of Tourism Gender Research［J］. Tourism Management Perspectives，2018，25：144-146.

性旅游体验。旅游空间不仅是一个文化的舞台，还是一个性别表征的空间。在性别化的旅游空间里，独游的单身女性受到男性居民的凝视[①]。来自亚洲的案例显示，亚洲女性在旅游体验过程中，实际上是在以西方为中心的旅游空间中构建和协商自己的身份，她们面临着在为男性和西方经验提供特权的空间中独自旅行的各种风险[②]。另外，该主题还关注男女体验差异问题。性别能够提供一个有价值的视角，可以更好地解释本研究中男性和女性参与者之间的明显差异[③]。2）女性与旅游就业问题。作为一种机会来源，旅游业参与使得妇女获得经济和社会独立。女性通过参与这项工作为家庭经济创造贡献而获得创业后的自豪感与幸福，这对妇女经济地位、政治地位和家庭地位都产生了一定程度的影响，女性的话语权也不断得到提升[④]。

笔者曾经从女性主义的视角讨论女性自行车旅游者的自我意识觉醒与主体建构问题。自行车曾被誉为“最女权的机器”，骑车的女性被看作是“新女性”的典范，跨上车座，自行车旅游活动的特殊性（如带给身体的挑战感）使女性能够突破性别惯例的限制，充分体验自力更生、独立自主的感觉与冒险精神。现有研究对自行车旅游体验赋予女性的意义及给其带来的

---

① JORDAN F, AITCHISON C. Tourism and the Sexualization of the Gaze：Solo Femal Tourists' Experiences of Gendered Power，Surveillance and Embodiment [J] . Leisure Sudies，2008，27（3）：329-349.

② YANG E, KHOO-LATTIMORE C, ARCODIA C. Power and Empowerment：How Asian Solo Female Travellers Perceive and Negotiate Risks [J] . Tourism Management，2018，68：32-45.

③ GIBSON H，CHANG S. Cycling in Mid and Later Life：Involvement and Benefits Sought from A Bicycle Tour [J] . Journal of Leisure Research，2012，44（1）：23-51.

④ 李佳，黄燕玲，雷锦锦，等.基于女性视角的广西民族地区旅游扶贫感知研究 [J] . 广西财经学院学报，2015，28（5）：43-50.

影响等问题作出了富有价值的探讨，但女性如何通过自行车旅游体验突破性别惯例的限制并建构主体性的自我则有待进一步的讨论。徐文月和刘敏曾呼吁："女性旅游的研究应进一步向女性社会性别构建与女性自身回归，需要关注其主体性存在，加强对女性心理内在感知的认识，倾听女性自己的声音，另外，更需要透过新的视角和方式开展研究。"① 鉴于此，笔者从女性主义的视角解读女性骑游川藏线体验，探讨了女性自行车旅游者体验的心路历程，认为该经历隐喻着女性自我意识的觉醒和主体建构②。文章在分析过程中，还借用了拉康的精神分析论的观点。结合拉康的主体建构三界说，对该研究发现进行归纳与总结：首先，女性扮演的角色为社会所期望，受到象征的秩序与规则的约束和调控，身处象征界中的主体由于长期的"依附感"及作为"他者"的存在让其焦虑不安，实在界中的欲望得不到满足，她们希望从现有的角色扮演中抽离，憧憬、向往着自由。从女性主义的视角来看，女性开展自行车旅游意味着可以暂时地摆脱日常生活环境中社会与家庭对其角色行为的规训，这实际上是一场女性自我意识觉醒的旅程。其次，户外自行车旅游给女性提供拥抱大自然的机会，女性与自然天然的同一性使得两者惺惺相惜，脱离象征界"父亲"严厉目光的注视，而在该想象界中尽情演绎并诠释着真实的自我。再次，川藏线独特的时空场域及近乎磨难的经历让其可以褪去惯常性别的角色外衣，从中体验并扮演着具有英雄气概的角色，这种

① 徐文月，刘敏. 女性独游的意义阐释：基于自传式民族志方法［J］. 旅游学刊，2018，33（3）：23–38.

② 余志远，谷平平. 女性自行车旅游者的自我意识觉醒与主体建构［J］. 旅游学刊，2022，37（6）：106–120.

气质的培养有利于女性的成长与自我发展。最后，川藏线骑行具有超越世俗进入想象界之感，女性跳出他者身份的藩篱，通过身体的实践借助旅游世界之镜建构起对自己的身份认同，由此获得的解脱感、愉悦感与成就感加深了自我赋权的意识。

第五节　现象学

现象学作为由胡塞尔创始的哲学运动，现已经历了一个世纪之久。它曾是20世纪初非常流行的哲学思潮之一，与其相提并论的有唯心主义、逻辑主义、解释学、实用主义、生命哲学、存在哲学、实证主义等[①]。现象学之所以被看作是一场意义深远的哲学运动，主要是因为它成功地处理了显象（appearance）问题。但现象学带来的影响不限于此，它不仅在哲学中占据重要分量，还影响了现象学运动以后的西方哲学、心理学/病理学、美学/文学/艺术论、社会哲学/法哲学、神学/宗教理论、教育学、逻辑学/数学/自然科学，甚至经济学等学科的问题提出和方法操作[②]。海德格尔曾在回忆录中回顾说："现象学……在各种不同的领域中——主要是以潜移默化的方式——决定着这个时代的精神。"[③]

---

① 莫兰.现象学：一部历史的和批评的导论［M］.李幼蒸，译.北京：中国人民大学出版社，2017：2.

② 倪梁康.现象学及其效应：胡塞尔与当代德国哲学［M］.北京：商务印书馆，2018：5-6.

③ 海德格尔.面向思的事情［M］.陈小文，孙周兴，译.北京：商务印书馆，1996：84.

一、胡塞尔与现象学的创立

胡塞尔，1859 年出生于奥匈帝国摩拉维亚的普罗斯尼兹。他的父亲是一名犹太商人。胡塞尔读了几年小学之后，跟随一个亲戚到维也纳去读书。胡塞尔在中学里并不算一位优秀的学生，甚至他的同班同学及当时的校长回忆指出他是一个差学生，除了数学，他对学校里的一切好像都不怎么感兴趣。然而，由于他在数学方面具有的天赋以及痴迷，最后胡塞尔进入了维也纳大学学习数学。23 岁时他在维也纳大学获得数学博士学位，博士论文是《变量计算理论的论文集》。在完成博士研究和服完兵役之后，胡塞尔觉得自己完全是一个数学家。但在 1884 年至 1886 年，胡塞尔在维也纳听了布伦塔诺（Brentano）的课，布伦塔诺在课堂上关于“意向性”的讲述使得他的思路大开，从此决定献身于哲学事业。这一时期还有另外一位叫作卡尔・施通普夫（Karl Stumpf）的哲学家也对胡塞尔产生了重要影响。两位老师的思想为胡塞尔现象学的建立奠定了基础。

胡塞尔一生笔耕不辍，截至 2018 年，已整理出 42 卷《胡塞尔全集》，另有档案 4 卷、资料 9 卷，其余遗稿仍在陆续整理出版中[①]。胡塞尔现象学肇始于他的著作《逻辑研究》。他在《逻辑研究》中，对逻辑研究中的心理主义，包括他自己过去的一些思想进行了多方面的梳理，并且使用“意向性”这个居于主体和（感觉经验）对象之间的更本源的思路来理解“意义”的纯构成，并以此为基点，论述了现象学的一些基本思想

① 何涛.现象学入门：胡塞尔的认识批判［M］.北京：社会科学文献出版社，2019：3.

和方法[①]。《逻辑研究》出版几年后，现象学才逐渐在哲学研究领域产生影响。后来，演变成为波澜壮阔的现象学运动。

现象学的创立，有其发生的社会背景。胡塞尔创立现象学，与当时科学界所处的境况紧密相关。16 世纪以后，近代人对古代人的哲学观念在进行着悄然的改造，这种改造被胡塞尔称为“数学化”，其“始作俑者”为伽利略。胡塞尔由衷地称赞伽利略是“物理学的开拓者”“集大成的发现者”“发现的天才”。由于伽利略等一批物理学家和天文学家的实验，诸多传统的哲学观点被大量证伪，从而引发了近代人对自然科学方法的迷恋和崇拜。但我们同时需要看到事情的两面性。正是由于伽利略等一批自然科学家的努力，他们将整个世界数学化、理性化，这种科学范式影响的不仅是客观、外在的物理世界，人的精神世界同样受到该范式的影响。在此基础上，社会科学范畴的实证主义诞生。准确来说，从 19 世纪后半叶起，实证主义完全占据了科学的统治地位[②]。出于对科学的迷恋，人们一度相信科学是万能的。但科学所带来的一个问题是，科学就是关于事实的知识体系，而有关伦理、审美、人生等价值领域的问题在科学的视域下都被认为是无意义的，应该被逐出科学的研究领域。换言之，科学更多面对或处理的是“真”的问题，但对于“善”和“美”这类问题，科学无能为力。从认识论的角度而言，西方人自 19 世纪以来开始感到这种科学主义的苍白和虚假，它远离人性和真正的生活。胡塞尔批判了当时盛行的科学主义思潮，为唤醒遗失的理性意识，寻回人类价值

---

① 田甜．胡塞尔科学哲学思想评析［D］．大连：大连理工大学，2006.

② 殷旭辉．返回生活世界——晚年胡塞尔对欧洲危机的思考和克服［J］．青海师范大学学报（哲学社会科学版），2008（6）：25–29.

的尊严，他针砭科学主义偏见给人类“生活世界”遗留的危害[①]。在他的眼里，科学主义最大的恶果是对“生活世界”的遗忘。科学主义所带来的影响使人们生活的世界不再是生活本身，而是数学化的世界。前文已提到，我们面前的这张桌子是由高速运转的分子、原子构成，我们肉眼看到的各种颜色的光不过是各种波段的电磁波，我们人体，无论是生理还是心理，心率、体温、血压、血糖、紧张、恐惧、害怕等也都被数字化。整个世界都被自然化改造了。然而在生活世界中，我们对物体的感觉实际上是最为直接的感受，即首先为我们各种感官所感觉到的是物体的具体形状、大小、温度、光滑度、色泽等，肉眼之所见并不是物体内部的分子的运动。在自然主义科学观的指导下，我们错误地把科学世界当作是世界本身，甚至把这个世界看作是真实的、绝对的和普遍有效的世界，而把作为它原型的生活世界却看作是虚假的、相对的和不确定的世界[②]。因此，在找准病根之后，也就找到了正确的治疗办法。在胡塞尔看来，应该重新思考科学之基础问题。现象学作为“各门科学的根”，必须揭示这个基础，并且将科学研究奠基于其上。这就要求对科学主义和非理性主义的“真理”概念进行一种彻底的反思和追溯，返回到古代思想的源头，即认为真理就是“显现”出来而被“看”到的东西，是直接被给予的、自明的东西，其他一切（逻辑、概念、事物的存在等等）都是建立在这一基础上并由此得到彻底理解的，是由“看”的

① 胡塞尔.欧洲科学危机和超验现象学［M］.上海：上海译文出版社，2005：6–8.

② 殷旭辉.返回生活世界——晚年胡塞尔对欧洲危机的思考和克服［J］.青海师范大学学报（哲学社会科学版），2008（6）：25–29.

各种不同方式决定的。因此要“回到事情本身去”，直接地去“看”[①]。

“现象”一词，译自德语Phänomene、Erscheinungen。汉语“现象”一词准确地传达了胡塞尔的原意，而且恢复了中国语境中“现象”一词的古义，在古汉语中，“现象”的原意为“使象现”，既包括显现之动力、过程，也包括显现之样子、结果，二者浑然地结合于体验方式之中[②]。现象只是显示，所以只能体验它、描述它。倪梁康认为，现象学一词所标识的应当是一种建立在直接直观和本质认识基础上的严格的哲学方法[③]。即使现象学的定义相对比较简单，但时至今日我们实际上不太好把握现象学的具体内涵。一个很关键的原因在于，由于现象学运动，或者说由于现象学研究共同体的共同努力，现象学的范围有宽窄之分。倪梁康在谈到这个问题时，借鉴现象学史家施皮格伯格的说法，将它大致划分为四类：其一，最广义的现象学，它将符合现象学的公认标准但没有参与过现象学运动的人都包括进来，如胡塞尔的老师布伦塔诺、施图普夫等；其二，广义的现象学，指的是胡塞尔创建的现象学，赞同这个现象学纲领并自觉加以实施的思想家都可以看作是这个意义上的现象学运动的成员；其三，严格意义上的现象学，指较多关注意识现象，尤为关注各种事物的主观显现方式，早期的现象学家等都可以纳入到这个范围之中；其四，最严格意义上的现象学，它是指胡塞尔本人所逐渐发展起来的现象学，即我

---

① 邓晓芒.胡塞尔现象学导引［J］.中州学刊，1996（6）：65–70.

② 王鸿生.胡塞尔现象学：叙事伦理的奠基与预演［J］.同济大学学报（社会科学版），2012，23（5）：1–7.

③ 倪梁康.现象学运动的基本意义——纪念现象学运动一百周年［J］.中国社会科学，2000（4）：69–78.

们今天特称的“胡塞尔现象学”[①]。

二、现象学的几个关键词

现象学晦涩难懂，是最难理解的哲学之一，其中充满了各种专业术语。本书仅列举学者们讨论比较多的几个关键词，并尝试给予相应的解释。

（一）悬置

“悬置”一词，译自单词epoche，意指中止、存疑等活动。现象学中常使用的一个比喻性的说法就是把它加上括号，表明对它不予理睬，存而不论，不作表态，既不肯定它，也不否定它，而是秉持一种中立的态度，旨在摆脱外界已经存在的知识、观点对人心的干扰。胡塞尔的一个首要日标就是剔除心理主义的成见，中止我们到目前为止所接受的一切信念，包括一切科学，使哲学从头开始。按照汪堂家的说法：“即使心光能够内照，但由于纯净之心被外物所掩盖，被偏见所遮蔽，被纷然杂呈的东西所淹没和侵蚀，它也难以认清自己真正的形相，所以，要想了解纯净之心的本来面貌，就必须使自己超拔于万有，使自己从中解脱出来，不为物累，不为情牵，不为世事所迷惑。”[②]悬置的作法有二：第一，历史括号法，这是指把历史上遗留下来的诸多看法统统放进括号里面，悬置起来；第二，存在括号法，即放弃一切有关外部世界存在的判断[③]。从这个角度来看，现象学显然为扎根理论的方法奠定了哲学理论基

---

① 倪梁康.现象学运动的基本意义——纪念现象学运动一百周年［J］.中国社会科学，2000（4）：69–78.

② 汪堂家.现象学的悬置与还原［J］.学术月刊，1993（7）：7–12.

③ 张廷国.胡塞尔现象学的方法论及其意义［J］.武汉大学学报（人文社会科学版），2000，53（1）：33–38.

础。早期的扎根理论就特别强调不建议阅读他人的文献，尽量避免研究者带入预设，这些操作指导理念似乎都能看到现象学的“悬置”思想在其中起到的作用。

（二）本质直观

本质直观是现象学哲学中的另外一个很重要的概念。如果不理解本质直观，就无法理解胡塞尔等现象学家在做什么以及如何做到的。何谓本质？在谈到本质问题时，胡塞尔在不同时期不同论著中使用过“埃多斯”（eidos）“观念”“先天”“常项”等术语加以表达[①]。在《纯粹现象学通论》中，胡塞尔基于对事实的阐述以及对本质与事实之间关系的说明，揭示了本质的内涵。他认为事实是关乎经验的，是存在于时空中的实在事物，也是具有偶然性的具体事物，本质则与必然性相关，本质与事实不可分割，但事实由本质得以规定或明示。胡塞尔还将本质看作“常项”。“常项”这个词很值得玩味，它与“变项”相对，是贯穿于自由变项中的“统一”，一个不变的、使所有变项得以一致的事物，一个一般本质。也就是说，常项是保持事物自身成为自身、区别于其他类事物的关键，而变项则是在保持同类事物前提下而“演化”成为一个个具体的事物，呈现的是形式上的变化，而质不变。

现象的本质如何洞察？胡塞尔提出使用“直观”的方法才能把握本质。直观，即在精神目光中的直接把握[②]。从上文关于回到生活世界的呼吁中，或者对世界自然化的批评中，可以

---

① 黎昔柒.超越与局限：胡塞尔的“本质直观”透视［J］.科学技术哲学研究，2017，34（3）：79-83.

② 倪梁康.何谓本质直观——意识现象学方法谈之一［J］.学术研究，2020（7）：7-14.

进一步地理解胡塞尔提出的这种直观的观念。他在不同的讲座中表达了对“直观”的不同看法，或者说，他对“直观”的认识在不同时期也是在发生着变化。最早期，他认为直观就是一种感知。但他在 1927 年“现象学的心理学”讲座中对以往的“直观”进行了进一步的“改造”，即认为直观不仅仅只是感知，还包含想象或联想。近代哲学认识论传统认为直观只能将个别之物作为自己的对象，而范畴性的、观念性的一般之物要借助抽象或推理才能被认识或把握。从具体操作的角度来说，该方法主要有三个操作步骤：“首先，其出发点是一个作为范例而被设定的现实或想象的个体对象。接下来第一步是将这个范例一开始就看作是无限多可能变项中的一个变项，并通过想象而生发出杂多的变项。第二步是对这个由杂多变项所组成的整体，进行本质变更区分出对象的偶然变项，从这众多变项中把握同一的变项，即常项。第三步是使那些在所有变更中都保持不变，即不失掉同一类型规定性的总和作为所有变项的必然内容。”[①] 这就是直观到的“本质”。比较有趣的是，托马斯 · R. 弗林在其《存在主义简论》著作中给本质直观打了一个颇具形象的比喻。书中提道：“法医艺术家会勾勒出罪犯的画像好让证人去鉴别。随着她添加或删除画像的某些方面，证人会觉得画得像，也可能会觉得不像，直至她最后改得恰到好处，证人就会说‘对，是他；他看上去就是这个样子’。这是本质还原描述的一个极其平常的类比，它使用了范例的自由想

① 黎昔柒. 超越与局限：胡塞尔的“本质直观”透视［J］. 科学技术哲学研究［J］. 2017，34（3）：79–83.

象变换来达至一种洞见，立即抓住意象对象。”[①]

（三）现象学描述

在现象学中，问题在最根本上是由“描述”或“描述性说明”来回答。胡塞尔打过一个关于“桌子”的著名比方来说明这个描述过程：

> 桌子不会一下子全部呈现它的样子，由于受站立的位置和观察视角的限制，“我”只能一面一面地去看，从正面、背面、侧面、反面、远处、近处等等，需要不断地绕着桌子转，虽然每一次都看到了以前没有看到的东西，但“我”心里仍然会没有底，因为“我”知道，单次认识及其累加都是不完备、不充实的，桌子还有很多面，桌子还有历史，还有和其他事物的复杂的联系……

胡塞尔对桌子的描述是多方面、多角度的。无独有偶，恩布里（Embree）的题为《反思性分析：现象学研究入门》的著述中有一个通过现象学描述剖析椅子本质的案例可以为我们提供更为具体的理解[②]。以下摘录该书中“何谓椅子的本质”小例，以供参考。

> 让我们先从“事实”上的椅子开始吧……为了使本质性对象——本质本身——更清晰，相互区别得更清楚，

① 弗林 . 存在主义简论［M］. 莫伟民，译 . 北京：外语教学与研究出版社，2008.

② 恩布里 . 反思性分析：现象学研究入门［M］. 靳希平，水軏，译 . 北京：北京大学出版社，2007.

我们可以进行“虚拟交换”。当我们说“仔细想一想什么事”的时候，经常会包含上述虚拟交换……比如，我们将椅子设想成绿色的，而不是棕色的。联系到颜色，我们经常是在设想要虚拟什么颜色时，我们是自由的，可以随意去做，设想什么，完全取决于我们。我们不仅可以设想椅子是绿色的，也可以设想椅子是蓝的、黄的、粉的、花格的、条纹的、斑点的，等等。令人感兴趣的是，在对颜色进行虚拟交换的过程中，我们能够认识到，无论颜色发生什么变化，无论颜色是什么，甚至没有颜色（透明的），椅子仍然保持是椅子。接下来，我们从外形上来看，从椅子的扶手开始，我可以认识到椅子的三个子类，无扶手的、两扶手的、单扶手的。在单扶手的下面又有两个子类：左扶手的和右扶手的。所以很清楚，一个东西要成为椅子并不必须有扶手；并不像静止是运动的一个类型一样，当无扶手是有扶手的一个类型。如果这样，椅子就必须有扶手了。所以扶手也不是椅子的本质。椅子腿怎么样？通常，椅子有四条椅子腿。但它也可以只有一条腿，或者有三条腿，或者九条腿，或者有其它数量的腿。它们总是以某种方式与椅子的另外部分、那椅子座连接在一起；椅子腿要结实到足以支撑坐椅子者的重量，并且不能妨碍坐椅子的人在椅子上的活动。假定椅子是悬挂在上面的，如果这里使用了有柔性的材料，比如，绳子或者链子，那么我们就会考虑到这是秋千。如果使用了坚固性的材料，我们会毫不犹豫地说，这是椅子。如果背后有面墙，它上面有一块突出来的钢板，支撑着椅子座，我们也认为，这是一把椅子。

> 如果椅子坐悬在房顶上，高度适合，用磁力或其他抗吸引力的方法将其固定住，就像在科幻小说中讨论过的那样，它仍然是一把椅子。我们可以把秋千看作一把摇摆的椅子。而其他种类的椅子看作不会摇摆的椅子……椅座呢？它是不是椅子的本质要素？它必须存在，必须有一定面积的椅子供人坐在上面，承受体重的。但对于椅座这个要素，还要有个追加条件，这个椅座还必须是悬浮地面一定的高度。反过来设想，如果椅座是直接摆放在地面上，与地面零距离接触，那它就是个板子，不是椅子了。最后一个思考的，椅子靠背呢？这个要素也不能排除，没有椅子靠背，它不能称为椅子，是凳子！所以，通过不断地联想、不断地赋予、不断地排除，椅子的本质是：1）有一定面积的椅座，而且必须是悬浮地面一定的高度；2）这种悬浮有一定的稳定性；3）有靠背。

从该示例中，我们可以清楚地看到对椅子的描述是多方面、多角度的，因此可以看到现象学的描述尽量是详细的，甚至胡塞尔提到的联想在该过程中也发挥着作用。还可看到，自由联想中变项在不断地变化，而最后我们分析获得的常项则构成了椅子的本质。笔者由该例而联想到科恩曾经做过的或许是一项现象学的研究[①]。科恩描述了各种类型的旅行者，包括流浪者、漂泊者、战俘、商务人士、探亲访友者等，并借助各种特征将他们一一排除，如时间上暂时性的特征将流浪者、漂泊者、漫游者排除在外；主观意愿上的特征将被迫

① COHEN E. Who Is A Tourist?：A Conceptual Clarification［J］. The Sociological Review，1974：527–555.

性质的难民、流放者、战俘等排除在外；路径上的特征将单向的移民排除在外；旅行的距离相对较长的特征将一日游游客排除在外；频繁程度上的特征将假日住宅拥有者排除在外；根本目的上的特征将商务人士、探亲访友者、流动工人、往来两地工作的人排除在外。最终，科恩认为旅游者是出于自愿、暂时离家外出的旅行者，他们之所以开展路程相对较长的、非经常重复的往返旅行，是盼望旅行中所能体验到的新奇和生活变化所带来的愉悦。

第四章　旅游质性研究设计

相对于研究过程线性化比较明显的定量研究而言，质性研究的过程呈现出循环往复，曲折前进的特点。尽管如此，质性研究总体上也有一个大致的研究流程，包括研究问题明确、研究对象确定、研究方法选择以及分析结果呈现等基本步骤。有必要指出的是，随着质性研究过程的推进与认识的不断更新，研究者很有可能会改变最初的选题以及事先设定的研究方案。

第一节　研究问题选择

科学研究始于发现问题，提出和确定研究问题是研究的起点。研究问题指的是一项社会研究所需要回答的具体问题，它是一个可以通过研究来进行回答的问题。一般而言，研究问题的确定是研究者扎根于某个研究领域并对基于某类研究主题的关注而不断聚焦及甄别的结果。

一、研究问题选择的基本原则

受周璐[①]和范伟达[②]等观点的启发，本书提出以下正确选

① 周璐.社会研究方法实用教程［M］.上海：上海交通大学出版社，2009.
② 范伟达，范冰.社会调查研究方法［M］.上海：复旦大学出版社，2010：75.

题的基本原则。

（1）创新性原则。创新性指的是通过研究问题的确定并开展相应的研究工作而体现出的独特性。这种创造性既指全新的、前人没有做过的问题，又包括通过新视角、新思路、新对象、新方法而得到的与前人研究有所不同的研究成果。类似前者那种史无前例、填补空白式的研究选题在社会科学研究领域相对较少，而形同后者那样的研究相对更为常见，毕竟严格意义上的社会科学领域里完全无人涉足的问题几乎不存在。创新性问题的选择与研究者的学术敏感度等因素有关，同时要强调对文献的梳理，即对存量知识的回顾才能更好地评判研究问题是否具有较高的创造性。

（2）重要性原则。重要性指研究问题所具有的意义或价值。一般来说，意义可分为理论意义与实践意义。其中，理论意义指的是通过问题的研究而在该领域的知识创造或新知识生成上所具有的贡献，有助于更新或丰富该领域的知识体系，包括获得对新规律的认识，形成对某个现象的理论解释，得到新的原理；实践意义指的是探索获得的知识能够在产业实践中得到运用，如指导行政管理部门政策实施、旅游目的地规划与开发、营销宣传、企业经营管理提升等各个方面。例如，研究“休闲农庄旅游体验评价指标体系构建”问题，通过对休闲农庄游客旅游体验感知评价数据的收集与分析，最终构建包括环境氛围、规划设计、体验活动、旅游服务和基础设施等 5 大层面及其对应的 16 项核心指标在内的体系[①]。该项研究的理论意义在于识别与发现休闲农庄体验质量评价与测量的指标，深化

① 余志远，樊友猛，王楠.休闲农庄旅游体验评价指标体系构建［J].北华大学学报，2019，20（6）：87-94.

对该主题的认识；而实践意义是该指标体系发现至少对休闲农庄企业有经营管理上的帮助，它们可以利用该指标体系测量游客体验质量，借此了解游客满意度，认识自身不足进而做出改进。

（3）实用性原则。研究问题的选择也可强调它的实用性原则，即所开展的研究旨在解决旅游产业实践发展中的困惑或难题。需要说明两点：第一，学术研究解决实践发展中的问题，并不是强调作对策性的研究，而是要针对实践问题的解决和分析上升至学理层面，做理论性的提炼和归纳，至于管理方面的建议只是研究者在文章结尾处可以思考的一个方面。第二，提出实用性原则并非意味着对“非实用性”问题的不关注。事实上，我们有时很难判断一项研究成果的实用性，或许它在当下被认为是无用的，但说不定它在未来会大放异彩。

（4）适当性原则。选题的适当性指的是研究问题应大小适中，甚至宁小勿大，鼓励“小题大做”，切忌贪大求全。因为题目过大，相对来说，可能有更多的前期资料可以提供，研究者也可以从多个方面加以论述，但同时也意味着需要掌握大量的综合性材料，容易造成材料堆积、散乱，导致不能深入地进行思考，最终形成的论文只能是言之无物。费孝通曾告诫说：“在选题上常常容易犯的毛病是脱离实际，想搞大理论，搞一个完整的体系，看不起‘小题目’，忽视知识的积累，以致老虎吃天，无从下口，自己给自己出难题。这样的教训不少的。”①因此，论题范围应该缩小，集中论证某一方面的问题，务求有所专攻，这对于研究者来说更容易驾驭，收集的材料也更有的

① 费孝通 . 社会调查自白［M］. 知识出版社，1985：10.

放矢，在学术上也更容易突破。

（5）可行性原则。研究问题的选择还得评估可行性。可行性指的是研究者是否具备完成某一研究课题所需要的主、客观条件。具体来说包括研究者的研究能力、研究条件和各种社会因素。研究者首先需要结合自己的知识结构、研究能力、社会经验等因素综合考虑研究选题。研究者最好在自己钻研的领域里选择合适的研究问题，不要贸然超出自己的知识结构，因为研究者在自己熟悉的领域里会敏锐地洞察到哪些问题更值得研究，相对来说也更容易出成果。研究能力综合性地表现在研究者的逻辑思辨与推理、对方法和技术的掌握能力、对研究课题的驾驭能力等方面。这些能力都会随着研究者的学术训练和积淀而不断得到提升。但在特定的成长阶段，研究者需要在这些能力可达范围内思考自己的选题。不过，一些超过研究者能力范围的课题研究事实上也可以通过合作研究而攻克困难。研究条件主要是指研究经费、研究时间、研究队伍的组织以及有关文献资料的获取。某些问题的调研常常需要一定数量的研究经费。除了研究者自筹之外，政府部门、高校、科研院所及来自社会企业等部门提供经费支持，但后者取决于研究者的申请及专家对研究申请书质量及结合社会需要下的评估。如果没有足够的经费支持，有些创新性强、研究价值大的研究选题也不得不放弃。同样的道理，如果研究时间不充裕，研究团队组建不合理，有关文献资料不能取得，所涉及的对象、单位和部门不能给予调研上的必要的支持和合作的话，也会导致研究课题无法进行。社会因素包括经济的、政治的、文化的和道德的因素。社会经济持续向好，将会给科研工作者提供更为充足的资金支持；反之，则会限制科研投入的力度，因此而约束研究者的选题。政治方面的因素主要考虑的是选题是否合乎法律、法规和有关政策，甚至还要考虑到意识形态问题。同样，研究问题的选择要考虑一定的社会文化和道德因素，如果与被研究者的生活习俗、宗教信仰相违背，就会形成研究课题无法进行的障碍。

二、科学研究创新策略

通过选择合适的研究问题，试图做到研究上的创新性，这也符合科学研究的本质。科学研究该如何创新？概括起来，以下策略值得参考。

（1）针对原有话题批判的创新。学者对于某个或某些问题的认识往往会囿于特定的时代背景、认知水平、视角或知识背景，因此会有见仁见智的观点。很多学者都曾讨论过旅游本质这个话题，由此形成经济本质论、文化本质论、审美本质论、体验本质论及诗意栖居论等各种观点。这些学者都是针对前人同一个问题的研究成果作出批判，进而形成了创新性的观点。原有话题之所以会受到批判，或者可以受到批判，倒不完全局限于以上所提到的特定时代背景、认知水平、视角或知识背景等原因，同时还存在方法论方面的因素。今天，很多旅游研究中的理论的形成，不再是运用传统的形而上学或思辨的方法，它们基本上都是通过科学的研究方法而获得的，其中包括归纳法。但归纳法本身具有方法论上的缺陷，即存在归纳不全的问题。所以，有些理论受到批判，主要是在实践中总能找到一个或多个反例去反驳它们。对此，我们要给予理解，也不能由此而否定某些理论的解释力以及它们在特定年代所发挥的作用和价值。

（2）某个主题域受到关注不足而带来的创新。研究领域好比一片有待开垦的学术田野，不同分支或流派的研究者立足于自身的研究专长，在各自感兴趣的主题片区进行深耕细作，但由于研究者进入田野时间的长短或学术小共同体力量的强弱等差别，主题域的开垦存在广袤程度上的差异。其中，受关注度较小的区域或许具有创新的潜质。这也就建议研究者在研究选题时，可以适当地去关注某个大的研究领域下不同细分主题中较少被研究的话题。但同时需要提醒的是，受关注度小的也很有可能意味着这是一片不值得开发的学术荒漠。

（3）新现象衍生的新话题。社会发展、科技进步、某项政策的实施与推广等，都可能会引发新的现象，从而为学界带来新的值得探索的问题。全球化和城镇化的发展导致了我国大量的传统村落不断消失，从而引发人们对乡愁问题的关注。而科技的进步，在带给现代人美好生活的同时，却又形成对人新的奴役，使人成为单向度的人，进而引发现代性议题的思考。“重视文旅融合”“加大旅游业的科技赋能”“推进乡村振兴”等政策的实施同样会带来新话题的讨论。

（4）新情境下的创新。原有的研究适用于特定的情境，而情境的改变有可能会造成原有研究所总结的原理或规律的不适用与不适合，同样可以成为研究创新的驱动因素。有不少研究开展的是对旅游地居民地方感与某些变量之间关系检验的定量研究，他们使用的测量工具是威廉斯和瑞根巴克编制的量表。但实际上两位学者在文章中明确报告，他们研究挑选的被试是 129 名大学生，测量的情境则是这些大学生近期访问过的荒野、偏远的无人区或自然地区[①]。这也就是说，这个量表最初开发的动机是用来测量旅游者的地方感，而不是旅游地居民的地方感，他们选择的是荒野或人迹罕至的户外游憩地，这就决定了该量表并没有探索获得人文场所地方感的内容结构，所以有的研究者将这个量表运用到一些古镇、古村等人文旅游场所的测量，其实也是不合适的。

（5）研究视角变换下的创新。对于一个事物，可从不同的视角去观察或审视，而不同视角下的观察会带来不同的研究发现。前文所提到的关于旅游本质的各种论断实际上也是因研究视角的改变而引发。这个视角，既可以是不同的理论视角，也可以是研究者观看视域长短而带来的不一样的视角。对于前者，王宁曾列举过自杀这个现象进行说明，比如可以从生物学的理论角度研究个体的自杀，也可以从社会学的理论视角研究自杀现象。后者的意思即认为对于同一个问题的观察，可以将时间轴拉长，视野从“截面”拓展至“历时”而产生新的研究观点。

（6）分析单位变换后的创新。针对同一个主题，分析单位的变换将带来研究对象的改变，并由此产生新的观点。比如研究怀旧问题，研究者可以选择个体为分析单位，也可以选择群体为分析单位，还可以上升至国家层面作为分析单位进行讨论。

（7）不同方法运用带来的创新。尽管我们会认为，方法是

---

① WILLIAMS D，ROGGENBUCK J. Measuring Place Attachment：Some Preliminary Results［C］//Paper Presented at the Session on Outdoor Planning and Management，NRPA Symposium on Leisure Research. San Antonio，TX：NRPA，1989：32.

用来解决问题的，但当同一个问题的解决可以使用不同的研究方法时，不同方法的运用其实也可以带来不同的结果与发现。譬如，针对旅游目的地形象感知问题的研究，有研究者使用内容分析法，有研究者使用扎根理论，还有研究者使用符号学的分析方法，等等。

（8）理论移植与融合下的创新。作为一门跨学科，旅游学从很多学科中拿来诸多理论，并联系旅游中的问题进行融合，而来自于其他学科的理论观照同样会带来新的观点。这方面的例子不胜枚举。国外旅游地生命周期理论就移植于市场营销学的产品生命周期理论，而国内今天大量的旅游社会学、旅游人类学方面的研究成果很明显是从社会学和人类学的诸多理论中汲取养分和力量。但值得提醒的是，旅游学科在理论的借鉴和移植过程中，应尽量避免理论的简单移植与生吞活剥，在借用过程中需要从对象相似性、情境趋同性、内容要素的多寡性等角度进行仔细的研究与推敲，必要时还得作出本土化的改良与探索。

第二节　分析单位确定

分析单位的选择和确定，也是研究设计中的一项重要内容，分析单位是否合适、能否清晰地界定与使用，直接关系到研究结果的有效性，甚至在很大程度上决定了整个研究的成败。

一、分析单位含义

所谓的分析单位，就是一项研究中将被描述、分析和解释的对象，它可以考察和归纳同类事物的特征，解释和说明相应的社会现象之间的差别①。分析单位也称研究对象，但它与调查对象有可能不一致。调查对象是指直接提供信息与资料的对象。譬如，通过对某家旅游景区管理者的访谈来了解景区的经营管理绩效，此时，这家景区就是研究的对象即分析单位，经营管理绩效是这项研究的内容，而作为受访者的管理者便是调查对象。

二、分析单位类型

我们可以把分析单位分为以下类型。

（1）个人。个人是社会研究中最基本的分析单位。旅游世界里的个人可以指旅游者、旅游目的地居民、旅游投资商、开发商、旅游企业管理者和服务者等。通过对个人进行描述，并将这些描述进行聚合和处理，研究者能够描述和解释由个人所组成的各种群体，以及由个人的行为和态度所构成的丰富多彩的社会生活现象②。比如在对旅游管理专业大学生就业问题的研究中，每一个攻读旅游管理专业的大学生就是研究的分析单位。

（2）群体。由个人所组成的各种社会群体本身，也可以成为社会研究中的分析单位。群体主要指具有某些共同特征的一群人，如背包旅游者、研学旅游者、导游、民族旅游仪式展演者等。

（3）组织。组织指具有共同目标和正式分工的一群人所组

① 张小山 . 社会研究中与分析单位有关的若干问题［J］. 黑龙江社会科学，2008（3）：134–137.

② 风笑天 . 社会学研究方法［M］. 北京：中国人民大学出版社，2001：76.

成的单位，如旅游院校、旅游协会、酒店、旅行社、景区、旅游纪念品商店等。譬如，不少的旅游研究常常运用最小邻近指数、基尼系数、核密度、优越度等方法识别国内滑雪场或其他景区的空间分布格局特点。这类研究即为以组织为单位而开展的研究。

（4）聚落。聚落是指地理区域划分的社会单位，如旅游村寨、特色小镇、历史古城等。

（5）自然现象和社会产物。自然现象和社会产物指的是那些明确可辨的实物或事件，包括自然事件及可以表征自然现象特质的实物和社会事件、人类行为及人类文化制品。自然界中的龙卷风、地震、海啸等属于自然现象范畴，旅游学者可以将它们作为分析单位以此探索自然灾害与旅游之间的关系；社会事件如九寨沟滞留事件；另外，旅游世界中还存在大量的社会产物，如游客撰写的文本材料（博客、摄影图片、录像、游记、留言簿）、购买的物品（如纪念品、土特产品）、行动的痕迹（游览路线、涂鸦、信物）、利用的工具（地图、游览图、旅游指南、微信朋友圈）、参与的形式（洗礼、节日庆典、祭拜仪式）等，都是非常有价值的分析单位，通过观察这些分析单位的特征，可以深入理解相关现象[①]。

三、与分析单位有关的谬误

层次谬误与简化论是分析单位不明确、分析层次混乱或调查内容狭窄而导致的错误[②]。

（1）层次谬误。层次谬误又称为区群谬误或体系错误，它

① 谢彦君 . 旅游研究方法［M］. 北京：中国旅游出版社，2018：197–198.
② 郑国全 . 旅游调查研究方法［M］. 天津：南开大学出版社，2009：83–84.

是指在旅游研究中，研究者用一种比较高的分析单位作研究，而用另一种比较低的分析单位作结论的现象。或者说，研究者在一个比较高的分析单位上收集资料，而在一个比较低的分析单位上来下结论的现象。比如，某位研究者搜集有关大集群（例如城市、公司）的数据，却从这些数据中抽出有关个人行为的结论，他就犯了“层次谬误”。例如，有研究者针对饭店企业员工离职倾向进行调查，发现“饭店企业员工年龄越大，越倾向于离职；已婚的相对于未婚的更易于离职；工作时间越长，越想离职”的趋势。这是由于饭店企业员工绝大多数是一线服务人员，这类群体所从事的工作相当辛苦，加上社会地位低、薪资待遇不高等多个方面的原因导致了一些年龄稍大、有家庭负担以及在这个行业待久的人更有离职的念头。这个调查资料是以饭店为单位搜集的，所得出的也只是有关饭店企业的结论，而不能轻易将结论推论到所有企业的群体身上。

（2）简化论。简化论是指在社会研究中，研究者仅仅用事物的某类特征去分析和解释各种复杂的旅游现象，或者研究者仅用十分特殊的个体资料去解释宏观层次的现象。在旅游研究中，按简化论行事的话就会容易犯以偏概全的毛病，即片面地根据局部现象来推论整体，得出错误的结论。

第三节 抽样设计

研究问题与分析单位确定后，研究者需要考虑通过对研究对象的调查来收集资料和信息。实际调研过程中，由于受到精力、财力等因素的影响，研究者很难对总体中的每个元素都能给予关注。在这种情形下，研究者往往选择抽样调查。但亨利在给出为什么要抽样这个问题的答案时，还提到抽样也能使研究的质量有所改进[①]。例如，某家饭店由于用工紧张而不得不招聘一些训练不足、经验欠缺的服务人员，研究者想要研究饭店员工的工作经验，就要做好抽样工作，从而最大限度地减少误差。无论是定量研究还是质性研究，都会涉及到抽样问题。抽样设计很重要。如果抽样出现问题的话，调查结果很有可能会受到大的影响。1936 年，美国《文学文摘》杂志曾经做过一项问卷调查，试图预测罗斯福和兰敦竞选总统谁会胜出。该杂志从当时的电话号码簿和杂志会员名单中挑选受访者，邮寄了一千万份问卷调查表，回收了 240 万份。并依据调查结果，预测兰敦会胜出。但最终结果是那年罗斯福竞选成功。从该杂志收集的样本数量来看，数量很庞大。但真正的问题在于他们抽取的是富人样本。在 1936 年，能安装电话或订阅《文学文摘》杂志的人，在经济上相对富裕，因此而忽视了许多穷人群体。这项调查由于抽样不科学而失败。

一、基本概念

抽样设计中涉及到的基本概念包括如下：

（1）元素。元素是信息分析单位。元素是一个人或一类人，一个企业或一所学校等。元素和分析单位常常相同，两者是不同语境下的不同称谓，元素是抽样研究中的术语，分析单位属于数据或资料分析的术语。

（2）总体。总体是所研究元素的集合。

（3）抽样单位。抽样单位指抽样阶段中供抽样的元素。个

① 亨利．实用抽样方法［M］．沈崇麟．重庆：重庆大学出版社，2008：7.

体与抽样单位在有些研究中是相同的，但在实际抽样中，抽样单位常常是多层次的。例如在城市中先将酒店行业作为样本，再从酒店行业的经济型酒店中抽样，然后从所选择酒店的工作人员中抽样。这种情况分别叫初级抽样单位、次级抽样单位和终级抽样单位。

（4）抽样框。抽样框指从总体中抽取样本的抽样单位清单，如花名册、地图等。抽样框与抽样单位的层次相对应，上文提到的三个层次的抽样单位即酒店行业、经济型酒店和工作人员，则对应的抽样框中应有酒店行业名单、行业样本中所有经济型酒店名单和企业样本中的所有工作人员名单。

二、质性研究主要抽样方法

抽样方法包括概率抽样和非概率抽样两大类型。质性研究和定量研究各自所倚重的方法类型不一样，主要由于两者的抽样逻辑存在差别。定量研究抽样逻辑是想让抽取的样本代表总体，即通过研究样本将得到的结论推论至总体。定量研究主要采用概率抽样的方法，根据概率理论来选择样本，保证总体中的每个元素都有被抽中的概率。质性研究抽样实际上是想通过样本的选择而为研究提供更多有用的信息来源，其目的在于加深对个体的深入了解，丰富概念的类型以及增强对问题解释的力度。在质性研究的抽样逻辑中，研究结果的效度不在于样本数量的多少，而在于样本是否可以比较完整地、相对准确地回答研究者的研究问题[①]。因此，质性研究抽样时无意考虑机会均等的问题，也不求其样本在多大程度上代表总体，主要采用

① 陈向明.质的研究方法与社会科学研究［M］.北京：科学教育出版社，2002：104–105.

非概率抽样的方法，而非概率抽样方法在某些时候很有可能是唯一可以使用的抽样方法。这种情况主要发生于我们对研究总体不能准确掌握的时候。

（1）方便抽样。方便抽样又称偶遇抽样或街头拦截抽样，指的是研究者为了调研某个主题而带有一定随意性地选择研究参与者进行调研的方法。例如：为了研究某个村寨社区居民的旅游参与问题，研究者看到路边村民就拦截访问或看到谁家开门就访问谁。这种抽样方法的优点在于简单方便、省钱省力，而且可能会发现一些意想不到的结果，比较适用于同质化程度比较高的总体，缺点是如果遇到同质化程度不高的总体，其抽样误差比较大，很难借调研信息而得出一般适用的结论。解决这种误差的方法是调查更多的样本，对方便样本加以改进。

（2）目的抽样。目的抽样又称判断抽样或立意抽样，它是研究者根据研究的目的、研究者自己的专业知识、以往的经验和对调查对象的了解来选取样本的一种方法。马克斯威尔讨论过目的抽样至少有几个可能的目的[①]：第一，选择的现场、个人或行为具有代表性或典型性。笔者在研究背包旅游者旅游体验对个体自我发展的影响问题时，最初就选择过自己身边熟悉的热爱背包旅行的朋友。做出这种选择，主要基于自己对什么是背包旅游者的专业判读以及对自己身边朋友的了解。第二，正确地理解群体的异质性。理解群体的异质性，而通过研究者的判断选择或辅助选择异质的个体或群体，从而对该群体进行更加深度的了解。第三，有意识地检验一些理论。通过一些极端案例的选择与分析，为某些理论的证伪提供证据。

① 马克斯威尔.质的研究设计：一种互动的取向［M］.朱光明，译.重庆：重庆大学出版社，2007：68-69.

（3）滚雪球抽样。滚雪球抽样又称推荐抽样，要求研究参与者提供其他可以帮助回答信息的参与者名单。这种情况主要发生于研究者很难依靠个人或研究团队的力量找到更多、更适合的信息提供者，或者研究信息提供者这个群体相对小众化的情况。因此，当好不容易找到少量的研究参与者之后，请他们帮忙推荐其他信息提供者，再由其他信息提供者提供更多的名单，通过这种策略形成的样本如同滚雪球一样越滚越大。上文提到的背包旅游主题的研究，笔者通过朋友的推荐以及后续受访者的不断推荐，最后才获得更多受访者的名单。

（4）配额抽样。配额抽样又称定额抽样，是根据某些标准将研究总体进行分组或分群，然后用判断抽样、方便抽样和滚雪球抽样等策略进行抽样。例如将游客分为男性游客和女性游客，或老年游客、中年游客、青年游客、儿童游客等。根据在最终样本中所需的子群体的比例，分配给调查员既定的、需要他们选择和调查的每一子群体的样本数量。配额抽样是为了弥补上述抽样带来的误差。

第四节　质性研究数据收集

在明确研究问题、选好分析单位、确定抽样方案后，开始着手围绕研究问题，设计相应的调查方案进行数据采集。由于质性研究强调自然状态下的调查，因此很多质性研究需要进入田野进行实地研究。本节从如何进入现场谈起，并介绍使用哪些方法开展数据的收集（详见第六、七章）。

一、进入现场

进入现场前，研究者应该结合自己的研究课题制定好比较详细的调研方案，尽管调研过程中会遇到新的信息反馈而对方案进行调整。其中包括思考应该调研什么、向谁调研、怎么与被调研者取得联系、通过哪些方法或途径收集材料等问题，并对方案进行充分研讨，这样才能做到有的放矢、有备无患，而非一头雾水、茫然失措。所谓“进入研究现场”至少可以指两种不同的行动：其一，研究者与被研究者取得联系，经过被研究者的允许和答应配合；其二，研究者置身于研究现场，与当地人一起共同生活和劳动的同时与对方协商从事研究的可能性。选择何种行动进入，取决于具体研究项目的要求以及研究实地的可能性。

研究者受到各种条件的限制，进入现场的方式各有不同。参考郑欣[①]归纳论证思路，大体有以下几种。

（1）选择家乡。如果家乡能够作为研究代表性的案例地的话，研究者选择其家乡作为调研地则是最合适不过的事情了。首先，研究者能够很容易取得被研究者的信任和帮助，从而比较快速有效地获得研究数据；另外，研究者通晓当地的语言，这使得他们之间的交流毫无障碍，后期录音资料的处理也相对比较容易。费孝通的《江村经济》就选择了他的家乡开弦弓村作为调查地点。该项调查在两个月的时间里顺利完成，离不开语言环境熟悉、家人与乡友的大力帮助等因素。但选择自己的家乡一定要确保研究案例的代表性和典型性，不能因为省事、

① 郑欣.田野调查与现场进入——当代中国研究实证方法探讨［J］.南京大学学报，2003，40（3）：52-61.

方便而选择家乡，否则，即使能够快速收集到信息，但很有可能这些信息是无用的，无助于对研究问题的理解和把握。

（2）官方支持。在特殊的历史时期，由于鲜有接触调研工作，一些地方抵触田野工作者而导致研究无法进行。这个时候，正式入场的方式只有一种途径，那就是通过官方的许可与支持，自上而下地逐级深入。不少研究就是在官方的全力支持下得以顺利展开。很多地方政府委托的旅游规划课题研究显然属于这种情形。研究如受到有关政府机构或官方的支持与保护，必然会给研究者增添很多便利，很多调查就会变得轻松，但这种入场方式也可能隐藏着缺陷，即官方色彩太浓，可能会导致某些信息提供者不敢畅所欲言或者隐瞒一些真实信息。

（3）私人网络。与上述正式的现场进入方式相比，这种方式可以看作是不太正式的进入现场的途径。如果研究者认识当地的人或者他们的朋友和家人，可以事先与这些人取得联系，一是通过他们增进对当地情况的了解并听取他们对进入研究现场的建议，二是邀请其中合适的人担任“中间人”，起到为研究者和被研究者之间搭建沟通桥梁的作用。曹锦清在开展《黄河边的中国：一个学者对乡村社会的观察与思考》课题调研时，曾经考虑并采取过两种进入现场调查的方式：一是获取一份记者证，凭记者身份进入调查现场；二是与中央或省的有关党政部门取得联系，争取他们的理解与支持[①]。但这两种方法的效果都不好。最后作者借助市、县党校朋友提供的“亲友关系网”才直达村落、农舍。

① 曹锦清.黄河边的中国：一个学者对乡村社会的观察与思考［M］.上海：上海文艺出版社，2000：2-3.

（4）独自闯入。在没有官方支持和他人引荐的条件下，有的研究者干脆采取独自闯入的方式进入现场。但进入现场后也存在两种可能，一种是开诚布公地向信息提供者介绍自己的身份以及调研的目的，这种坦诚符合研究伦理要求，但有可能会对被研究者产生干扰，导致他们的行为变得不自然，言语信息的反馈上存在迎合研究的可能；另外一种是研究者选择隐藏自己的身份，尽管这种隐藏很有可能使进入现场变得更容易，甚至使研究者与被研究者形成良好的关系，但这对研究者的良心是一种考验，如果有朝一日真相暴露的话，被研究者会感觉受到欺骗。因此，还是建议开诚布公地向被研究者告知研究者的身份及调研目的，尊重他们的研究知情权。

无论以哪种方式进入现场，研究者往往会碰到一系列的问题：当地人不认识研究者，不清楚研究者的来历，一开始可能会对研究者产生抵触心理；如果遇到敏感性的问题，更有可能不愿意配合研究者；有研究者让自己的单位开具介绍信，或者请被研究者的上级领导机构写一封批文，这种文件虽然可以增加研究者身份的可信度，但也有可能会给被研究者造成心理压力。这些都是实地调研过程中常常会遇到的情况。

二、资料收集

质性研究中的资料与定量研究资料有所不同，只要这些“东西”可以为研究目的服务，可以用来回答研究问题，就可以作为研究的“资料”[①]。质性研究中收集数据的方法十分丰富，如访谈、观察、实物搜索、历史法等。选择什么样的方法

① 陈向明.质的研究方法与社会科学研究［M］.北京：教育科学出版社，2000：95.

完全取决于研究的问题、目的、情境和有可能获得的资源。例如，如果想了解黑色旅游者体验时的心理感受或者旅游目的地居民对旅游发展的态度，那么就应该以访谈法为收集资料的主要手段；如果想要研究某项仪式的展演过程，探索仪式构成的要素，那么可以使用观察法作为收集资料的主要方法；如果想要了解某个旅游目的地如何通过宣传片或图片构建这个地方的旅游形象，那么可以把该地旅游宣传片或旅游宣传图册的搜集作为主要收集资料的方法，同时以访谈法作为辅助。

无论是选择何种收集资料的方法，研究者都需要制定比较详细的调研方案，需要反复思考我们研究哪些问题、研究这些问题最好使用什么样的方法去收集需要的资料以及如何使用这些方法。如果我们选择的是访谈法，我们就要对访谈流程制定一个周密的安排，包括访谈的时间、地点、人数、次数、是否录音、访谈的类型、提纲、访谈笔记的撰写等。访谈过程中，除了按照访谈提纲进行常规性的提问之外，还需要发挥访谈者的主观能动性，要灵活性地从对方的话语中捕捉有用的信息，从而掌握更多、更有用甚至超出原先构想的资料。同时，还需要访谈者掌握一些技巧，如懂得倾听、耐心提问、把控访谈节奏、主题引导等。

同样的道理，如果我们选择观察法作为收集资料的方法，那么就需要前期确定观察的时间、场所的选择、观察者的角色、观察方法的类型、观察的对象、内容、程序及记录等细节。

如果我们选择实物分析作为收集资料的方式，也要在研究设计中斟酌考虑为什么采用这种方法、计划收集什么实物、打算如何对这些实物进行分析，还要考虑需不需要其他方法的配合、怎样配合等问题。

三、退场

什么时候选择退场？也就是什么时候结束收集资料？陈向明提出以下基本原则可供参考：1）资料达到了饱和，进一步收集的资料已经与前面收集的资料出现了内容上的重复，没有新的资料出现；2）研究者本人已经“成为本地人”了，对当地的情况失去了敏感，注意力开始明显减退；3）资料分析比较密集，分析的理论框架越来越精细；4）研究者对自己的结果越来越感到激动，急于向同行、朋友和家人介绍自己的研究[①]。同时，陈向明还提到，实际调研过程中还会遇到调研经费使用完毕、研究者与当地人的关系恶化、被排斥以及研究者突然生病或遇到急事等情况，这些都有可能导致研究者的退场。

第五节　质性研究数据分析

收集完数据，接下来需要对它们进行整理和分析。在方法论学者的努力下，质性研究的分析方法也变得日趋多样化。沃尔科特（Wolcott）将质性研究比作一棵大树，它的根是人的日常生活经验；它的干则是观察、访谈技术与档案策略，因为任何质性研究方法都需要通过这三种途径或三者之一收集资料；质性研究之树枝则是相当茂盛的，主要包括鉴赏学研究、社会研究、民族学研究、人类种族学研究、人类生活史研究、

---

① 陈向明.质的研究方法与社会科学研究［M］.北京：教育科学出版社，2000.

微观民族志、交流民族志、常人方法学、谈话法、现象学、后结构主义、新闻调查、传记研究、历史研究、口语史研究、文学批评、哲学研究、内容分析等[①]。

沃尔科特为我们展示了质性研究的类型以及质性研究资料收集和分析的具体方法。从他的归纳中除了看到方法的多样性特征之外，还能够看出不同的质性研究使用的分析方法具有差别。事实上，选择什么样的方法应根据研究问题和研究目的而定。比如说，讨论旅游世界中人的行动的意义类问题，我们使用现象学或诠释学的方法；讨论民族村寨居民的生活习惯和文化习俗，我们可以使用民族志的方法。

卡尼（Carney）将这种分析过程比拟为“抽象化的阶梯”，该比喻似乎包含两层意思：第一，质性研究的分析过程实质上是一个不断抽象、不断概括的过程；第二，这个过程是一个多种层级、但总体趋势呈现发展向上的过程[②]。其进阶路径为：首先获得分析的文本资料，如果是录音文件，就将它们转化为文字材料；然后对文本进行编码，这种编码过程实际上是资料的不断压缩，构建概念的过程，并对相似的概念进行归类，同时分析概念之间的关系；最后对资料进行统合分析，将它置入一个解释的框架中，并发展出各种命题。

---

① 休伯曼.质性研究资料的分析［M］.张芬芬，译.重庆：重庆大学出版社，2008：9.

② 休伯曼.质性研究资料的分析［M］.张芬芬，译.重庆：重庆大学出版社，2008：129.

第六节　质性研究的评估与总结

研究者完成质性研究数据分析之后，还要衡量和评估分析的质量，其中包括结果的真实性、可靠性、代表性以及有关的伦理问题。另外，数据分析结束后，还需要整理成文。

一、质性研究效度

研究者在分析的过程中，时常需要面对的问题和疑惑是：怎样保证我们的分析结果是对的或可以信赖的？对于这个问题，定量研究常常使用信度和效度指标加以衡量。其中，信度指的是测量工具的可靠性，常常使用重复测量指标；而效度指的是测量工具是否正确地达到研究目标，或者切中要义。由于质性研究常常在自然情境下进行，抽取的样本量较小，因此，情境的改变很难让研究者进行重复性的研究。所以，质性研究一般不讨论信度问题，仅讨论研究中的效度。

（一）质性研究效度类型

质性研究中的效度的含义与定量研究中的效度的解释不太相同。马克斯威尔指出，质性研究效度指的是质性分析中的描述、说明、解释及结论的准确性[①]。陈向明总结出四种类型的效度[②]。

（1）描述型效度。描述型效度指的是对外在可观察到的现

① 马克斯威尔.质的研究设计：一种互动的取向［M］.朱光明，译.重庆：重庆大学出版社，2007.

② 陈向明.质的研究方法与社会科学研究［M］.北京：教育科学出版社，2000：392-395.

象或事物进行描述的准确程度。这就要求所描述的事物或现象必须具体，而且能被观察或描述。

（2）解释型效度。解释型效度指的是研究者了解、理解和表达被研究者对事物所赋予的意义的确切程度。要想准确地把握被研究者赋予事物的意义，就要求研究者以局内人的身份，站在被研究者的角度去理解他们的所思所想，并力图在研究报告中真实地报告他们的意义解释。

（3）理论型效度。理论型效度指的是研究所依据的理论以及从研究结果中建立起来的理论是否真实地反映了所研究的现象。如果理论能够恰当地解释所要研究的现象，则证明这个理论具有较好的解释力和较高的效度；否则，就说明这一理论缺少足够的理论效度，不能有力地、令人信服地诠释研究的现象。

（4）评价型效度。评价型效度指的是研究者对研究结果所作的价值判断是否确切。研究者在设计一项研究时头脑中常常会对这项研究的结果有个"前期假定"或"预设"，有时在研究的过程中往往会重视自己关注的现象或问题，而自觉或不自觉地忽略自己认为"不重要"的东西，这就带有一定的选择性；分析过程中，又会有意无意地挑选那些支持自己假定或预设观点的材料。这样，研究的评价效度就比较低。

（二）质性研究效度保证

质性研究效度由以下几个要素得以保证：

（1）三角校正。三角校正表现在多个方面。首先，研究资料的三角校正，即强调通过多种方法和渠道收集资料。研究结论的偏见或者说不完整有可能源于一种方法的局限，因此在有些研究中综合运用观察法、访谈法、甚至收集如日记类的书面文献等策略就是为了克服这种缺陷和不足。其次，研究者的三角校正。质性研究数据资料的处理和分析常常使用编码技术，这种编码过程带有很强的主观性，因此，有些研究为了提高其准确性常常采取 2–3 个研究者合作编码策略，即彼此先背靠背编码，遇到编码不一致进行协商。但这种作法也不应该在任何时候都被视为一种好的策略，而应该视情况而定，因为一位有经验、理论素养高的研究者的独自编码很有可能比多位研究新手的编码质量要高。

（2）研究者自省。质性研究实际上将研究者看作是重要的分析工具，这跟定量研究具有很大的不同。研究者自身的人口学特征（如性别、年龄、收入、社会地位、信仰等）以及他与被研究对象建立的关系程度、移情程度等都会对研究结果的真实性造成影响。这就需要研究者在研究过程中对自身进行反省，以此提高研究的可靠性。

（3）同行评议。研究者有时会在研究中倾注很多的感情，这就有可能带来研究的不准确。为了纠正一些观点的偏见，请同行进行评议也可看作是质性研究效度的一种保证。

二、质性研究结果呈现

质性研究结果最终需要整理形成研究报告，甚至将它发表与同行共享。质性研究报告和定量研究报告相比，灵活性较大。但我们还是提出以下格式供读者参考：

（1）引言。引言部分的写作主要交待研究背景、研究问题、研究目的、研究创新点、研究理论和实践意义等。

（2）文献综述。文献综述的写作目的有二：一是阐释该研究的核心概念与基础理论，借此构建理论框架；二是梳理和回顾与研究主题直接相关的已有文献，评价相关研究，重点指出这些研究的不足与知识增长上值得推进的方向。

（3）研究设计。研究设计部分主要报告研究案例地的选择及选择原因、研究对象的确定、抽样的方法及质性研究数据采集的策略与分析处理的方法等。

（4）研究结果。该部分是整篇报告的核心组成，写法上不同于定量研究的八股文式的体例，标题上富于变化，主要是对具体事件或研究对象的描述、分析和解释。

（5）研究结论和讨论。对研究发现进行概要性的总结和理论性的提炼，并与以往重要研究的发现进行对比，再次突出研究的理论与知识上的贡献，并反思该研究的效度、不足与伦理道德问题等。

第五章　文献综述

有些研究新手往往忽视文献综述，把它看作是一项可有可无的工作，甚至在研究完成之后才开始撰写文献综述。事实上，文献综述在研究中起到承上启下的作用，它是一项研究的重要组成部分，是文章提出研究问题并佐证为什么要研究这些问题的基础。只有通过对文献中相关观点和理论的回顾，研究者才可能找到其研究所立足的理论框架并结合理论进行具体的逻辑分析和推理，以期对相关理论进行讨论和拓展。本章首先阐释文献综述的含义与目的，然后介绍文献的来源、写作原则及写作步骤，最后讨论文献综述的写作误区和注意事项。

第一节　文献综述的含义与目的

要想让研究者正确地认识到文献综述的重要性，首先需要回答的问题是文献综述是什么以及为什么要写文献综述。

一、文献综述的含义

"文献"一词在中国最早见于孔子的《论语·八佾》篇中，其含义至今已经发生了变化：汉代郑玄将该概念解释为文章和贤才；宋代朱熹释之为典籍和贤人；宋末元初的马端临理解为书本记载的文字资料和口耳相传的言论资料；1983 年颁布的国家标准《文献著录总则》将其定义为“记录有知识的一切载体”[①]。“综述”是综合评述的简称，是广泛应用的一种体裁。文献综述是对某一时期内某一学科、某一专业、某一领域或某一专题的研究成果、发展水平以及研究动态等信息资料进行搜集、整理、选择、提炼，并作出系统性、综合性叙述和评论的实用文体[②③]。

从这个定义可以看出，文献综述要求反映一定时间和空间范围的原始文献。时间上来说，它反映的是一定时期或特定时期内形成的研究成果；空间上而言，它表现为对某一学科、某一专业领域或某一专题的聚焦，或者表现为国内与国际地理空间范围上的限定与呈现，这些都反映了研究成果的综述具有空间上的限定，也由此反映了文献综述的范围可大可小。文献综述实质上反映的是一批相关文献的内容，它是将这批文献作为一个整体进行回顾与评价，而不是评论某一篇文献。准确来说，它的信息含量要比单篇信息含量大得多。这也就说明了文献综述是一个系统性的工程，需要研究者掌握怎样搜集文献，并能识别出哪些属于经典文献或代表性的文献，还要求研究者对某个学科、某个专业或某个领域具有较高的通晓度以及较强的分析、总结与归纳能力，其中甚至包含对未来研究前景的研判与展望，对于读者具有较好的引导功能，同样是一种创造性的研究活动。

---

① 王利诚 . 科技文献检索与利用［M］. 南京：东南大学出版社，2014：9.

② 段玉斌，毕辉，韩雪峰 . 文献综述的写作方法［J］. 西产医学教育，2008，16（1）：163-165.

③ 张庆宗 . 文献综述撰写的原则和方法［J］. 中国外语，2008（4）：77-79.

二、文献综述的目的

任何研究都不是凭空产生的，而是在前人研究的基础上从某个方面进行深化。即使研究者突发奇想或者对某个问题产生了兴趣，想要做某项研究，还是需要对存量知识进行梳理，以此了解前人说过什么，要做的研究具有哪方面的突破，这样才可能对知识共同体产生知识上的新贡献。否则，做出的东西很有可能是重复性的。保继刚曾统计过 1978 年 1 月 1 日至 2018 年 12 月 31 日期间，我国大陆学术期刊刊发的旅游领域论文 334 982 篇，批评其中的一个现象，即存在大量低质量重复和循环性的研究成果，并指出要打破循环、追求高质量研究成果将是学界下一阶段共同努力的方向[①]。

文献综述工作非常重要。文献综述不止于让读者在短时间内增进对某个研究领域知识的了解，其主要目的也包括了对新研究的承上启下。但需要说明的是，本章所谈到的文献综述的目的主要针对的是质性研究。质性研究和定量研究中的文献综述其目的不尽相同。比如，定量研究文献综述有两个重要目的，一是为变量的概念化、操作化服务，二是为研究假设的提出提供理论基础。而质性研究中文献综述的主要目的包括以下三个方面：

（1）总结与自己研究主题相关的研究成果，掌握它们的核心观点和思想，分析研究文献中的不足和空白，寻找研究创新与突破点。这种做法不仅体现于质性研究中，定量研究也需要强调这一点。也就是说，做任何研究都需要了解前期研究的现

---

① 保继刚．在理论与实践间循环并爬升——一个旅游研究者的自我民族志［J］．旅游导刊，2021（5）：1–21.

状与不足。在对整理后的文献进行评述时，秦宇和郭为建议重点关注几个方面：第一，前人说过什么以及为什么这么说，其中包括前人研究的对象或问题是什么、前人如何阐述研究问题以及为什么阐述、前人观点有什么异同；第二，前人什么时候说过以及在哪里说过①。上文已提到，为了防止自己所做的研究陷入重复性的循环，需要对前人文献进行梳理。首先就需要充分利用文献数据库搜集到与研究主题相关的文献。当某个主题相关的研究成果数量比较多时，还需要研究者对此进行甄别与选择，起码要找出具有代表性的或重点文献、热点文献与前沿文献。当面临海量研究成果的时候，建议研究者学会使用文献计量软件如 CiteSpace 或 Histcite 等进行辅助分析，从而进行较具科学的筛选。通过对这些文献的研读，梳理出该主题的研究框架体系、脉络，甚至演进路径，把握每个细分主题的核心观点及存在的不足。举个例子，我们曾以 Web of Science（SSCI 索引）收录的高影响力外文源刊所刊载的论文为主要研究对象，采用文献计量与主观判断相结合的方法分析国际背包旅游研究的发展进程与研究热点。在经典文献的收集上，我们利用了 Histcite 分析软件，识别了被引频次排名前 30 的文献。同时还利用 CiteSpace 软件得到高被引频次和高中心度的关键词，利用这些关键词，结合研究者对文献的研读，归纳了国际背包旅游研究热点领域，包括背包旅游者的特征、背包旅游动机、背包旅游体验与自我发展、背包旅游者的旅游安全以及背包旅游发展对旅游目的地影响等，最后指出了研究值得推进的

① 秦宇，郭为.管理学文献综述类文章写作方法初探［J］.外国经济与管理，2011，33（7）：59–65.

方向[①]。这篇综述文章提醒了研究者在做文献综述时综合定量研究和定性研究。当前有不少文章完全利用文献计量软件撰写文献综述，但我们的经验指出，利用文献计量法能够起到较好的辅助性作用，但不能完全依赖它，研究者对文献的梳理和研读同样重要，甚至需要重点依靠。丁卫在评价文献计量学中的引文分析法时指出："从引文分析内容来看，大至整个自然科学，小至某一研究专题；所用的方法却给人套公式的感觉，几乎都进行一般的序列分析，通过引文的简单计数，罗列出引文按著者、年代、语种、文献类型的分布图表，泛泛而用，无不适合，而且几乎成为一种时尚……但是引文分析如果只停留于浅尝辄止的数量分析的层面上的话，那它可能很快就显出'江郎才尽'之势，其地位势必受到严重挑战。"[②]

（2）梳理前人研究思路和方法，为自己的研究设计提供启发和借鉴。好的文献综述不仅告诉读者前人说过什么、什么时候说、在哪里说过以及为什么这么说等问题，还要分析前人怎么说的问题。怎么说实质上是对前人的研究思路和方法进行叙述和评论。通过对前人研究思路和方法的介绍，能够让对同主题感兴趣的研究者在短时间内高效地掌握问题分析的思路与方法，并获得启发与借鉴。例如，余向洋等对旅游体验研究理论和方法都进行了梳理，旨在介绍国外学者对于旅游体验的研究方向和成果，以便拓宽国内旅游体验研究的视野[③]。笔者在研究旅游目的地居民地方感问题时，曾梳理过相关研究成果中使

① 余志远，周广鹏，游姣.国际背包旅游研究进展及热点分析［J］.旅游科学，2015，29（5）：78–94.

② 丁卫.引文分析的演变与展望［J］.情报科学，1992（1）：65–72.

③ 余向洋，朱国兴，邱慧.游客体验及其研究方法述评［J］.旅游学刊，2006（10）：91–96.

用的研究方法，不仅包括常见的量表测量技术，还包括志愿者雇用摄影技术、参与式制图以及现象学等较新颖的分析方法[①]。这些新技术、新方法的引介，可以为国内研究者提供参考。

通过对前人研究思路和方法的评述，同样也能找到前人研究的不足，进而为相关研究设计的改善与优化提供理论上的支持，也能为研究选题提供一个有效的策略。譬如，沈长智曾从中国传统文化入手，运用训诂学中“形训”的方法来研究旅和游的本义，探讨旅游的本源含义[②]。该论证过程体现了一种研究方法的某种创新尝试，但这种舍弃对旅游现象进行实证归纳的训诂学的方法恐怕只能作为理解旅游本质的一种启示，而难以作为科学依据，因为这种方法本身有着科学方法论上的缺陷。很显然，尽管汉字起源于象形文字，但字的形体经过甲、金、篆、隶、楷的流变以及繁简之别，明显呈现出由笔意改为笔势、再变为单纯的线条符号的趋势，图像感已微乎其微，形义关系已经逐渐隔断。在这种情况下，再依字形进行推敲，其中恐怕难免有牵强附会之嫌。所以，仅从字形角度理解“旅游”，只能给出训诂学意义上有关“旅游”一词的诠释，难以完整地概括旅游活动的本质事实。

（3）对相关文献做理论上的概括和总结，能够为研究提供框架上的支撑。通过文献综述，可以为研究搭建一个分析问题的框架模型，为新研究的开展提供一个指导性的蓝图。张黎将

---

① 余志远，赵星会，李森.旅游目的地居民地方感：理论、方法与研究热点[J].北华大学学报（社会科学版），2020，21（5）：73–84.

② 沈长智.旅游的本源涵义探析[J].天津商业大学学报，2009，29(6)：29–32，55.

文献综述比喻成一幅地图，它纳入了文献中的相关研究，通过这张图，综述的作者清楚地描绘出文献中每一项研究处在文献中的什么部位，和其他研究的关联性[①]。卫银栋等探讨了徒步旅游体验中情境体验与人际互动问题，他们的研究成果直接受益于吉内普（Gennep）的过渡仪式理论以及特纳（Turner）的反结构理论，但在这基础上有了纵深的发展和延伸[②]。而笔者曾经回顾过旅游者表演研究的相关文献，依托相关文献，在整篇文章中谋划了一个分析框架，包括舞台布景与道具、剧本、演员（旅游者、导游、旅游地居民等），其中的每个分支可以给研究者带来启发，总体上的框架实际上也可以作为一项研究的总框架[③]。

第二节　综述中的文献来源及其检索

在进行文献综述之前，一个比较常见的问题是如何找到有价值的文献。文献的来源是多方面的，但并非所有来源的文献都对做文献综述有很大的用处。

一、文献来源

本节主要介绍以下五种文献来源，并分析它们被纳入做文献综述的适用性。

（1）期刊文章。期刊文章为文献综述提供了很好的资源，

---

① 张黎.怎样写好文献综述——案例及评述［M］.北京：科学出版社，2008：6.

② 卫银栋，徐英，谢彦君.西藏徒步旅游中的情境体验与人际互动：一种通过仪式［J］.旅游学刊，2021（9）：28-45.

③ 余志远，刘玥.作为表演者的旅游者：旅游者表演研究的回顾与展望［J］.旅游学刊，2021，36（2）：130-140.

主要是几个方面的原因：第一，期刊文章相对简洁，不像书籍那样长篇大论，它们常常反映最新的信息，但也需要注意，面对期刊版面的受限以及越来越多的投稿量，文章的发表（尤其是高水平的文章）可能需要 1–2 年的时间。第二，好的期刊文章录用程序比较规范，它们经过了同行评议，其质量往往被认为比较可靠。但这里一定要强调好的期刊上的文章，因为现实中，有很多收录在知网上的文章质量并不好，文章中有不少错误。第三，期刊的品种多，数量大，包括的知识领域面广，它是传递科技情报、交流学术思想的最基本手段。因此，建议研究者做文献综述时重点收集期刊上的文章。

旅游及酒店领域有很多期刊。目前，国内公认的旅游专业领域的四大主流期刊包括《旅游学刊》《旅游科学》《旅游导刊》和《旅游论坛》。而国际上排名前三的旅游专业期刊是 *Annals of Tourism Research*、*Journal of Travel Research*、*Tourism Management*，排名前三的酒店专业期刊是 *Cornell Hospitality Quarterly*、*International journal of Hospitality Management* 和 *Journal of Hospitality & Tourism Journal*（排名不分先后），表 5–1 和表 5–2 提供了更详尽的旅游、酒店这两个领域的英语期刊[①]。

（2）图书。图书的范围比较广，有专著、丛书、字典、辞典、百科全书、手册、年鉴、教科书等。在内容上，图书一般比较系统；但从时间上看图书报道的知识比期刊文章晚，信息相对滞后，主要是因为作者写一本专著往往要消耗大量的时间，正常情况下一本专著常会包括十几万、几十万字，而一篇文章

① 洪琴.酒店及旅游业研究方法［M］.杭州：浙江大学出版社，2019：37–42.

通常约8000字。所以，书籍给研究者或学习者带来的并非是前沿性的信息，而更多的是理论知识。如果想对相对范围较广的问题获得一般的知识，或对自己未知的问题获得初步的了解，图书是比较理想的参考资料，但不太适合作为文献综述的文献来源。

（3）学位论文。学位论文是作者为获得某种学位而撰写的研究报告或科学论文。一般分为学士论文、硕士论文、博士论文三个级别。需要注意的是，学位论文质量可谓参差不齐，相对来说博士论文质量最高，博士生经历了长时间的学术积淀，他们的学位论文也经过了严格的把关和同行评议，是具有一定独创性的科学研究著作，可以看作文献综述收集和利用的重点。

表5–1 国际旅游专业期刊（排名不分先后）

期刊	期刊
ACTA Turistica	*Annals of Tourism Research*
Anatolia	*ASEAN Journal on Hospitality and Tourism*
Asia Pacific Journal of Tourism Research	*PASOS-Journal of Tourism and Cultural Heritage*
Current Issues in Tourism	*Problems of Tourism*
Event Management	*Scandinavian Journal of Hospitality and Tourism*
Information Technology & Tourism	*Teoros International*
International Journal of Tourism Research	*The Tourist Review*
International Travel Law Journal	*Tourism Analysis*

续表

期刊	期刊
Journal of China Tourism Research	*Tourism and Hospitality Research*
Journal of Convention & Event Tourism	*Tourism: An International Interdisciplinary Journal*
Journal of Ecotourism	*Tourism, Culture & Communication*
Journal of Heritage Tourism	*Tourism Economics*
Journal of Hospitality and Tourism	*Tourism Geographies*
Journal of Quality Assurance in Tourism & Hospitality	*Tourism in Marine Environment*
Journal of Sport Tourism	*Tourism Management*
Journal of Sustainable Tourism	*Tourism Recreation Research*
Journal of Teaching in Travel and Tourism	*Tourism Research Journal*
Journal of Tourism and Cultural Change	*Tourism Review International*
Journal of Travel Research	*Tourism Today*
Journal of Travel&Tourism Marketing	*Tourismus Journal*
Journal of Travel & Tourism Research	*Tourist Studies*
Journal of Vacation Marketing	

（4）会议文献。学术会议是学术交流的一条重要渠道。会议上宣读的论文，往往代表着一门学科或专业的最新研究成果，反映了国内外发展水平和趋势①。因此会议文献成为科技情报的重要来源，研究者在做文献综述时可适当留意，但也需要仔细甄别，毕竟没有经过严格的同行评议。

① 葛玉龙，何大镛.科技文献检索［M］.上海：上海交通大学出版社，1991：4.

表 5-2 国际酒店专业期刊（排名不分先后）

期刊	期刊
Asian Journal of Tourism and Hospitality Research	*Journal of Hospitality and Tourism Management*
British Food Journal	*Journal of Hospitality Financial Management*
The Consortium Journal: Journal of HBCU	*Journal of Hospitality & Leisure for the Elderly*
Cornell Hotel and Restaurant Administration Quarterly	*Journal of Hospitality, Leisure, Sport & Tourism*
FIU Hospitality Review	*Journal of Hospitality, Leisure, Sports & Tourism Education*
Foodservice Research International	*Journal of Hospitality Marketing & Management*
Gaming Research&Review Journal	*Journal of Hospitality & Tourism Education*
Information Technology in Hospitality	*Journal of Hospitality & Tourism Research*
International Journal of Contemporary Hospitality Management	*Journal of Nutrition for the Elderly*
International Journal of Hospitality and Tourism Adminstration	*Journal of Nutrition in Recipe & Menu Development*
International Journal of Hospitality Management	*Journal of Restaurant & Foodservice Marketing*
Journal of College&University Foodservice	*Journal of the American Dietetic Association*
Journal of Culinary Science &Technology	*Journal of the International Academy of Hospitality Research*
Journal of Food Products Marketing	*Journal of Wine Marketing*
Journal of Foodservice Business Research	*NACUFS Journal*

续表

期刊	期刊
Journal of Gambling Studies	*Praxis: The Journal of Applied Hospitality Manaement*
	School Foodservice Reskearch Review

（5）网络文献。网络上的信息常常是海量的，虽然其信息最新、增长最快，但任何人都可以在网上发表看法与言论，这些看法与言论并没有经过严格的同行评议，所以它们的质量可能不太可靠。另外，网络上公布的信息有很多是面向一般性的读者，并不适合用于文献综述。

二、文献检索

本书仅以“中国知网”数据库为例，介绍期刊文章的检索。更多针对其他文献的检索方法可参阅王立诚主编的《科技文献检索与利用》一书①。

“中国知网”（www.cnki.net）是中国学术期刊（光盘版）电子杂志社和同方知网（北京）技术有限公司共同主办的出版网站，是中国知识基础设施工程（CNKI）各类知识信息内容的数字出版平台和知识服务平台。“中国知网”除中国期刊全文数据库外，还有中国图书全文数据库、中国优秀博硕士学位论文全文数据库、中国重要报纸全文数据库、中国重要会议论文全文数据库、中国专利数据库、中外标准数据库等产品。中国期刊全文数据库以学术、技术、政策指导、高等科普及教育类期刊为主，内容覆盖自然科学、工程技术、农业、哲学、医

① 王利诚．科技文献检索与利用［M］．南京：东南大学出版社，2014.

学、人文社会科学等各个领域。

输入中国知网网址，打开首页即可进入初级检索方式界面，见图 5-1。初级检索的功能是在指定的范围内，按单一的检索项检索，这一功能不能实现多检索项的逻辑组配检索。从图中可以看出，初级检索可提供主题、篇关摘、关键词、篇名、全文、作者、第一作者、通讯作者、作者单位、基金、摘要、小标题、参考文献、分类号、文献来源以及 DOI 等检索方式，研究者可以结合自己的需要选择其中的一种进行检索。我们经常使用的检索方式是利用主题词和关键词。以主题词检索到的文章范围通常较宽，但是如果研究者希望综述是综合性的，那么搜索范围的宽度就很重要；使用关键词检索到的文章范围通常较窄。从图中还可以看出，研究者可以选择子数据库进行查询。比如，只想查阅学术期刊文章，那么只需要将学术期刊处勾选，而将学位论文、会议、报纸、年鉴等子数据库前的对勾去掉。

图 5-1　初级检索界面

中国知网还提供高级检索方式，用户点击中国知网首页右上角“高级检索”即可进入，如图 5-2 所示。高级检索可提供组合检索，满足多种组合检索的要求。这些不同的组合可以放宽或缩小检索到的文献。

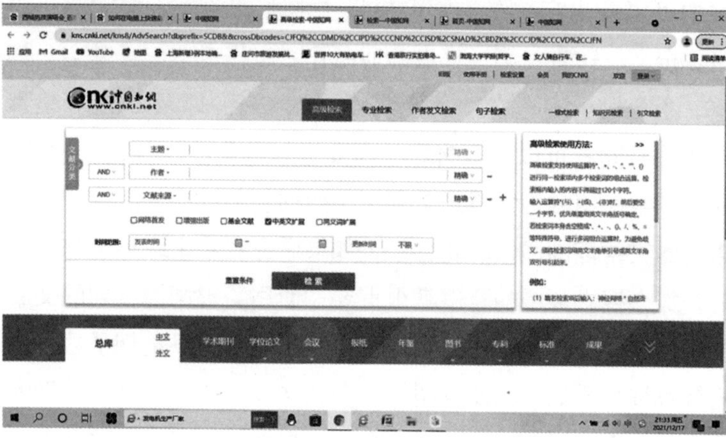

图 5-2　高级检索界面

研究者检索到文献后，可以点击具体的文献下载全文。如果用户想要浏览下载的文章，需要预先下载安装 CNKI 提供的专用全文浏览器软件 CAJ 或者 PDF 浏览器。这两个软件在中国知网首页下端的“CNKI 常用软件下载”里都能找到。

第三节　文献综述写作步骤与写作误区

一、文献综述写作步骤

文献综述的撰写遵循“确定选题→搜集文献→整理与阅读文献→撰写综述”这一步骤。

（1）确定选题。确定选题是撰写综述类学术论文的关键环节。这里需要注意的是文献综述的类型。从目的的角度，笔者认为可以将文献综述划分为背景类综述和总领类综述。前者指的是文献综述是作为一项研究的背景而存在，旨在介绍该研究中的重要概念或理论，梳理与该研究主题相关文献的进展，并为了揭示研究创新点而存在；后者指的是自成一体，具有总结引领之意，对某一行业/专业/领域等有关研究的回顾与评述，旨在增进读者对所评论对象相关知识的认识，并指出未来研究值得努力的方向。从这个角度看，背景类综述的选题带有被迫性，依其所依托的研究总选题而定，而总领类综述的选题可以关注近年来发展较快、进展较大、切合实际需要的课题，反映学科的新成果、新动向，并且大小适中。

（2）搜集文献。搜集文献是为了搜集要综述的素材。在确定研究方向后，根据所提出的相关研究问题，广泛地搜集文献。目前常用的方法是直接进入各种期刊数据库（如中国知网、万方数据库、Web of Science 等），通过“主题”“关键词”等检索方式进行搜索。但这个过程并不是一蹴而就的，需要一定的耐心，四处搜索，反复寻找。也有可能碰到另外一种情形，即研究者针对某个主题收集到的文献可能是成百上千篇，这就需要进行甄选，比如关注好的期刊上发表的文章以及一些高被引的文章，可以借助上文所提到的 CiteSpace 软件和 HistCite 软件做初步的筛选，但这个建议也不是绝对的，有些高质量的论文也不一定完全发表在核心期刊上。另外，一些热点性的、前沿性的文章在当前的引用率未必就高。所以，研究者还要适当照顾到这类文献，甚至对前沿要给予更多的关照。对此，黄忠廉等建议综述选文需遵守三个原则，即最权威、最经典和最新颖。第一，最权威，多指当下最知名的学者及其学术论文，检索在某个专题领域有建树的学者，找其近期文献加以研读；第二，最经典，多指史上历经检验而公认的权威著述，经典著述多是本领域的奠基之作，仍有重要作用，读懂、读透即可直通前沿；第三，最新颖，多指约 5 年内面世的期刊论文和著作[①]。

（3）整理与阅读文献。研究者应对收集到的文献进行分类整理，可借助文献管理软件（如 Endnote 等）提高研究者的工作效率。文献阅读时，遵循重点文献精读、非重点文献泛读的原则。重点文献应该精读，建议通读全文，认真研读研究的理论框架、研究背景、主要观点及研究思路和方法等，而非重点文献则更多地关注它们的摘要、引言和研究结论，借此快速地掌握文献的创新点和重要发现；另外，好记性不如烂笔头，阅读过程中做好读书笔记，一是记录文献的观点、方法等，二是写下自己的感受和思考[②]，具体来说，在阅读每一篇文献时，需要考虑哪些是该文献所没有回答的问题、研究可能存在哪些问题、所提出的对未来的建议是什么等[③]。

（4）撰写文献综述。按照写作思路和纲要要求，根据论文题目或主题的划分，归纳选题资料，分门别类地列入“文献树”，经过对资料的深度阅读、分析和思考，撰写文献综述的

① 黄忠廉等.十大文献综述：妙理与实例［M］.北京：科学出版社，2021：16.

② 秦宇，郭为.管理学文献综述类文章写作方法初探［J］.外国经济与管理，2011，33（7）：59-65.

③ 张黎.怎样写好文献综述——案例及评述［M］.北京：科学出版社，2008：10.

撰写提纲[①]。在综述写作提纲的指导下，文献综述写作才可以正式展开，并根据需要调整结构、补充内容，提升综述写作品质和档次。

二、文献综述写作误区

写好文献综述实际上并没有捷径可走，需要综述者在写作过程中持续地练习。笔者甚至认为，能把文献综述写好的研究者才是高手中的高手。本书在总结他人观点的基础上，结合自己的经验，归纳总结以下新手研究者在撰写文献综述时可能会犯的错误，这也是文献综述写作时应尽量避免的误区。

（1）简单罗列，随意堆砌。新手研究者有时为了呈现某个主题在不同研究中的观点或看法，就把不同研究者的主要观点或结论摘录在一起，经常采用的写作手法是“甲说了什么，乙说了什么，丙说了什么……”，即摘录合并过程中并没有对它们进行有机整合。这种作法固然简单省事，却犯了“简单罗列，随意堆砌”的毛病，难以让读者清晰地看到不同文献观点上的差别以及研究者所采取的分析视角。笔者在做女性自行车旅游体验研究时，特别梳理了自行车旅游体验相关研究成果，并做了以下归纳，或许可以作为一个写作的范例。

> “目前，针对自行车旅游体验研究可根据研究视角和主题分为五类。第一类研究聚焦于体验本身，讨论体验的特殊性（Sheller & Urry，2003；Jungnickel & Aldred，2014）、体验的内容结构（Coghlan，2012；胡

① 张文杰，侯云翔.研究生学位论文文献综述存在的问题及指导研究［J］.继续教育研究，2014（8）：47-50.

传东等，2015；张朝枝等，2017）或具体某类体验（王学基等，2019；Hagen & Boyes，2016），借此了解自行车旅游者内心世界。第二类研究通过对体验前因变量的分析以揭示影响自行车旅游者体验质量因素，包括吸引力因素（Lee 等，2014）和障碍因素（Lee，2014；Cauwenberg 等，2018）等。第三类研究关注自行车旅游体验对个体的影响，如发展自我意识（Lachance-Grzela & Bouchard，2010），获得身份认同、群体归属感（Shipway 等，2016）与主观幸福感（Xu 等，2019；Hoed，2020）等。第四类研究主要从定量研究的视角检验旅游体验与其他变量（如感知收益、满意度）之间的关系（Liu 等，2018；Chen & Huang，2021）。第五类研究则从性别的视角探讨女性自行车旅游者的形象（Fullagar 等，2012）及意义（Littled，2002）等话题。”①

文献综述不仅仅要阐释不同研究的结果和观点，还必须清楚地阐述这些研究结果和观点之间的联系，以及它们与自己正在进行研究之间的联系。通过文献回顾，作者可以对文献中不一致甚至是矛盾的结果和观点有个清晰的了解，或者找出文献的空白，从而给自己开展这项研究提供理由和支持②。

（2）漫无目标，有形无神。文献综述应该围绕问题而述，

① 余志远，谷平平.女性自行车旅游者的自我意识觉醒与主体建构［J］.旅游学刊，2022，37（6）：106-120.

② 张黎.怎样写好文献综述——案例及评述［M］.北京：科学出版社，2008：12.

因此特别强调研究主题的聚焦，尽管某一篇文献综述里可能会涉及到对几个研究主题的关注，但每个主题的述评应该目标清晰，不能无的放矢，眉毛胡子一把抓。最重要的是，切忌流水账般的文献摘录，而要找到文献间的逻辑。有的时候，文献之间本来是没有逻辑的，但通过研究者的串联而建立起了它们之间的逻辑，这同样值得鼓励。

（3）蜻蜓点水，语焉不详。好的文献综述应该让读者增进对某一学科 / 专业 / 领域 / 专题等知识的了解，不能无任何内容的叙述。有不少的作者在写文献综述时只是在文中提到了诸多研究者的名字。比如有研究者写道："关于上海旅游节，学者们对其特点、内容、面临的问题、发展历程、成功经验及发展对策都有较为详细的论述，如赵睿（2001）、郭伟（2001）、冯学钢、王慧敏（2002）和吴国清（2002）。"[①] 读者在这样的表述中基本上读不到任何有价值的信息，如这些研究者研究各种旅游节庆活动都是怎样开展的，都得到了哪些有益的结论，我们又从这些研究中得到哪些启示，它们都还存在哪些方面的问题……这些都是综述过程中语焉不详的表现，是需要我们规避的误区之一。

（4）述而不评，缺乏己见。与上个误区相对立而表现出的另外一个极端则是，综述作者长篇地叙述他人的结果与发现，却缺少对它们的评论，没有自己的观点和看法。文献综述又称为文献述评，它不仅强调对前人文献研究结果和观点的回顾，同时还着重强调对前人研究的评价。评价至关重要。任何一项研究，并非十全十美，或多或少地都会存在观点上的疏漏、研

① 张黎.怎样写好文献综述—案例及评述［M］.北京：科学出版社，2008：18.

究设计上的不足，或者是研究适用情境的局限性等。通过评价，可以指出他人研究的不足，意味着发现空白，反衬自己选题的重要与必要。这种评价应该有理有据，而且要着一定的笔墨，不能简单地回顾他人的研究结果与观点，最后就用一两句话匆匆带过，譬如使用“以往研究缺少对 ×× 的研究，因此这方面的研究值得关注”这类的表述。秦宇和郭为曾给出具有一定操作价值的建议，即综述性文章中“述”与“评”的比例以 7：3 为宜[①]。

（5）贬低前人，避重就轻。撰写文献综述的一个主要目的是尊重前人，敬重历史，为自己的研究奠定基础，否则会盲目自大。尽管前人的研究成果或许会存在一些不足之处，但应该肯定有些研究成果在特定年代所发挥的作用和价值。有些研究者为了凸显自己的研究贡献与价值，并没有完全客观、公允地评述前人的研究结果与发现，或许还会存在故意贬低的嫌疑。这就要求研究者在评述他人观点和发现时，应该条理清楚、有理有据。还需要注意一点，我们在指出他人研究不足或找到研究的空白时，语言表述上尽量谦虚，不能动不动就说“本研究填补了 ×× 领域的空白”等，这点在课题申报书的撰写中尤其需要注意。另外一方面，尽管文献综述过程中文献选择其本身就带有研究者的主观性，但还是建议不要遗漏重要文献或重点文献。部分研究者在综述过程中有意选择非重点的文献以及质量不高的文献进行评价，而故意隐匿与研究主题关联度比较大的重要文献，借此突出自己的研究贡献，这种行为同样不可取。

---

① 秦宇，郭为. 管理学文献综述类文章写作方法初探［J］. 外国经济与管理，2011，33（7）：59–65.

（6）间接引用，未查原文。综述的文献必须是一手文献，作者应搜集并阅读原文，最好不要将没有读过的文献引用到自己的综述中。现在很多综述文章的一个通病就是作者并没有真正看过所引用的原文，而把他人的述评直接作为自己的观点。这样做不仅反映作者治学的不严谨，其对文献综述所带来的影响也至少有二：第一，他人的转述很有可能会存在笔误或理解上的错误，以至于以讹传讹[①]；第二，他人的转引包含研究者主观选择成分，总归是结论或观点的局部呈现，而亲自查阅原文能收获更多，或者能发现到转引文献中没有揭示的问题。笔者对此深有体会。我们曾经在研究饭店企业组织伦理氛围对组织承诺的影响问题时，需要使用美国华盛顿州立大学库伦（Cullen）教授发明的组织伦理氛围测量量表。但笔者通过文献梳理发现，这个英文量表的中文翻译版本有部分测量语句存在根本上的差异。为了解决这个问题，笔者与一位英语老师合作，将我们翻译版本中有争议的测量语句换成相似的英文表述，而将其他学者的版本翻译成相应的英文，一并发给库伦教授。最后，库伦教授回邮件跟我们解释他的英文语句中有俚语，而我们的翻译是正确的。从这个故事中可以看出，引用他人文献时最好核实原文。

① 秦宇，郭为.管理学文献综述类文章写作方法初探［J］.外国经济与管理，2011，33（7）：59–65.

第六章　观察法

观察法是社会调查研究中比较广泛运用的一种方法。英国社会学家莫舍（Mocer）说："观察可以认为是科学研究的第一等方法。"[①] 这种方法被认为是资料收集的重要方法之一。本章主要介绍观察法的含义与特点、类型、步骤等内容。

第一节　观察法的含义、特点与优缺点

日常生活中，我们随处用到观察。在某个假日的清晨出门旅行时，我们往往会抬头看看天空是否晴朗；站在路边打车时，看看行驶的汽车中有没有空置座位的出租车；餐厅就餐时，我们会扫一眼哪里还有空位。这些都是观察。在社会科学研究中，研究者常常采用这种方法来收集资料。但科学研究中的观察不同于日常生活中的观察。

观察法是通过观察者运用自己的感觉器官或借助科学仪器，按照一定的科学程序和规则，获得由研究目的所确定的、自然状态下正在发生的社会现象和社会行为的一种资料收集方

---

① 帅学明. 谈谈社会调查方法中的观察法［J］. 贵州大学学报（社会科学版），1988（1）：87–91.

式[①②]。从这个定义中可以看出，社会科学研究中的观察法具有如下特点：

其一，它是一种既需要运用人的感觉器官，又常常还需要借助于各种观察仪器进行的观察活动。观察并不是指仅仅用视觉来获取信息，还包括运用听觉、触觉和直觉等其他感觉，也包括运用照相机、摄像机、望远镜、眼动仪、录音机等辅助设备。

其二，科学观察要有明确的目的，即观察是为了了解事物发展的状况和规律。因此要集中精力，不同于生活中随意的一瞥。

其三，科学观察具有一定的流程，即观察前确定观察计划、观察中要做好记录、观察后要进行反思。

其四，社会观察绝大多数是在自然环境下进行的。因此，它与主要依靠人为环境的实验方法和依靠言语回答的访谈法相比，基本上可以克服大部分人为干扰而产生的偏差。不过，观察者的出现，也可能会带来干扰。

虽然观察法是重要的科学研究方法，但是并非唯一的方法，社会科学研究中的访谈法、实验法等也都是常用的方法。我们把观察法与这些方法进行比较，借此了解观察法的优点和缺点[③]。

（1）观察法可以实时实地观察到现象或行为的发生，如果借助仪器甚至可以将整个现象或行为全过程地录制下来。观察

---

① 高燕，王毅杰. 社会研究方法［M］. 北京：中国物价出版社，2002.

② 李达顺，陈有进，孙宏安. 社会科学方法研究［M］. 北京：中国国际广播出版社，1991：42.

③ 杨国枢等. 社会及行为科学研究法（上册）［M］. 重庆：重庆大学出版社，2006：108–110.

的时候，研究者除了记录现象或行为的发生之外，还常常会记录当时的场景与情境，这就能够周全地把握现象或行为的发生背景。如果仅依靠访谈法的话，被研究者或许能够回忆起当时的场景，但人的记忆可能是不完整的，往往会忽略，甚至有意避开一些细节。

（2）观察法具有一定的印证性。我们常常会发现，一些人的言行往往不一致。如果我们访谈酒店企业的员工，他们会告诉我们他们忠诚于公司，严格遵守企业的规章制度，把公司当成家。但是我们如果观察他们，很有可能会看到他们的偷懒行为，比如媒体就曾报道客房服务员用脏抹布或客人用过的浴巾擦口杯，然后用浴巾擦马桶。

（3）观察法可以获得不能直接报道或不便直接报道的资料。比如，年幼的儿童不能清楚或准确地表达他们旅游体验时的心理感受，因此很难通过访谈获得有用的资料，而观察这些儿童在体验时的行为状态，或许能够有所收获。

（4）访谈法所使用的调查问卷或者访谈提纲常常是前期人为设计的，存在提问片面的可能，而观察法可以对整个对象进行深入研究，发现前期没有设计好的新问题。

（5）假如在特殊的设计下（如单面镜），或特别情境下，观察者不为被观察对象所注意，因此在最自然的情况下不受打扰地行动，由此观察所得到的资料是任何其他资料搜集方法都不能得到的。比如，霍桑实验之所以失败，一个主要原因是由观察者效应带来的，即参加实验的工人由于知道了研究者的身份，并由于自己参加了实验，受到了研究者的重视而感到自豪，因此，他们的工作效率及努力度就超出了以往的水平。

但需要注意的是，仅用观察法来调查人的行为和心理，其效果也是有限的。这是因为人意识的能动调节作用，能以假象掩盖真正的情感体验和目的，尤其那些老于世故或意志坚强者，具有处变不惊、临危不惧的本领，在兵临城下时还能谈笑自如，更莫说靠一点观察就能窥察其内心世界了，因此往往还需要借助其他心理测量的方法[①]。另外，有些事件和行为是可遇不可求的，因而只好采用事后访问的方法得到资料。

第二节　观察法的类型

根据观察场所、观察者角色、观察程序、观察对象的不同，我们可以对观察法进行分类。我们重点对以下几种主要的观察方法进行介绍。

一、实验室观察与实地观察

该类型是按照观察场所的角度进行的划分。

（1）实验室观察。实验室观察通常是在有各种观察设施的实验室或者经过一定程度控制的活动室、会议室等场所，对研究对象进行观察，它多在心理学研究中使用。在这种实验室中，一般借一种单面镜来进行观察。镜子里的人看到的是一块不透明的黑板，而镜子外的人看到的则是一块很普通的透明的玻璃，里面看不到外面，而外面能看到里面。同时，实验室的各个不同方向装有隐蔽的摄像镜头，可以根据需要摄下室内的活动内容。目前，国内不少旅游实验室通过运用眼动仪、脑动仪设备记录被试眼睛的注视与扫视等指标，从而推测分析他们

① 邱章乐 . 心理测量法［M］. 福州：福建科学技术出版社，1988.

的心理和行为。譬如，让被试戴上眼动仪，观看旅游景观照片，利用眼动仪设备记录的数据，绘成热点图并推断旅游者的景观偏好。随着技术的发展，虚拟技术很有可能会被广泛应用于仿真实验室建设（目前这种实验室更多被用来教学），以此营造逼真的旅游场，或者该实验室本身就可能是一个 VR 旅游场。旅游者可以在这种场景下开展虚拟旅游，旅游研究者借此进行观察，开展相应的研究工作。

（2）实地观察。实地观察是指在现实社会生活场景中所进行的观察。如在科技还不发达的年代，研究者在某个景区的入口处观察进入车辆的车牌号，以此分析目标客源市场情况，或者在某家餐厅门口观察入店消费的人群，了解晚上与白天、男性与女性、年轻人与中老年人等信息。与实验室观察相比，除了地点或场景不同外，还体现在它通常不需借助对观察场所和观察对象进行控制，而是直接深入到现实生活场景中，这样更加自然，更具真实性。实地观察可以真实地感受到现场的气氛。如果研究者不亲自去趟迪士尼乐园，无论旁人向其描述迪士尼乐园如何火爆，娱乐项目多么刺激，他都很难有身临其境的感觉。

二、参与式观察与非参与式观察

根据观察者的角色，观察法可以分为参与式观察和非参与式观察两种类型。

（1）参与式观察。参与式观察是人类学家最常用的田野工作方法。这种方法始于英国人类学家马林诺夫斯基（Malinowski）。在他发明这种方法之前，人类学家被称之为“摇椅上的人类学家”。自从他之后，人类学家就选择与被观察的对象生活一段时间，全面参与他们的生活，几乎完全成为他们中的一员。马林诺夫斯基在其著作《西太平洋的航海者》（*The Argonauts of the Western Pacific*）中描写他的观察经历：

“当我在初步兰群岛的Omarakara安定下来不久，我就开始用各种方法参加到村落的生活中，等待着村中重要事件或仪式，有兴趣于各种闲谈以及村中的各项事情的发展……当我每天清晨在村中散步时，我可以很靠近而详细地看到他们的家庭生活，包括清洁、排泄、烹煮食物以及进餐；我也可以看到他们安排一天的工作，人们开始他们的差事，或是一群男人或一群女人忙于进行制造什么的。争吵、开玩笑、家庭小事等等，有时是琐碎的，有时是戏剧化的，但都形成我以及土著的日常生活重要的气氛。要知道土著们每天都看到我，所以他们不再对我有兴趣，也不对我惊惶，也不会因我的出现而在意。我已不再成为打扰他们部落生活的因素，就像一般外来的人对土著社区常会引起的反应一样。事实上，他们很清楚，那些即使是自爱的土著也不会想去的地方，我都会去插一脚；他们已把我当做他们生活的一部分……由于这些，以及愉快地和他们作伴、分享他们的游戏与欢乐，我开始觉得我是真正地与这些土著们相通了，这种情况才是完成一个成功的田野工作的初步境界。”①

① 杨国枢等.社会及行为科学研究法（上册）[M].重庆：重庆大学出版社，2006：114–115.

有些现象或行为要想得到深入的理解和解释，就不得不使用参与式观察法。比如，某些神秘、不为人知的宗教仪式，背包客在聚集社区里的言行等。参与式观察通常可分为半参与式观察和完全参与式观察。在半参与式观察中，观察者并不一定参与观察对象的所有活动，他可以保持自己一定的生活习惯，但尽量融入被观察对象的生活，以使自己成为被他们接纳的人。这种半参与式观察由于观察者生活在所研究的对象、社区之中，对许多社会现象能获得生动具体的感性认识，同时能公开询问他所想了解的任何问题，所以可收集到其他方法难以得到的资料。但是由于观察对象感觉到和知道自己被观察，就可能改变他们的行为方式，从而所收集的资料的可靠性和有效性就值得怀疑。完全参与式观察是观察者完全投入到被观察对象的活动中，并分享他们的喜怒哀乐。完全参与式观察由于是在完全不打扰观察对象生活规律的情况下进行的，获得的资料十分逼真可靠。由于观察者不仅是局外观察人，也是局内各种活动的参与者、体验者，所以能深入了解和体验到包括半参与式观察在内的其他方法所难以得到的资料，不仅能揭示出社会现象的特征，更能揭示出这些现象背后人们的思想感情。但完全参与式观察要避免两种倾向：一是完全投入到被观察对象的活动中，而忘记了自己作为研究者的身份；二是太过于投入情感，而容易发生同情者偏见。

参与式观察暗含着一种危险，当观察者长期与观察对象在一起活动，并强迫自己习惯了对方的习俗、思维模式后，可能会丧失观察的敏感性。另外，参与式观察存在的缺陷还有：研究者是否拥有为了社会研究目的而欺骗或操纵他人的权利；观察者身份隐藏失败后的可能发生的后果，尤其是参与到一些不为法律和规范所赞同的群体可能遇到的种种危险。

（2）非参与式观察。非参与式观察是指观察者置身于被观察活动或团体之外，以局外人的身份对研究对象的活动和表现进行观察。非参与式观察在一定程度上具有“跳出场域”的特点，即保持“观察距离”和“心理距离”，使得观察者在研究过程中保持中立，既“不站队”也“不挑边”，淡化先入的感情色彩和后入的心理认同，这种采取客观平和的视角往往会获得中立平衡的观点或结论；但其缺点也很明显，如不易深入了解被研究者的思想和行为，也不易获取一些相对隐蔽、私密的研究资料[①]。

三、结构式观察与非结构式观察

根据观察程序的不同，观察法可以分为结构式观察和非结构式观察。受范伟达和范冰[②]思想的启发，我们作出以下解释。

（1）结构式观察。结构式观察是事先对要观察的内容进行分类并加以标准化，规定要观察的内容和记录方法。也就是说，该类观察严格按照提纲与计划来执行。这样做的优点在于事先有个计划，要观察什么，做怎样的观察能提前做到心里有数，而不会在现场出现茫然失措的情形。缺点则是少了变通，尤其是可能会遇到现场感受跟前期预想不一致的情形。

（2）非结构式观察。非结构式观察没有事先规定要观察的内容，并不要求专注于某些特定的行为与现象，而是对该场景

① 蔡宁伟，于慧萍，张丽华. 参与式观察与非参与式观察在案例研究中的应用［J］. 管理学刊，2015，28（4）：66-69.

② 范伟达，范冰. 社会调查研究方法［M］. 上海：复旦大学出版社，2010：243.

下的所有行为和现象都进行观察，所获资料也多是从定性角度描述所观察的对象。非结构式观察通常在观察前也查阅文献，有一定的理论目的和观点、观察角度，但是，它与结构式观察的另一不同点是：它没有很明确的研究假设和观察内容，观察内容和观察角度也多在观察过程中随环境和条件变化而做一定的调整。

四、直接观察与间接观察

根据观察对象的不同，可将观察法分为直接观察和间接观察。下面，借用周璐[①]书中的观点，做以下解释。

（1）直接观察。直接观察是对那些正在发生的社会行为和社会现象进行观察。直接观察有利于获得第一手的鲜活资料，而且基于事实的判断下结论，并不像间接的观察那样还有赖于推断。

（2）间接观察。间接观察的对象通常不是正在活动的人们，不是人们当时的行为和表现，不是正在发生的事件和行动，而是对人们行动以后、事件发生以后所遗留下的痕迹这一中介物进行观察。间接观察包括两种类型：痕迹观察和行为标志观察。痕迹观察就是对人们活动后所遗留下的迹象进行观察，它有两种形式：一是磨损测量，它观察人们在活动时有选择地使用某物造成的磨损程度，如观察展览会的不同展板前的地板磨损或者灰尘积累程度，了解哪一展板更受关注和欢迎。另一种是累积测量，它观察人们遗留下的物质，如观察墙壁上的涂鸦，分析涂鸦者的思想状况。行为标志观察是通过一些表

① 周璐．社会研究方法实用教程［M］．上海：上海交通大学出版社，2009：219.

面的或无意识的现象推测人们行为方式和价值观。国外研究人员曾设计一项“丢失邮件或物品”的观察，在不同城市、不同时间将一些标有地址的信件或物品丢失在街上，统计它们被送回的比率，不同比率反映不同城市居民的助人程度和社会道德观的差异。

第三节　观察法的步骤

观察法的实施步骤一般包括：制定观察提纲，安排观察程序，选择观察场所，控制观察环境，做好观察记录等[①]。

一、制定观察提纲

研究者运用观察法收集资料时，需要根据研究目的要求制定观察提纲。观察提纲包括观察日期和时间、观察地点和环境、观察对象等信息。以下是观察提纲中常常涉及到的要素和内容[②]。

情境：观察事件或活动时，首先应注意现象、事件或活动发生的情境、场景与背景以及现场摆放的东西、物品与位置。它们对于事件或活动有很大的约束力，有很多事件或活动的发生离不开情境的作用，甚至只能结合特定的情境才能理解该事件或活动的意义，因此要观察事件与行动，应先对情境作详细的观察。

人物：现场里的人。需要观察与记录现场有多少人或者主

① 郑国全.旅游调查研究方法［M］.天津：南开大学出版社，2009：139–140.

② 李麦浪.“参与式观察”在幼儿教育中的实际应用（二）——“参与式观察”的要求与方法的介绍［J］.教育导刊，2002（7）：27–29.

要的人物，他们的年龄、身份、在其中扮演的角色、相互间的关系等。

活动：人们的行动。现场中每个人参与什么事，各自做出怎样具体的行为，他们做出这些行为的目的、动机和态度如何。

事件：现场发生的事情。事件发生的时间、地点、原因和经过等。

结果：现场人们的行动发生了什么变化？产生了什么结果？

在观察之前，结合观察场所的具体情况思考这些问题后，尽量把它们列出来，再与观察的目的对照，选出有意义的和有用的问题作为本次观察的提纲和要点，使我们的观察活动有一个较为明确的方向。

二、安排观察程序

谢彦君针对进入实地进行观察的主张是，先概观，再聚焦[①]。研究者进入一个陌生的环境，要先对该环境有一个整体上的观察和认识，对环境里的人和物有个初步的了解；接下来，围绕自己的研究问题进行重点观察，以获得更为详细的资料。其中可把握主次观察和方位观察的方法，即先对主要对象、主要部分和主要现象进行观察，然后再观察其他；在方位上由近到远或由远到近、从内到外或从外到内、从上到下或从下到上等等。

① 谢彦君.旅游研究方法［M］.北京：中国旅游出版社，2018：145.

三、选择观察场所

研究者在不同的时间和场所观察同一调查对象往往会得到不同的结果。有时，要完成某项旅游研究，只有在特殊的场合和特定的时间进行观察，才能搜集到所需要的资料。如，研究者要想观察背包旅游者的言行，可以选择西藏作为观察他们的地方。因为很多背包客一生中都有一个梦想，即去一趟西藏，他们把西藏视为朝圣的天堂。

四、控制观察环境

研究者在观察的过程中，其做出的观察活动本身往往会对被观察者及其活动产生一定的影响，被观察者及其活动很可能会因此而发生改变，从而降低观察结果的客观真实性。譬如，研究者在某些特定情境下掏出笔记本进行记录，这种行为可能会引起被观察者的不理解，甚至反感。在有些观察环境中，即使观察者什么都不做，但他的出现都很有可能改变环境场，让场中人的行为发生变化。例如，当场中的人物都是儿童时，成年人的加入就让这个环境场发生变化。心理学中观察儿童的行为往往使用单面镜，可能道理也在于此。总的来说，在观察过程中，研究者应该视现场情况而定，并注意对观察环境进行恰当的控制，努力减少和降低研究者及其活动对被观察者及其活动的影响。

五、做好观察记录

观察记录是观察结果的文字体现，是分析研究旅游现象的存在状况与发展趋势的依据，要准确、及时、客观、详细地在观察笔记上记录下观察发现与结果。

首先，科学研究的最基本条件是准确，即使是探索性的观察也需要相当的准确性。要使观察及其记录达到相当的准确性，除去观察者保持其敏锐的注意力、快速地记录及高度记忆还有维持相当的客观性外，也可以用其他方法来查证其准确程度。例如采用录音机，甚至摄像机，用来录音录像。此外，常用的办法是同时由两个观察者共同观察并记录，或由一个助手协助主要观察者做记录，然后把两份记录相互对照，取长补短地使记录更为完整而准确。

其次，观察笔记的撰写要及时。记录观察的现象或行为，自然是当时当地最为准确，如果拖延一段时间去记录的话很有可能发生记忆的错误。因为，随着时间的推移，感受和记忆就变得模糊起来；另外，很多当时感觉很鲜活、有趣的事物，隔了一段时间回忆起来，会觉得索然无味。不过，现实中常常会遇到一些特殊情况并不允许或不适合当时当场记录。例如一连串事件急剧发生或许多细微事件同时发生，要一面观察一面记录就不易做到；有时当场的记录会引起被观察者的猜疑，甚至引起不良后果。如果遇到这类情况，研究者可以选择当天晚上写观察笔记。不过，也有经验表明，尽管当场做观察笔记在开始的时候显得有点古怪，一段时间之后被研究者就会接受研究者需要做观察笔记这一事实，甚至还带着些许期待。罗伯特·埃默森等的著作中记录了以下这段文字。

> “后来，我待在简（Jean）的办公室里，这时罗蒙（Roman）进来了。他以情节剧般的语调冲着我说：‘快把这个也记下来。’简做了些动作让我写，于是我掏出便笺

簿开始记。'我唯一的遗憾就是我只有八个小时来献身于帮助'……他开始以傻傻的而又厚重的布鲁克林口音唱'不可能的梦'……'跟我一起唱'，他说……"[①]

最后，观察记录工作要尽量客观与详细，辅以适当的主观感受和概括。在陈向明的书中，提到了叙兹曼（Schatzman）等将观察笔记分为4个部分：1）实地笔记：用来记录观察者的所见所闻，主要基于事实的客观记录，不要把观察者的情感加入进去；2）个人笔记：用来记录观察者个人在观察时的感受和想法；3）方法笔记：记录观察者在观察时运用的方法；4）理论笔记：用于记录观察者对观察资料的初步理论分析[②]。按照这种要求，陈向明撰写了一份实地观察笔记，如表6–1所示。

如果观察者觉得这种笔记的记录方法比较繁琐，可以采取相对简单一点的作法：首先在记录纸的第一页上方写上观察者的姓名、观察内容的标题、地点、时间、页码；然后将下方的页面大致划分为两块区域，左半边区域是事实笔记，专门用来记录观察到的事实，右半边区域是研究者个人的思考，包括个人感受、方法反思及理论思考等内容。研究者通常可以从观察者评语提供的丰富资料当中，引出分析观点，也可以提供线索，以便更为聚焦地收集资料。观察者评语也可以提供重要的问题，作为后续访谈的参考题材。

---

① 埃默森等.如何做田野笔记［M］.符裕，何珉，译.上海译文出版社，2012：33.

② 陈向明.质的研究方法与社会科学研究［M］.北京：科学教育出版社，2002：247–248.

表 6-1 实地观察记录表

实地笔记	个人笔记	方法笔记	理论笔记
12：00—食堂里大约有 300 人，10 个窗口前队伍大约有 4 米长	我感觉很拥挤	这个数字是我的估计，不一定准确	中午 12 点似乎是学生就餐的高峰期
12：05—在卖馅饼的窗口排了一个足有 2 米长的队，而且排队的大部分是男生（约 1/3）	是不是今天的馅饼特别好吃？是不是男生特别喜欢吃馅饼	我站在离卖馅饼的窗口有 5 米远的地方，看不清楚馅饼的质量，不知道这些人买馅饼是否是因为馅饼好吃	也许买某一种食物的人数与该食物的质量有正相关关系
12：10—食堂里有 5 对成双的男女坐在一起吃饭，两个人靠得很近，都是男生坐在女生左边	也许他们是恋人	我只是根据他们坐在一起的亲密样子判断他们是恋人，这个猜想需要进一步检验	也许在食堂里就餐时，男生习惯坐在女生的左手边
12：20——一位女生将一勺菜送到旁边男生的嘴边，望着对方的眼睛说："想不想吃这个菜？"	为什么这些"恋人们"在公共食堂里如此"恣意"？	我现在与他们坐在同一张桌子上，可以听到他们的对话	似乎女生喜欢主动"照顾"男生。这一点与我平时的印象不一样，需要进一步观察和检验

第四节 观察实施中的技巧

观察者在现场实地观察过程中，除了掌握以上所提到的技能之外，通常还需要掌握一定的技巧，这些技巧能够帮助研究者更轻松、更方便地观察到所需要的研究资料。

一、重视给人的第一印象

观察者进入实地与被观察世界中的人打交道，一个中心目标是希望得到他们的信任与接纳，否则，就不太容易获得观察的机会。这倒不一定要求观察者非得赢取被观察世界中的人的喜爱，但最起码的一点是最好不要引起他们的讨厌或排斥。在任何社交场合，第一印象都至关重要。个人的良好形象、言语、姿态等都反映出其内涵和素质。从这个角度来说，观察者进入观察现场时，他们的穿着、行为举止和语言都要得体，并且尊重当地的风俗习惯。观察者的着装，需要符合自己的年纪、性别与身份，不宜在着装上表现得过于夸张、另类或标新立异，例如，五十岁的观察者在观察青年背包客时，若是仿照青年背包客的穿着，无疑会让双方都觉得滑稽可笑；要符合观察时的场景与情境，表现出个人对自己及被观察者的尊重，如牛仔裤加衬衫的休闲打扮在访谈旅游企业职业经理人时就显得不得体。语言上，要真诚、热情，懂得谦虚恭敬地尊重别人，不给人造成压迫感和不适感，最好不要快言快语，学会更多地倾听。行为上，谦恭的方式有助于观察者入场，并可以很好地帮助观察者与被观察者建立起友谊。但还不只是保持谦恭，观察者还要确保其行为不具有威胁性。这里所谓的威胁主要不是指身体上的威胁，我们指的是敏感的威胁，比如通过争辩、奚落、嘲弄、漠不关心等手段，威胁对方的信念、实践，甚至自尊。

二、融入与建立关系

观察者在实地开展观察时需要学会融入地方，并与当地人建立起友谊。具体策略上，可以租住于一个当地人的家庭，通过借助这个家庭及其亲友的力量发展出关系网，从而获得调研上的便利。但值得提醒的是，选择住哪户人家时，还需要更多一点的考虑，假如有条件的话，需要适当地注意一下所住的人家与其他村民的关系，该户人家在其他村民心目中的地位，等等。如果碰巧租住的这户家庭与多数居民之间的关系不够融洽的话，实际上带给观察者的不是便利，而是麻烦。田野观察工作的顺利开展，需要调查者深入调查地区，把自己彻底融入当地人的生活，这样才能更直接、更有效地与当地居民建立良好的合作关系，成为他们的自己人或圈内人甚至是熟人。一方面能搜集到写作所需要的第一手资料，另一方面能为后续补充资料或持续调查打好群众基础。此外，观察者还可以利用各种关系的介绍，参与社区举办的各种主要的活动，特别是有势力人物举办的活动，更要利用机会参与，争取他们的认识、同情与赞助。在与当地人相处的过程中，观察者还需要注意保持中立的原则，并懂得为他们保守秘密。

三、互惠与交换

观察者进入现场通过对被观察者的研究来收集研究所需要的资料，进而完成自己的研究。但对于被观察者来说，他们信任研究者并给予合作，但这些研究结果在某种程度上对于他们可能是没有价值的。所以，一个问题是，与研究者合作对他们有什么好处？这个问题可能并不是反映在被观察者的头脑里。换句话说，有些被观察者可能就没有在意这种想法。但在社会交往过程中，双方关系若想要得到更好的维系或发展，最好是双方都能在各自的付出过程中获得相应的回报。对此，社会交换理论可以给予很好的解释。人类的诸多社会活动可由“交换”概念给出解释，即若干行为的发生主要是个体可以获得相应的奖励或报酬[①]。在田野调查过程中，由于许多充满善意的陌生人的帮助，观察者才会得到自己想要的资料。因此，观察者可以在调查结束后给他们支付一定的报酬或者赠送小礼物，不仅是对他们这次合作的感谢，而且也为后续再次调研或回访奠定基础。虽然有些交换是直接通过金钱或物质来进行的，但是多数的交换媒介是非物质的和象征性的。譬如，研究者可以利用自己的专长为研究对象提供适当的服务，如帮助旅游村寨制定规范的管理制度，策划节事活动，或者帮助寄宿家庭的孩子补习功课，等等。只要在不扰乱当地关系的情况下，研究者所提供的服务，最能增进两者之间的互动，进而获得平常无法得到的资料。

① HOMANS C. Social Behavior［M］. New York：Harcourt，Brace&World，1961.

第七章　访谈法

20世纪30年代，毛泽东同志遇到了几个自己还没有完全弄清楚的问题：为何在农村合适的政策在县城推行却带来意想不到的问题？当时的商业状况到底是什么样的？为了找到这些问题的答案，毛泽东在江西寻乌进行走访调查，经过几十天的访谈，最后整理出八万字的《寻乌调查》，并提出著名论断：没有调查，没有发言权。无论我们做什么工作，都需要做细致认真的调查。社会调查的方法很多，其中访谈法就是一种基本的方法。这种方法相比于观察法来说，可以直接了解受访者的所思所想，即其内心深处的态度和观念等内容。本章在介绍访谈法的含义和基本分类的基础上，着重介绍访谈法的实施流程以及访谈技巧。

第一节　访谈法的含义与类型

访谈这个词，一般人都很熟悉。但是作为社会科学的一种资料收集方法而言，它区别于大众眼中或者日常生活中的谈话一词。因此，有必要对该概念的内涵进行解释，并对其优缺点进行阐释与分析。

一、访谈法的含义

访谈法又称访问法、询问法，是通过有目的地与被调查者直接交谈来获取数据资料的方法[①]。本质上来说，访谈法实际上是资料搜集的一种方法。只不过通过这种方法搜集到的是一些鲜活的资料，其与过去文献中呈现的资料有所不同。它具备以下优点：首先，与观察相比，访谈可以了解受访者的所思所想和情绪反应，他们生活中曾经发生的事情，他们的行为所隐含的意义；其次，与封闭式问卷调查相比，访谈具有更大的灵活性以及对意义进行解释的空间；再次，与实物分析相比，访谈更具有灵活性、即时性和意义解释功能；最后，在使用观察、问卷或实物分析的同时，使用访谈还可以起到相关检验研究结果的作用。

从上述定义中看出，访谈法强调谈话的目的性，这与日常生活中漫无边际的闲聊存在着差别。质性研究中访谈的主要目的是通过与受访者交流了解其对事件的认知、了解、记忆、感受、意见等[②]。有研究者将访谈者比喻为采矿者，这就意味着访谈者要对蕴藏在受访者身上的信息与资料进行知识的挖掘。还有将访谈者比喻为导演，负责确定访谈的主题，围绕主题设计具体问题，寻找并确定受访者，并在互动过程中积极参与并适度引导[③]。另外，访谈被认为是一种言语事件，而这种言语事件有着方法论的重要意义。杨威指出，访谈是一种互动，访

---

① 姚小远，杭爱明.市场调查原理、方法与应用［M］.上海：华东理工大学出版社，2015：113.

② 文军，蒋逸民.质性研究概论［M］.北京：北京大学出版社，2010：143.

③ 左玉河.“导游”与“主演”：访谈者与口述者的角色及职责［J］.江淮文史，2016（5）：139–144.

谈所获得的结果不是访谈者独自从受访者那里收集来的，而是双方共同建构的[①]。也就是说，访谈不是一个一方“客观”地向另一方了解情况或传递信息的过程，而是双方相互作用、共同构建“事实”和“意义”的过程。

访谈法作为社会科学研究的一种方法，现在已经被广泛地应用于社会学、人类学、管理学、旅游学等领域。1886 年，查尔斯·布斯（Charles Booth）比较早地运用访谈法对伦敦地区工人的生活状况进行调查，这一调查在当时引起了巨大的轰动，成为后来人们了解当时伦敦社会生活现实的宝贵资料[②]。1924–1932 年美国哈佛大学教授梅奥（Mayo）在美国芝加哥郊外的西方电器公司霍桑工厂进行了一系列的实验，其中为了了解工人对工厂的管理政策、工头的态度以及工作条件的满意度，就开展过长期大量的访谈。这种方法也广泛应用于旅游研究中。国内学者在几十年前就尝试运用该方法收集资料。例如，孟凡运和王正伦为了研究南京东郊风景区开发体育休闲、娱乐和旅游业的可行性，采用访谈方式，向陵园管理局和部分景点负责人了解关于景区游客和经营情况，以及他们对该景区旅游资源开发的构想[③]。张伟和吴必虎在调查乐山市旅游业利益相关者的旅游意识和利益表达问题时，主要通过焦点群体访谈与入户访问的方式收集有关数据资料[④]。

---

① 杨威.访谈法解析［J］.齐齐哈尔大学学报（社会科学版），2001：114–117.

② 文军，蒋逸民.质性研究概论［M］.北京：北京大学出版社，2010：144.

③ 孟凡运，王正伦.南京东郊风景区体育休闲、娱乐、旅游产业的开发前景与构想［J］.南京体育学院学报，1999（3）：20–25.

④ 张伟，吴必虎.利益主体理论在区域旅游规划中的应用——以四川省乐山市为例［J］.旅游学刊，2002，17（4）：63–68.

二、访谈法的类型

根据不同的分类标准，访谈法可以划分以下几种类型。按照访谈问题设计方式，可以分为结构式访谈、非结构式访谈和半结构式访谈；根据访谈人数，可以分为个别访谈和焦点群体访谈；根据访谈的情境，可以分为面对面访谈和非面对面访谈。

（一）结构式访谈、非结构式访谈和半结构式访谈

具体说明如下：

（1）结构式访谈。结构式访谈又称为标准化访谈，主要是指研究者在访谈过程中运用一系列预先设计好的固定的问题进行资料搜集的过程。这种访谈严格地按照预先设计好的问题和步骤进行，它最显著的优点是目的明确、标准化，并具有较强的可控性，对访谈者的沟通水平、应变能力及访谈技巧等要求相对较小。其不足之处主要表现为：1）灵活性较差。研究者只借助于事先设计好的访谈提纲进行逐一访问，不能根据受访者的回答进行灵活的调整。2）深度性相对较弱。依靠制定好的提纲进行访谈，有可能会遇到有些问题的访谈不够深入、访谈者不能根据受访者的反馈进行调整和追问的情况。

（2）非结构式访谈。非结构式访谈指的是事先不设定一个比较详细的提纲和标准程序，访谈者根据一个粗线条的访谈提纲或某一主题与受访者进行自由交谈。这种访谈法的优点是灵活、有弹性、比较深入，访谈者根据谈话的内容可以灵活地调整话题，抓住重要线索进行追问。与结构型访谈相比，非结构型访谈往往更耗费时间，而且对访谈者的要求较高，要懂得随机应变，善于捕捉谈话中的细节与重要线索并进行追问，还要

有效地控制谈话内容与节奏，在允许受访者自由发挥的同时，也要随时纠正偏离主题的回答。

（3）半结构式访谈。半结构式访谈是处于结构式访谈和非结构式访谈之间的访谈形式，即事先设定一个比较详细的访谈提纲和标准流程，同时在访谈过程中根据受访者的反馈进行新话题的挖掘。半结构式访谈具有以下优点：第一，对特定议题往往可以采取较为开放的态度，来进行资料收集工作，当研究者运用半结构的访谈来收集资料的时候，经常会有意外的收获。第二，当受访者在访谈过程中受到限制时，往往会采取开放态度来反思自己的经验。第三，当研究者的动机是要深入了解个人生活经验或将访谈资料进行比较时，半结构式的访谈可以说是非常适合的方式。

（二）个别访谈和焦点群体访谈

具体说明如下：

（1）个别访谈。个别访谈是指访谈者与受访者之间一对一进行交谈。这种访谈方式有助于访谈者和受访者之间建立比较融洽的谈话气氛，受访者在回答问题时，受外界因素的干扰比较小，没有群体的压力，在相对封闭的环境里，能够减少内心的顾虑，容易畅所欲言，有利于让访谈者获得更加深度、隐私与敏感的信息。如访谈员工对企业的看法等问题时，选择这种访谈的方式更为恰当一些。

（2）焦点群体访谈。焦点群体访谈指的是一次精心策划的讨论会，旨在邀请若干受访者组成一个小组，在组长的引导下，围绕某一主题开展交流、收集资料、了解情况的一种方法，它可以是结构化的，也可以是非结构化的。焦点群体方法与个别访谈法在形式上的最大不同是参与者的数量，即这种形式的访谈会由一个小组构成，通常规模较小（约6–15人），讨论通常持续90–120分钟[①]。组长扮演的是主持人的角色，一般不参与讨论，他在准备好的谈话提纲的安排下，负责促进成员之间的互动，抛出问题，插入问题评论，提出过渡性问题和总结，但不做出干预行为。焦点群体访谈法在第二次世界大战时期就得到应用，罗伯特·默顿和他的同事最早使用它来测试一个旨在维持国内士气的广播节目《战争》[②]。战后，这种方法主要应用于市场营销领域，常常被用来测试公众对潜在产品、新广告的反应。目前，该方法应用于社会科学研究各个领域。

这种方法比较于个别访谈，具有以下几个方面的特点[③]：

第一，互证性。通过邀请不同受访者对同一主题发表意见，研究者可以获得个别访谈所不能得到的看待问题的多种角度，受访者之间观点的相互纠正以及他们之间的人际互动信息。

第二，互补性。焦点群体访谈可以达到群策群力、集思广益的目的，这种方法与一对一的深度访谈相比，可以在问题讨论的过程中形成观点上的碰撞，进而具有对某些问题的看法形成互相补充的可能性。

第三，冲突性。焦点群体访谈也容易形成一种冲突的氛围，即焦点群体成员间对访谈问题的认识存在着程度上的不同，甚至根本性的差异，由此而产生观点上的冲突与意见上的不一致。

---

① KAHAN J. Foucus Groups As A Tool for Policy Analisis［J］. Analyses of Social Issues and Public Policy，2001：129–146.

② MERTON R，FISKE M，KENDALL P. The Focused Interview［M］. New York：Free，1956.

③ 该总结援引于中山大学社会学系教授王宁主讲的《质性研究方法》课程。

第四，应激性。在群体交谈的情境下，有助于促使或激发受访者在短时期快速调动自己的知识储备与掌握的信息，甚至自己平时意识不到的或者主动压抑的一些情绪或想法也可能在此情境的作用下主动冒出来。

第五，建构性。焦点群体访谈不仅可以将群体成员的认识往前推进，共同建构新的知识，而且可以加强群体成员相互之间的了解，消除或减少彼此之间的隔阂。

但焦点群体法也存在一些局限性：首先，主持人必须接受过培训或者拥有一定的主持经验，他必须熟练地鼓励每个人的参与，防止少数人主导团队的互动。其次，在一个群体里，总会存在个别人有强烈的领导欲和发言欲望，夸夸其谈，这可能会导致一种思维和谈话的定势，对其他成员的思想与观点产生控制性的影响，再加上集体讨论过程中容易让成员产生一种从众心理，团体内部的动力会创造出一种集体性思维，对成员之间的交谈方式和内容产生导向作用；另外，群体中有一些成员相对比较含蓄、害羞、不善言谈，这类群体可能会在这种氛围中感觉到心理压力，不太像个别访谈那样获得比较放松的机会，更加充分地发表自己的看法与意见。

（三）面对面访谈和非面对面访谈

具体说明如下：

（1）面对面访谈。面对面访谈指的是访谈者与受访者进行面对面的交谈。面对面访谈的好处主要包括：首先，访谈者对访谈环境有较好的控制，这样就可以免受外界环境的干扰，保证谈话质量。其次，面对面访谈可以看到对方的表情和动作，对对方的情绪波动、精神状态，特别是言语行为与非言语行为之间的关系可以有一个比较完整、准确的把握[①]。也就是说，研究者除了分析话语本身的意义之外，对受访者说话时的非言语行为的把握也可以帮助进一步理解话语之外所传递的意思。曾经我们在与郎德上寨原村支书进行面对面访谈时，他为我们介绍了郎德上寨村民在参与旅游环节时所采用的经济分配制度是工分制，并在叙说“全中国或许只有我们这里还保持着‘工分制’”时，脸上洋溢着满满的自豪感[②]。从他的话语和脸部表情中，我们解读到，被现代社会淘汰的经济制度，却由于它的稀缺性而增强了社区居民的地方自豪感，进而表征了该地方的独特性。

（2）非面对面访谈。非面对面访谈指的是不用见面，类似“隔空”性质的访问。传统上，我们可以通过打电话进行访谈。随着互联网技术的发展，如今可以使用新兴聊天工具（如QQ、微信等）或者让受访者填答书面问卷的方式完成访问。我们可以将利用打电话及新兴聊天工具进行交谈的方式称为网络访谈。网络访谈具有以下优点：

第一，灵活性较强。如果安排面对面访谈，要么是研究者主动走出去，到受访者中去进行实地访问；要么是将受访者请进来，邀请他们到访谈者安排的地方进行访问。但无论是哪一种，都会消耗大量的时间成本，甚至交通成本。而在某些主题的研究中，由于受访者分布的广泛性使得网络访谈成为一种不错的选择。笔者曾经在完成《成己之路：背包旅游者旅游体验研究》这篇论文过程中，就选择过这个策略，并获得不少受访

---

① 文军，蒋逸民．质性研究概论［M］．北京：北京大学出版社，2010：149.

② 余志远，赵星会，梁春媚．社区旅游参与视角下民族村寨旅游地居民地方感生成研究［J］．旅游导刊，2021，5（1）：23-42.

者的支持与配合。

第二，有可能获得更真实的信息。由于网络访谈不需要见面，在很大程度上消解了受访者的“戒备心理”，克服了双方的紧张情绪，言语上更加放得开，与传统的面对面访谈相比，可能会获得更多、更加真实的信息。心理学的一些研究已证实，在匿名的情况下，容易表现出真实的自我。另外，面对面访谈时，受访者常常会受到录音笔的干扰，似乎不能畅所欲言。而网络访谈，受访者看不到录音笔，心理上更放松一些。

但网络访谈法也存在缺陷，最主要的不足之处是环境的可控性较差。由于不是面对面访谈，受访者所处的环境是不可控的，受访者遭受外界干扰的机率相对大一点，可能会对访谈质量产生一定的影响。

第二节　访谈实施过程

一般来说，研究者开展访谈调查之前需要做一些准备性的工作，包括访前准备、正式提问、结束访谈几个阶段。借鉴姚小远、杭爱明[①]及高燕、王毅杰[②]等著作中的观点，总结如下。

一、做好访谈前的准备

在社会科学领域，访谈研究与日常对话的紧密联系，可能会导致人们误认为访谈十分简单，无需事前准备即可开始，甚

① 姚小远，杭爱明.市场调查原理与方法［M］.上海：立信会计出版社，2009：134–138.

② 高燕，王毅杰.社会研究方法［M］.北京：中国物价出版社，2002：151–160.

至一些新手研究者可能突然有个想法，就拿起录音机，出门找些受访者，便开始询问[①]。实际上，正如我国古语“工欲善其事，必先利其器”所言明的道理一样，访谈前一定要做好准备工作。否则，贸然开始，除了得到一些受访者的话，并无实用性或实质性的内容。因此，做好访前准备工作是进行访谈的比较重要的步骤。一般而言，访前的准备工作主要包括以下几个要点。

（一）提前做好功课

孔子曰：“知己知彼，百战不殆。”访谈也是如此。有些访谈是为了掌握或增进对受访者或其所处地方资料与信息的了解。但这并不意味着访谈者事先不对这个群体或地方相关的背景资料进行收集。通过前期二手资料的收集，可以为访谈者增加知识储备，并与受访者形成更好的对话或者对原先了解的信息进行验证或补充。例如，笔者在前往郎德上寨开展实地调研之前，就曾借助中国知网、地方政府网站、旅游 OTA 平台等渠道广泛地搜集该地旅游方面的相关资料，这些资料的整理与研读既为访谈素材提供来源，又为访谈问题设计提供指导。

（二）选择合适的访谈方法与访谈对象

根据研究主题与调研实际，研究者通常需要提前选择合适的访谈方法与对象。访谈方法指的是选择结构式访谈还是半结构式访谈，是个别访谈还是焦点群体访谈，是面对面访谈还是网络访谈，等等。这些都需要研究者在访谈前进行确定。访谈对象的选择可以结合前文提到的抽样方法进行选择，这里需要着重提到的是，如果不是“街头拦人”式的偶遇选择的话，事

① 布林克曼，克韦尔．访谈［M］．上海：格致出版社，2020：8.

先明确选择好某些访谈对象后，可以尝试给他们发一封邀请信进行预约，信中介绍自己与正在开展的研究以及希望获得对方怎样的帮助。

（三）编制访谈提纲

我们结合潘淑满撰写的《质性研究：理论与应用》著作中所提到大纲编制的步骤[①]及研究者的个人经验进行以下归纳。

（1）根据研究主题和研究目的，搜集相关研究领域的文献，借此提供理论框架和问题编制上的指导与启发。例如，研究者要研究社区旅游参与视角下民族村寨旅游目的地居民地方感问题，那么研究者就要搜集社区旅游参与、地方感研究、尤其是居民地方感研究领域的经典文献和热点文献，从这些文献中进一步明确研究问题，并逐步发展主要范畴。

（2）研究者在上述主要范畴的基础上，进一步思考访谈问题。比如想要了解村民旅游参与后带来的影响问题，考虑将访谈问题细化成经济、环境、社会文化等方面的影响，具体的访谈问题可设计包括：1）参与旅游方面的工作后，您认为您的家庭发生了哪些变化？ 2）您觉得村寨发展旅游以后，村子里的生活基础设施发生了哪些改变？比如交通、邮电、水电等基础设施配套，您都可以谈谈。3）发展旅游后，村寨经济方面发生哪些变化？ 4）村寨发展旅游后，环境方面有什么变化？ 5）参与旅游工作后，您和邻居、其他村民的关系有没有发生什么变化？从这个例子里可以看出，研究问题实际上决定了访谈问题。也就是说，研究者需要懂得如何将聚焦主题的研究问题转化为访谈问题。

① 潘淑满.质性研究：理论与应用［M］.台北：心理出版社，2003：152-153.

（3）当访谈问题基本确定后，研究者必须进一步思考访谈时候的次序、内容与句型等问题。通常，在设计访谈提纲时，受访者的人口学特征（包括年龄、职业、受教育程度等）方面的信息基本上都需要考虑到，这些需要在未来的研究报告中展现。而与研究主题相关的访谈问题的设计，建议遵循以下几个原则：

第一，遵循聚类原则，宜将同一个主题或相近主题的访问题目设置在一起。这种安排既方便研究者按同类主题答案进行整理和思考，也便于受访者回答时集中思考，以防止思维上的不断跳跃。

第二，在不对受访者的思维逻辑产生强烈影响的前提下，尽量将容易回答的、轻松的问题放在前面。由于访谈中的题目难度不尽相同，最好先问简单的、不敏感的、温和的问题，这样不至于一开始就给受访者带来很大的压力或压迫感，进而失去回答问题的兴趣。

第三，研究者避免设计一个询问或表达两个及以上观念或事件的问题。也就是说，一个问题最好表达一个观念或事件，否则，不利于受访者回答。例如，“您对这家酒店大堂的设计风格和色彩满意吗？”在这个问题中，包含了两种观念指向，一是设计风格，二是色彩。而对这个问题，受访者或许就会有点不知所措。

第四，避免使用诱导性或暗示性句子。比方说，“举办展会可以带动地方经济，您愿意在我市举办大型展会吗？”这个句子带有一定的暗示性，因为前半句提到举办展会可以带动地方经济。所以，受访者在回答时就会有顾虑，如果回答不愿意，就怕被人认为没有从大局观角度考虑这个问题。

第五，语言不能带有攻击性或影响受访者说真话。访谈一定要考虑访有所获，还要保证这项任务顺利完成。访谈中措辞表达上要注意不能带有攻击性，否则不利于资料的搜集。例如，研究者想要了解某个民族村寨居民在旅游发展决策方面有没有话语权，问题设计上不能很直白地询问他们如“村子里的大事谁说了算？您在政策制定时能说得上话吗？”这种表述。这样的表达很有可能令村委会的人听了后产生反感，担心研究者的研究对他们不利，可能会阻碍调研工作。

第六，表述上的口语化。旅游研究中，有很多问题有一定的深度，比较复杂，其中所涉及到的一些术语可能会晦涩难懂。研究者在设计访谈问题时，一定要清醒地认识到你所面对的受访者不一定都像研究者那样具有相对丰富的专业知识，有些受访者受教育程度比较低，这就决定了研究者需要学会怎样把专业性的问题转化为所选择的受访者能听得懂的话，要容易理解，不发生歧义。

第七，尽可能地减少受访者的麻烦。开放性的访谈就是为了最大程度获得有用的信息。但有的问题如在设计的时候能做到在获得信息的同时还能减少受访者的麻烦，那这种设计的效果会更好。譬如，直接问村民在村子里生活了多少年。虽然这是个小问题，他算一算也能给出答案，但研究者可以换一种方式去询问，如问他哪一年开始在这个村子里生活，而把计算的活儿留给研究者，同样会得到答案，同时减少了受访者的麻烦。

（四）协商有关事宜

正式访谈前，访谈者需要向受访者介绍自己和自己的课题，并就自愿原则、保密原则和录音问题等与对方进行协商。

访谈者可以向受访者简要地介绍自己的研究课题，但注意使用通俗易懂的语言进行表述，不宜采用过于专业的词汇表达；同时，在向受访者介绍自己课题的时候，还应该明确告诉对方，自己是如何选择访谈对象的，希望获得哪方面的情况，言语上要真诚坦率。这样做的目的主要是让受访者享有研究知情权，消除对方的疑虑。在访谈开始之前，访谈者还需要交待受访者的是，研究者尊重受访者参与研究及退出研究的权利，受访者有权在研究过程中选择随时退出，并且不必对研究负有任何的责任。同时研究者应该向受访者做出明确的保密承诺，保证对方提供的信息不外露。如果研究报告中需要引用受访者提供的资料，研究者将对所有人名使用匿名。严格意义上来说，研究者最好还要与受访者签订知情同意书，包括研究的用途、受访者参与的自愿性以及信息的保密性等条款。大多数情况下，这对于受访者而言可能并不重要。但是，如果访谈涉及或引发冲突，一份书面协议可以保护受访者和研究者。最后，在访谈之前，访谈者需要征询受访者使用录音设备的态度，如果条件允许而受访者又没有任何异议的时候，录音便于日后的资料分析与整理，有助于获取完整的信息，减少笔录误差，也可使访谈者集中精力把握受访者的语言与思路，有精力对访谈内容进行及时追问。有一些受访者还认为录音能够显示对于他们的尊重。当然，录音的负面效应就是会给受访者带来一定的心理压力，而在访谈过程中显得紧张。

二、创造友好、轻松的访谈气氛

创造友好、轻松的访谈气氛，对做好访谈调查工作很重要，特别是访谈的开始阶段在很大程度上对整个访谈过程的成败有着极大的影响。一般情况下，访谈者和受访者是第一次见面，由于彼此陌生就会显得有些拘束。这个时候，就需要访谈者营造好合适的访谈气氛。首先需要访谈者放松，因为一旦访谈者感到紧张就无法集中注意力而不能抓住谈话中的重要线索。同时也要想办法让受访者放松下来，紧张的气氛可能会使受访者感到不安而想早点结束访谈，或者回应很快而深度不足。在开场中，受访者总会希望先了解访谈者，然后才会畅所欲言，愿意与陌生人分享他们的经历、看法与感受。所以，访谈者先要向受访者简要地介绍访谈背景、访谈目的、是否录音等，也可根据当时的情景谈论一些激发受访者热情和兴趣的话，可以根据受访者的年龄、性别、职业等来选择开始的话题，以拉近双方的距离。例如，欣赏完苗族歌舞表演，想要趁空档邀请表演者谈论他们的旅游参与问题，在访谈的开头可以夸赞一下他们跳得好，并询问他们是从什么时候开始学习这种舞蹈，想方设法使双方的临时关系尽快地融洽起来。

三、控制好访谈过程

对于质性研究者来说，他们所依赖或仰仗的分析数据实质上是访谈、观察等方法采集到的资料。受访者分享内容的多寡，决定着研究者分析的广度和深度。从这个角度来说，访谈者希望受访者多说多讲。对于半结构式访谈来说，访谈者要按预先拟订的访谈提纲适时地提出问题，并要巧用引导和追问。引导的目的一是让受访者打开话匣子，而另外一个目的则是防止跑题，尤其是在交谈气氛热烈时，或者受访者特别健谈的情况下，访谈者的引导更显突出。但适当的引导绝不意味着不礼貌地打断，要注意分寸和时机。追问的目的在于访谈者针对受访者回答问题的情况加以提醒，以尽量取得完满的资料。但需要注意的是，追问不等于持续提问、反复质询。访谈者要允许受访者叙述中出现停顿，使其有充分时间联想、反思，继而结束沉默，提供更为重要的信息[①]。另外，访谈过程中尽管有录音笔帮助记录，但并不意味着访谈者就不需要作记录性的工作。这个时候，访谈者可以将记录的专注点放在受访者对一些问题回答时的动态表情和肢体动作上。研究者提醒，即使采用电子设备记录，访谈者也应当做些笔记，一方面是起到备份的作用——万一电子设备出现问题还可以补救；另外一方面是万一访谈意外中断，受访者问“我们说到哪儿了？”时，访谈者可以很容易找到刚才的话题[②]。

四、结束访谈

当访谈者的资料收集工作完成时，就需要考虑结束访谈了。访谈的末尾，访谈者应简单地总结一下访谈收获，并对受访者的参与和配合致以真诚的谢意。访谈结束的时候访谈者最好还要再一次向参与者强调保密原则。陈向明对这项要求给出的解释是：尽管访谈开始时访谈者已经向受访者说明了保密原则，但可能经过一段时间的访谈，受访者已经忘记了这个原则，而访谈过程中可能有的受访者暴露了自己的一些个人隐私，或者就某些敏感话题发表了意见，这些人可能会感到不安全，所以需要访谈者向这些受访者做进一步的保证[③]。

---

① 布林克曼，克韦尔．访谈［M］．上海：格致出版社，2020：62.

② 鲁宾 H J，鲁宾 I S. 质性访谈方法：聆听与提问的艺术［M］.重庆：重庆大学出版社，2010：97.

③ 陈向明.质的研究方法与社会科学研究［M］.北京：教育科学出版社，2000：225.

第三节　访谈中的技巧

在访谈中，营造一种友好、轻松的氛围，使受访者讲真话、讲有用的话至为关键。事实上，深度访谈既是科学，又是艺术。这就要求访谈中要有一些要求和技巧[①]。但此处的技巧指的是访谈者在访谈中需要注意的事项，旨在让访谈者掌握而提升访谈效果，并不能把它们看作为刻意的表演。

一、提问与追问的技巧

在访谈中，提问是否恰当，不仅直接影响到对受访者资料的搜集，还会影响到受访者的情绪和心情乃至访谈的顺利进行。在提问过程中，访谈者要发挥以下技巧：

（1）灵活并适当提出封闭型和开放型问题。封闭型问题是对受访者回答方式及其内容有所限定，封闭式的提问常常以“是不是”“要不要”“对不对”“有没有”等发问，受访者一般只能以“是”“否”“对”“不对”几个简单的字作答。开放型的问题则没有明确的答案，允许受访者做出多种回答，开放型的提问常常以“什么”“怎样”“为什么”“能不能”等词语发问。这两种问题类型在访谈中都有存在的必要性，而且在不同的场合具有不同的用途。访谈开始，由于交谈双方相对拘谨，为了不在访谈初期就给受访者带来较大的回答压力，可以尝试选择封闭型的问题进行开场。等到时机成熟或者受访者的话匣子打开后，转向询问开放型问题。访谈过程中，访谈者也可利

---

① 马振清等.访谈法在社会调查中的应用［J］.牡丹江医学院学报，1995，16（1）：92-93.

用封闭型的问题验证访谈者对某些问题的判断，或者以此巧妙地停止受访者滔滔不绝的言谈。有的时候，太多开放型的问题会让受访者无所适从，并逐渐失去耐心。所以可以采用封闭型问题进行一定程度上的缓解与引导。比如，访谈旅游者，“你对背包旅游有什么看法？”这个问题会让受访者感到迷惑，不知道你想问什么。所以巧妙的提问方式应从封闭型问题开始“你喜欢背包旅游吗？”如果回答“喜欢”则就可以进一步追问“为什么喜欢？”等问题。

（2）不要给受访者任何暗示或诱导。上文已提到访谈问题设计时应避免使用诱导性或暗示性句子。这样做的目的是防止得到的信息失真。对受访者不理解或理解错的问题，访谈者可以适当地进行解释，但同样注意不要给受访者任何暗示。研究者指出，有些受访者在访谈中往往注意访谈者在某一特定问题上的意见，会从访谈者的谈话中寻找暗示，以迎合与取悦访谈者，这就会造成访谈资料的失真[①]。如果访谈过程中遇到争议性的问题，访谈者也不要给出自己的判读，而是耐心倾听受访者的想法，并鼓励对方把内心的真实想法说出来。

（3）注意提问的时机，并把握好分寸。当受访者发言时，访谈者要认真倾听。即使访谈者在听取受访者发言的过程中，敏锐地捕捉到了一个有用的信息点，很想立刻提问，也不要鲁莽地打断对方，可以先把想到的问题记录下来，待受访者说完之后再提问。这不仅表达了对受访者的尊重，也防止没能全面、完整地了解受访者的观点，避免操之过急，曲解或误解了受访者的意图。

---

① 文军，蒋逸民.质性研究概论［M］.北京：北京大学出版社，2010：158.

（4）选择合适的方式做好追问工作。在访谈过程中，当遇到受访者回答前后矛盾，不够完整，或者某些表述含混不清、模棱两可的时候，需要访谈者做好追问工作，其目的是进一步获得更加准确、具体和完整的信息。根据实际情况，访谈者可以选择合适的方式做好追问工作，但追问的时候语气一定要缓和。吴增基等[①]概括了常见的追问方式，包括：1）直接追问与迂回追问。直接追问就是直截了当地请受访者对未回答或回答不具体、不准确、不完整的问题进行补充性回答。迂回追问则是通过换一种说法或者询问与其相关联的问题来获得答案。2）当场追问与事后追问。当场追问即在访谈过程中遇到想要进一步获得答案的问题时可以立即追问，而事后追问是在访谈结束后，在整理和重读访谈材料的过程中，对其中某些问题存在疑惑，或者经过初步的分析，看看还有哪些重要的主题被遗漏，这个时候可尝试再与受访者联系进行追问。

二、倾听与回应的技巧

良好的倾听与有效的回应不仅有助于访谈者有效记录谈话信息，捕捉谈话细节，还意味着能为受访者营造一个敞开心扉、愿意分享的气氛。因此，访谈者需要掌握一些倾听与回应的技巧。

（1）积极投入，认真倾听。访谈者需要注意的是不能一味按照访谈提纲提完问题，而忽略了倾听的重要性。访谈者更应该积极投入，要在心理上甘于做一名倾听者，保持真诚、谦虚和尊重的态度，认真倾听受访者的谈话，这将会取得受访者的

---

① 吴增基等．现代社会调查方法（第4版）［M］．上海：上海人民出版社，2014：108.

信任，从而愿意、乐意分享自己的观点或了解到的信息。如果访谈者在受访者叙述的时候出现注意力不集中的情况，做出像抓耳挠腮、玩手机、环顾其他等小动作，受访者很容易就会察觉到，这样会影响受访者的心情，失去谈话的兴趣。另外，如果访谈者在访谈过程中精力分散，没有认真倾听，就不可能对谈话的信息加以判断、做出相应的反应。

（2）设身处地，用心倾听。除了认真倾听外，访谈者还要有同理心，感同身受地倾听并理解受访者的叙说。设身处地、移情地倾听并理解受访者，他们会觉得受到了认真和尊重的对待；相反，如果受访者表现出嫌弃或不赞成，访谈效果可能就会很差。当受访者与访谈者回忆他们旅游过程中遇到的刺激快乐的经历时，要懂得分享他们的快乐；而当受访者抱怨旅途中的各种遭遇时，访谈者在倾听中也要适当地表达关切。例如，通过身体姿势或面部表情来表达你的关注，使用简单的话语，如“听起来很惨，当时一定很恐怖”等来表达你的同情。

（3）注重回应，积极响应。访谈者和受访者之间不是单向的信息传播者与信息接收者，也并非是机器人，都是有感觉、个性、兴趣、利益和经验的人，双方的交谈实质上可看作是一个互动并相互影响的过程[①]。受访者在倾听的时候要不停地给以反馈。例如用点头、微笑、与受访者目光接触、“嗯”“是吗”等表示自己的关注，有时还用“就这样，请继续”来鼓励受访者说下去。倾听时还经常使用重复和总结策略。重复就是将受访者的话重复一遍，表示确认没有听错。有时你再复核一

①　鲁宾 H J，鲁宾 I S. 质性访谈方法：聆听与提问的艺术［M］. 重庆：重庆大学出版社，2010：27.

遍他讲过的值得他骄傲的、自豪的、最感动的或者是他最关注的事情，他会很开心，觉得你很重视他。总结指把受访者的话进行归纳概括，一方面可以起到理清思路的作用，另外一方面可以检查自己是否抓住了受访者所要表达的主要意思。

第八章　类属分析

当质性研究数据采集并整理完毕以后，需要研究者运用具体的分析方法对研究数据进行分析。其中，类属分析法最具典型性，它广泛地应用于质性研究。本章主要对该方法进行介绍，首先阐释类属分析法的含义和分析步骤等基础理论知识，再辅以案例介绍类属分析法在旅游研究中的应用，最后着重介绍如何使用质性研究软件 MAXQDA 应用该方法。

第一节　类属分析的含义与分析步骤

一、类属分析的含义

“类属”是资料分析中的一个意义单位，代表的是资料所呈现的一个观点或一个主题，“类属”跟质性研究中常使用的“符码”（code）这个词具有一定的区别，“符码”是资料分析中对资料进行初级编码（coding）后的最小意义单位，而“类属”则是资料分析中一个比较大的意义单位。按照陈向明的解释，“类属分析”指的是在资料中寻找反复出现的现象以及可以解释这些现象的重要概念的一个过程，在这个过程中，具有相同属性的资料被归入同一类别，并且以一定的概念命名[①]。笔者对这个方法及其中相关概念的理解有三点：第一，类属实质上也是概念，但它要强调的是重要概念。第二，类属具有类型的意思，即它拥有分门别类之义，同一属性的归为一类，而不同属性的类属之间具有平行、因果、包含、上位、下属等各种关系。举个例子，我们曾经探索地方认同的内容结构时发现，地方认同是最上位类属，由乡土认同、血缘认同和文化认同三个平行类属构成，而这三个类属还可由最下面的“符码”（如其中血缘认同包括“照顾孩子；父母在，不离家；依恋亲人；村民都是一家人”等）构成（见图 8-1）[②]。第三，类属分析为有关命题和理论的形成奠定基础，如果按照一定的程序发掘、构建类属之间的因果关系，其实就可以往前推进而成为扎根理论（详见第九章）。

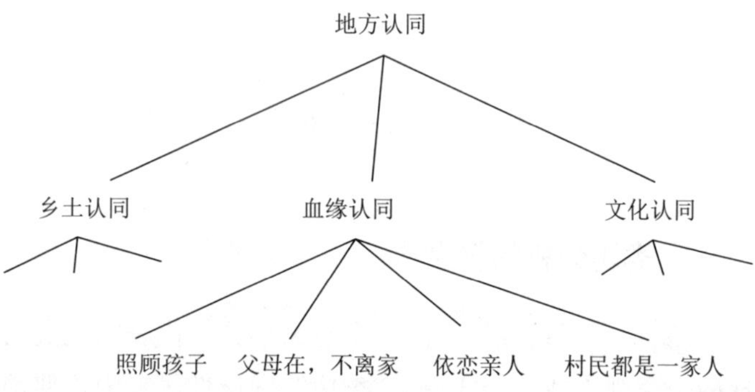

图 8-1 类属分析图示例

① 陈向明.质的研究方法与社会科学研究［M］.北京：教育科学出版社，2000：290.

② 余志远，赵星会，梁春媚.社区旅游参与视角下民族村寨旅游地居民地方感生成研究［J］.旅游导刊，2021，5（1）：23-42.

二、类属分析的步骤

笔者结合自己对类属分析的理解以及过去的研究经验，尝试将类属分析的步骤概括如下：

（1）对质性研究数据进行编码、归类并命名。在质性研究数据整理完毕的基础上，研究者开始尝试对数据进行编码处理。所谓的编码（coding），实际上是资料不断压缩的过程，针对文本中描述性信息或推断性信息的指定意义单元添加标签或标记（短词、短语）的过程。需要说明的是，正如该词汇所对应的英文单词 coding 显示，该词是个动词，表达的是一种分析过程。而这个分析过程中所添加的标签或标记称作符码（code）。

该步骤的第一步是贴标签，就是根据研究主题的需要将文本资料（又可称作质性研究数据）中的长句（甚至可能是一段话）用短词或短语加以概括。表 8–1 是我们列举的一个例子。该示例来源于笔者曾经开展过的一项关于旅游法实施所带来的影响问题的讨论。① 2013 年 4 月 25 日，《中华人民共和国旅游法》由十二届全国人大常委会第 2 次会议通过，中华人民共和国主席令第 3 号公布，同年 10 月 1 日起施行。旅游法的出台和实施是对行业的一次重新洗牌，影响巨大、深远。笔者想要探索的是，旅游法实施究竟会对中国旅游业产生哪些影响，带来何种性质的影响，影响波及哪些群体？为此，我们采集了当年与旅游法实施相关的网络评论、新闻报道、评论文章、电视访谈节目等材料作为分析文本，运用质性研究中的类属分析

① 余志远，季悦，游姣.我国旅游法实施的影响：一个分析的框架［J］.北华大学学报（社会科学版），2017，18（4）：110–115.

法开展研究。在表 8–1 中,【 】中的文字即为实行研究贴标签步骤后得到的符码。

表 8–1 类属分析中的贴标签示例

主持人：我们看到,团队游“十一”后价格普遍上涨。请问,南铁国旅的线路费用是否也上涨了?
蹇伟：对于旅游价格上涨问题要看具体情况,纯玩团的价格并没有大幅上涨,而那些原本安排了购物、自费景点的团队游价格是上涨的,涨幅在 15% 到 200% 不等【*旅游产品价格*】。这和《旅游法》的实施密切相关,价格是游客选择的主要因素之一【*旅游产品价格*】,今年出境游团队数量的下降【*参团意愿*】,就和价格上涨有关,因为游客能够选择的范围小了【*可选面*】,需求减少【*旅游需求*】。
主持人：有媒体报道说,有些导游因为《旅游法》实施后无购物提成,带团不热情【*导游服务热情度*】,导游以前的费用怎么结算?现在有什么不同呢?
蹇伟：这个问题是过渡时期出现的。原来由于行业恶性竞争【*行业恶性竞争*】,导游收入不是通过优质服务获得,而是通过购物提成、安排自费景点等方式获得【*导游变相收入*】,现在法律规定,导游收入必须是正当的服务性收入【*导游正当收入*】。目前正处在转变过程中,旅行社如果不在分配机制上有所调整【*利润分配机制*】,激励措施不到位【*导游激励*】。

该步骤的第二步是归类，即将意思表达相近、相似或相同的符码归纳在一起，并对该归类所形成的符码群再命名，形成新的概念。我们同样以上个研究为例展现这个过程。在第一步编码之后，我们称该步为 I 级编码，得到了该表框中的各种符码，再将意思相同或相近的符码归纳在一起并起个新的名称。比如上一栏中“旅行社竞争加剧”“旅行社经营效益下降”“小旅行受冲击”“中小旅行社面临生存压力”这几个概念反映的是竞争压力方面的意思，因此用“竞争压力”这个词来概括和统领它们。实际上，这一步的分析过程还可以进行下

去，也就是Ⅱ级编码后形成的概念还可以按相同或相似性加以聚类，再以某些新名词概括它们（表 8–2）。其中，为了区别不同层级的概念，方法论学者往往将最上位的概念称为范畴，其下位概念称为概念。实际上，它们本质上都属于概念。其实，最初级形成的符码在某种意义上也可以称为概念。这一点有点类似于定量研究中所涉及到的变量、维度和指标这几个词，这几个概念其实都可以看作是变量，但为了区别它们之间层级的不同而使用了这几个不同的称谓。

表 8–2　编码示例

Ⅱ级编码后的概念	Ⅰ级编码后的符码
竞争压力	旅行社竞争加剧；旅行社经营效益下降；小旅行社受冲击；中小旅行社面临生存压力
管理理念	加大内部管理；重视培养素质较高的专职导游；创新盈利模式；关注品牌和服务竞争；重视旅游产品质量提升
价格策略	涨价；明码标价
产品创新与质量提升策略	提升服务质量；推出个性化 / 定制化旅游产品；推出半自由行产品；转型做高端线路；推出性价比高的产品；增加自由活动时间；特色化、主题化旅游产品凸显；催生高端定制旅游；正规购物点可写进合同；推出小团体旅游产品；比拼服务细节

（2）结合研究的需要，对以上形成的类属进行内涵与意义的阐释，建议结合情境与理论进行深度阐释。上述步骤可用图 8–2 表示，该图可以反映质性研究的过程是自下而上的，是一种归纳式的，它与定量研究自上而下的演绎逻辑存在差别。

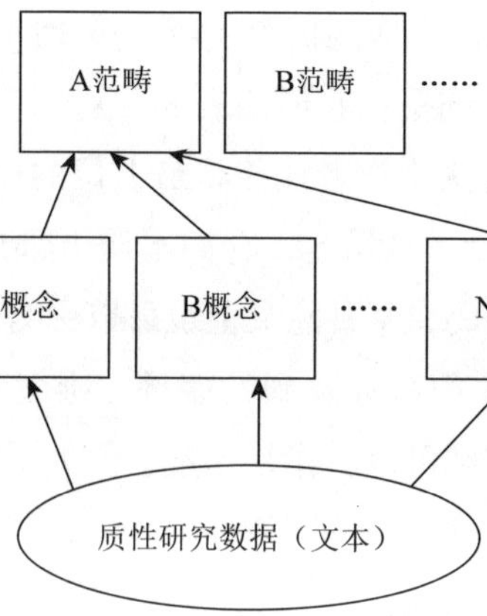

图 8–2 类属分析过程

在该步骤中，我们建议结合情境与理论进行深度阐释。将情境分析和某些理论融合，将有助于获得更加深入的理解。关于这一点，我们对《现代性视域下古镇旅游场中的怀旧旅游体验研究——以安仁古镇为例》一文中的部分内容给予解释。该文以四川安仁古镇为案例地，以游记为分析文本，探索古镇旅游场中的游客怀旧体验问题①。通过类属分析，最终获得旅游者获得日常生活世界的补偿体验、复归精神家园体验、反思性体验、身份认同建构体验等四种类型。在每种类型体验的分析过程中，我们结合了情境进行分析。例如，在分析日常生活世界补偿体验时，结合“afra 沐木”以上游记中提到的体验情境，借以论述安仁古镇少了大都市的喧嚣与吵闹，游客置身其中，可以静静地享受悠闲和惬意，平复内心的焦虑，获得身心的放松。“安仁古镇没有摩肩接踵的人，没有吆喝卖东西的

① 余志远，游姣.现代性视域下古镇旅游场中的怀旧旅游体验研究——以安仁古镇为例［J］. 旅游科学，2018，32（5）：67–80.

人。一条古街走过去，店家都在安静地打理自己的小店。有做清洁的，有浇花的，有聊天的。放松的环境可以放下平日的浮躁，慢慢地逛着，和店家聊聊天，惬意、悠闲”。另外，在上述问题分析过程中，我们还借鉴了现代性相关理论以及弗洛伊德的精神分析论进行更加深度的解释。再次说明一点，分析过程中不一定非得强求结合某些理论对相关问题进行论述。但加入一些既有的成熟理论，有助于增进对一些问题的认识和理解。事实上，旅游学领域里的诸多理论受益于跨学科知识的借鉴，但注意避免简单移植。

三、类属分析的注意要点

类属分析法应用的过程中，研究者需注意以下要点：

（1）类属设定标准问题。类属设定应该有一定的标准，不能随心所欲①。这项要求主要体现在对资料进行分类时要注意避免逻辑错误，需要满足概念互斥的原则，不应形成“你中有我，我中有你”的局面。

（2）类属分析中的命名问题。关于这些概念的命名，注意以下几点：第一，上下位类属和概念之间要强调一定的逻辑，上位类属的命名要有更强的统御性和更高的抽象概括力，即上位类属的外延要更大。第二，符码、概念和范畴的命名带有个人主观性。曾经有学者怀疑这种主观性可能会降低研究的可信度，因此建议多人背靠背编码，即两人或以上先独立编码，遇到不一致的命名时相互协商或寻求其他专家意见。但笔者对这种作法的认识是，它可能对研究初学者更为适用一些，而对于

① 陈向明.质的研究方法与社会科学研究［M］.北京：教育科学出版社，2000：291–292.

一位有经验的研究者或理论功底深厚的研究者而言，他在编码过程中的命名不一定就比多人编码的可靠性低。第三，命名过程中除了尊重研究者的自由联想之外，也需要注意适当吸收文本中的原话以及对前人文献中出现的某些概念的重视。以往的研究强调在文本的编码过程中先不要看文献，怕前人文献中出现的概念对命名有“污染”，即对命名产生干扰。笔者感觉这个理念或许受到现象学“悬置”观念的影响，即将前人的观点先搁置一边。但后来的方法论学者建议编码过程中阅读相关文献，这样可以对概念的命名起到指导和参考的作用。第四，相关概念的命名并非“一劳永逸”，可以修改。质性研究本身就是不断循环往复，曲折前进的。随着研究者分析的深入，相关思考或许也会变得更为成熟，从而修改相关的概念表述。

（3）类属分析中的编码问题。关于编码，我们需要强调几点：

第一，编码可以逐句，可以逐段，也可以并非逐句逐段，完全视信息的有用性以及它们与研究主题的契合度等情况综合判定。研究者在编码的过程中，需要在脑子里时刻提醒自己“研究什么问题”以及“做什么研究”，这样有助于研究者识别研究资料中哪些信息需要进行编码处理。而与研究无关的信息，研究者就可以不对它编码。但对于那些研究者还拿不定主意，还不太清楚对研究主题的分析到底有没有用的信息，笔者建议研究者最好暂时对它进行编码处理，并撰写备忘录，说不定过段时间研究者就会恍然大悟，想好了它的价值。

第二，关于编码到什么时候结束的问题。对于这个问题，我们认为，在资料充分收集的基础上，在Ⅰ级编码阶段，研究者要尽量达到“概念饱和”，直至没有新的符码出现。

第三，编码过程中，建议研究者撰写备忘录。格拉泽（Glaser）对备忘录的定义为，备忘录是试图将一些想法转变为理论性的想法，并记录下来的东西。这些备忘录实际上是研究者在对符码命名或在阅读文本资料的过程中所思所想的即时性记录，有些想法很可能就是灵感的一瞬间闪现（如表 8–3 所示），所以，当一个想法涌现，立刻停止手边的任何事，把想法记录下来，它将帮助研究者从经验资料层次走向概念层次、甚至是理论层次的思考，将有助于未来的分析与写作。它可长可短，一小句话，或者一大篇的分析与阐述，这些都可以看作是备忘录。

表 8–3 备忘录示例

文本原文	备忘录
主持人：我们看到，团队游“十一”后价格普遍上涨。请问，南铁国旅的线路费用是否也上涨了？ **蹇伟**：对于旅游价格上涨问题要看具体情况，纯玩团的价格并没有大幅上涨，而那些原本安排了购物、自费景点的团队游价格是上涨的，涨幅在 15% 到 200% 不等【*旅游产品价格*】。这和《旅游法》的实施密切相关，价格是游客选择的主要因素之一【*旅游产品价格*】，今年出境游团队数量的下降【*参团意愿*】，就和价格上涨有关，因为游客能够选择的范围小了【*可选面*】，需求减少【*旅游需求*】。 ……	《旅游法》的实施导致了旅游产品价格的上涨，游客可选择面变窄，进而影响了游客的旅游需求和参团意愿。需要进一步思考并解释的问题:《旅游法》的实施为什么带来旅游产品价格的上涨?

第二节 类属分析中编码程序的软件实现

上文提到类属分析法中的编码程序。实际上，不仅是类属分析法，质性研究中的内容分析法、扎根理论等也都需要对质性研究数据进行编码分析。尽管编码工作可以借助手工完成，但质性研究分析软件的发明无疑大大提高了原本烦琐工作的效率。软件可以节省时间，方便查找，更为规范，尤其是在数据较多、分析历时较长时，软件的优势就更加明显。但需要说明的是，即使软件能够为我们提供各种便利，但是质性分析所仰仗的还是研究者这一最有力的分析工具。具体来说，质性研究软件不像定量研究软件（如 SPSS）那样，输入数据后选择相应的分析命令就能自动输出结果，质性研究者的思想还是至关重要的。目前，质性分析中比较常用的三款软件包括 MAXQDA、ATLAS.ti 和 NVIVO。本书将以笔者经常使用的 MAXQDA 软件为例进行编码示例。

一、MAXQDA 软件及其界面

MAXQDA 始创于 1989 年，是一个旨在促进和支持定性、定量和混合方法研究项目的软件，适用于 Windows 和 Mac 两种操作平台，它支持用户导入、组织、分析、可视化和发布所有可以通过电子方式收集的数据，包括访谈记录、调查报告、表格、参考文献资料、图片、视频等。

如图 8–3 所示，当我们打开 2022 年 MAXQDA 最新试用版后，会在界面的左上角看到一个显示“用户”名的窗口，可以输入研究者的用户名，这样可以更为方便的识别这项研究的操作者。用户名一栏的下方主要是“新建”“打开”和“例子”三个命令，其中，如果要创建新的研究项目，请单击新建项目，命名项目（如“旅游动机”）并将其保存到你想要保存的路径；“打开”则指的是打开你已经创建好的依托 MAXQDA 分析的研究项目；“例子”则是MAXQDA 自带的几个示例，供研究者编码练习使用。该界面的右侧则主要是应用指南及若干帮助。

图 8–3　MAXQDA 开启界面

当我们创建并保存某个研究项目后，将会出现如图 8–4 所示的项目初始界面。

该界面分为 4 个窗口：窗口 1 为文档存储视窗，即导入的数据资料将保存在该系统窗口中；窗口 2 为代码显示视窗，即编过的符码（或称代码）将在该系统中展示；窗口 3 为文档浏览视窗，即具体的数据资料将在该窗口显示出来；窗口 4 为检索视窗（如果用户第一次启动 MAXQDA，该窗口是隐藏状态，因为开始使用时不需要使用它。但我们可以通过点击左上角“开始”命令栏中的改变窗口布局图将它调出来）。这四个窗口构成了 MAXQDA 的基本结构。我们可以通过“开始”命令栏中的改变窗口布局图，将窗口调整为个人偏好。

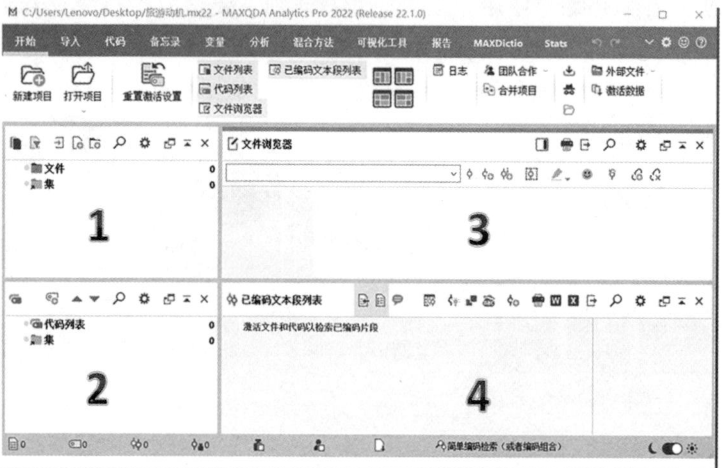

图 8–4　MAXQDA 项目初始界面

二、数据导入

我们以“背包旅游者的旅游动机结构”项目研究为例，展示数据导入与数据编码的过程。MAXQDA 中将该项目命名为“旅游动机”。这项研究来自于笔者的博士毕业论文，主要探讨的是背包旅游者为什么旅行以及旅行所赋予他们个人的意义。我们通过三种渠道收集了数据，包括深度访谈、游记搜集以及磨房网等网站上的论坛讨论帖等，并将收集的数据以 word 文档形式保存到相应的文件夹。保存过程中，为了保护信息提供者的个人隐私，可以使用昵称或数字代号等加以命名。接下来，将这些数据导入 MAXQDA。

首先，在文档存储视窗的“文件”图标上右击（图 8–5），选择出现的新窗口中的“新建文件组”，将该组命名为“访谈资料”；然后，在该图标上右击，选择“导入文件”，并查找到访谈资料保存的路径，将访谈资料中的所有资料选中并点击“打开”命令即可导入所有资料。

按照同样的操作流程，我们可以将所有的数据资料都导入至 MAXQDA，如图 8–6 所示。实际上，还有另外一种方法可以导入数据资料，即依次、直接地拖动数据所保存的文件夹至 MAXQDA 文档存储视窗中的“文件”图标再释放。该方法更为方便，但需要注意的是每个文件夹都要拖动至 MAXQDA 文档存储视窗的“文件”图标后再释放，这样才能使几个保存数据资料的文件夹呈现平级状态。

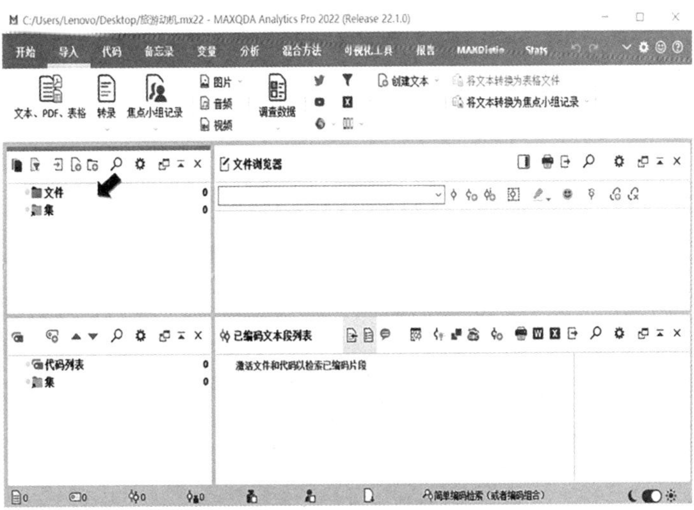

图 8–5　MAXQDA 数据导入过程

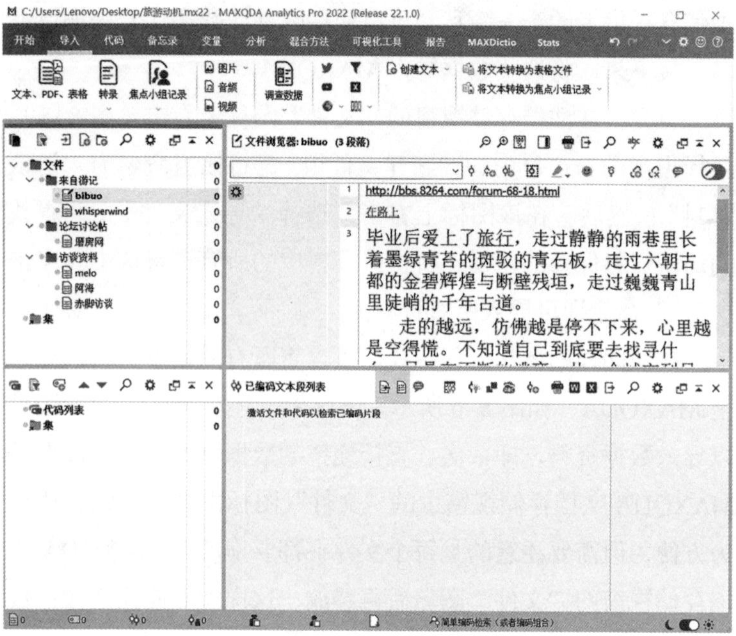

图 8–6 MAXQDA 数据导入结果

三、数据编码

我们已经将数据导入 MAXQDA，接下来进入分析阶段，即编码。在编码之前，先在文档浏览视窗的“1”所示的箭头处右键，然后弹出一个新的命令窗口，建议研究者在“2”所示的箭头那里，将“以代码颜色显示编码段”勾选，如图 8–7 所示。如果不勾选的话，编过的符码在相应的句子或段落中就不会特别地显示出来，这就让研究者很难分清哪些句子已经编过码，而哪些句子还没有编过。

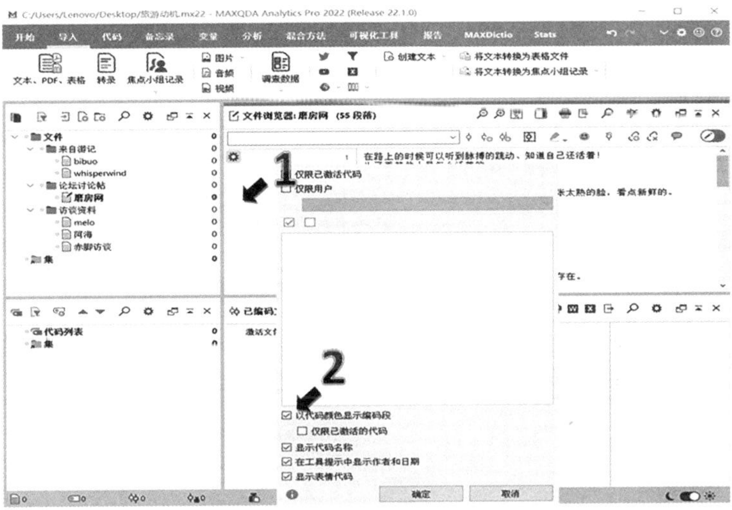

图 8-7　MAXQDA 数据编码初始

接下来，我们仅以论坛讨论帖文件夹中的以“磨房网”为名的数据为例进行编码示例。磨房网上当年关于“背包旅游者旅游动机”的话题讨论热烈，答案丰富多彩且具体，因此将这种定性数据纳入分析更加具有代表性。这个话题是“磨房的小艾”于 2011 年 3 月 29 日发起的，并被背包客们持续讨论至今。

> “每个人出走，想法都不一样；每一次出走，想法也会不一样……大家都来说两句吧，为什么要出去呢？”（磨房的小艾）

截至 2012 年 2 月 29 日 17 时 19 分，回帖数共计 1436 份。删除部分无效帖后，笔者曾将 487 条作答纳入分析范畴并进行关键词编码。在本书的示例中，我们只截取了部分数据。

将文档浏览视窗中的第一句话选中后，右击，出现新的窗口，选择并点击“用新代码”，即呈现出如图 8–8 所示的编码命名窗口，输入“感受活着”并点击确定，最终呈现图 8–9 所示的命名之后的界面。从该界面中可以看出，代码显示视窗和文档浏览视窗都显示了“感受活着”这个符码。

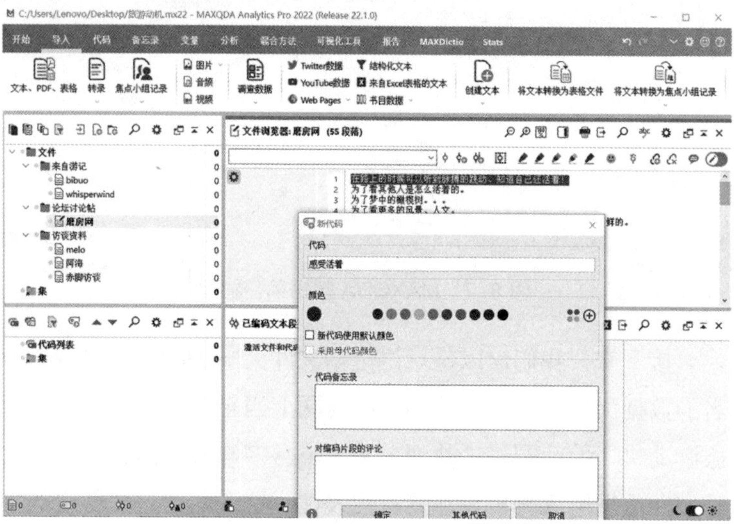

图 8–8　MAXQDA 数据编码命名过程

按照这种流程，我们继续进行编码，最终获得如图 8–10 所示的界面。至此，第一层级的编码已完成。在第一层级的编码过程中，需要研究者注意两个问题，第一，如果遇到某个句子中某个词刚好是自己想要编的符码，那直接选择该词并右击，再点击“Invivo”命令，该词汇就转变成了符码，这属于活力编码。第二，某个句子的编码如果遇到同样的符码表达，不需要将它选中并重新命名，而只需要选中该句后，左击并拖动至代码显示视窗里的那个符码身上再释放即可，并可以看到该符码的数量增加 1 个频次；而编码工作一直持续到再也没有新的符码出现，最后只剩下拖动到老的符码。在编码过程中，我们还可以使用其中的备忘录功能，以记录研究者当时的所思与所想或一闪而现的灵感，为写作过程中进一步的分析使用。

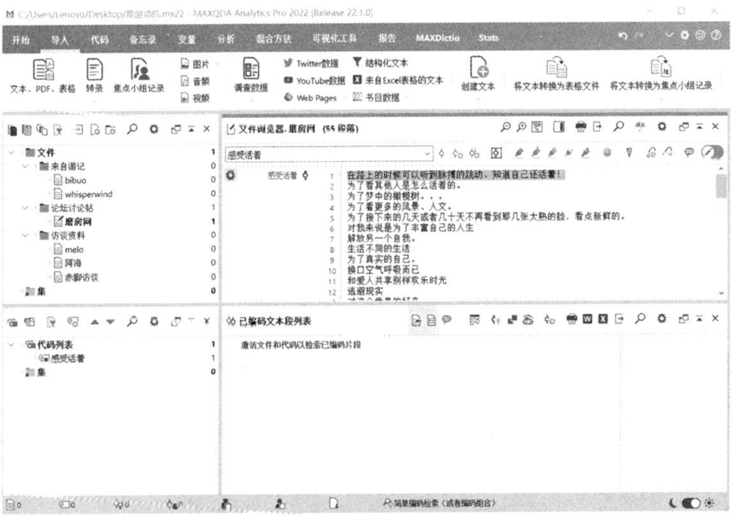

图 8–9　MAXQDA 数据编码命名之后

接下来的一步为第二层级编码，而第二层级编码只需要在代码显示视窗中进行操作。结合本研究示例，该步骤即将第一层级处理后的符码进行归类，例如将“逃避现实”和“逃避单调的生活”归结为“逃避的动机”。该步的操作流程：首先，在代码显示视窗的“代码列表”图标处右键，出现弹窗，点击“新代码”，然后命名“逃避的动机”，注意将符码的颜色换个新的颜色，这表示新建立的第二层级的符码与第一层级的符码相互区别。接下来，将“逃避现实”和“逃避单调的生活”分别拖动到“逃避的动机”符码身上，并变成它的子符码。这个归类过程实际上发挥的是研究者的主观能动性。按照类似的步骤，我们最终获得背包旅游者旅游动机类属分析中的编码终极图，如图 8–11 所示。关于 MAXQDA 更多的功能与命令，建议新手研究者阅读 MAXQDA 文字指南或者视频教程。

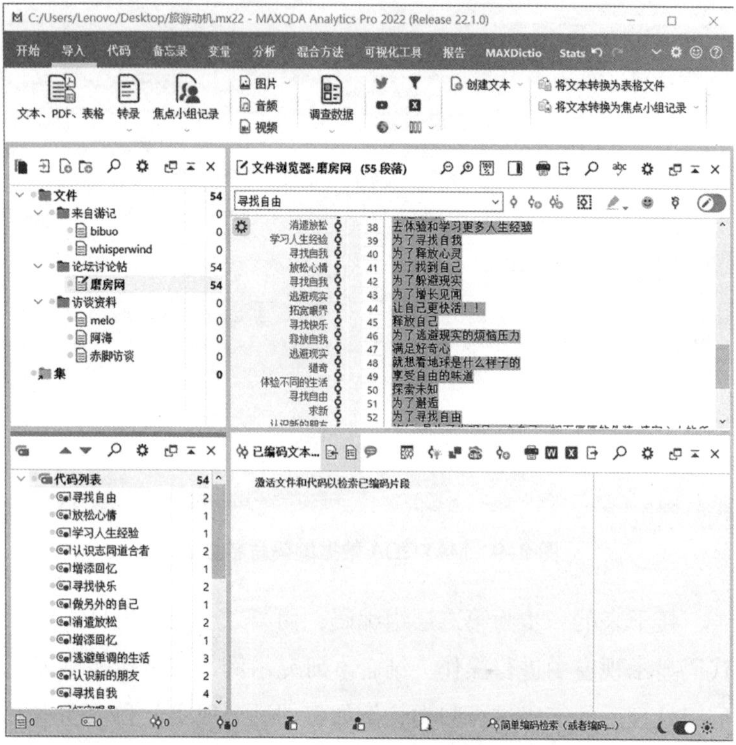

图 8–10 MAXQDA 数据编码命名之后

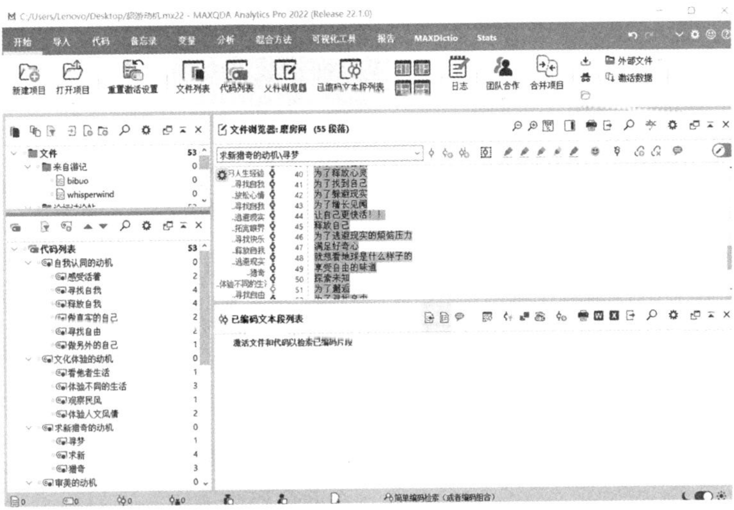

图 8–11　MAXQDA 数据编码终级图

第三节　类属分析在旅游研究中的应用

旅游研究中有不少问题的分析都需要使用类属分析法，使用扎根理论的过程中，类属分析法属于它的前半部分，并且是非常重要的步骤。除此之外，笔者认为类属分析法对两大类问题的研究具有非常好的帮助作用，一是概念的内容结构与影响因素类问题；二是概念的指标体系构建与量表开发类问题。需要说明的是，相关问题的分析过程中，可能还需要其他方法的配合使用，但类属分析在其中能够发挥重要的作用。

一、概念的内容结构与影响因素类研究

概念的内容结构研究指的是探索某个概念的维度构成。

“维度”这个词其实是定量研究中比较常见的专业术语。通俗一点说，就是某个概念由哪些方面构成。上面图 8–1 类属分析示例，就是一个典型的内容结构，其中显示，地方认同由乡土认同、血缘认同和文化认同等 3 个维度构成。我们以背包旅游者旅游动机内容结构探索为例再给予说明。在这项研究中，我们收集“磨房网”上关于背包客为什么出游这个话题的讨论帖，并对其进行编码，不断归纳，最终提炼获得表 8–4 显示的类型。该研究显示，背包旅游者旅游动机包括逃避 / 放松、自由、自我认同建构、求知、社会交往、旅游目的地体验、冒险猎奇等 7 个具体的动机类型，即其内容结构由这 7 个维度组成。

影响因素类的研究就是通过类属分析的方法探索哪些因素对某个事件或现象等产生影响。该研究的操作流程或分析路径跟上面问题的分析本质上是相同的，即通过质性研究数据的收集，然后使用类属分析法的步骤展开。例如，研究者想要运用类属分析法来探索民宿体验质量的影响因素，首先需要针对民宿主与顾客设计具体的访谈问题，然后进行深度访谈收集资料，最后运用类属分析法进行提炼与归纳，总结相关的影响因素类型。

表 8–4 背包旅游者旅游动机内容结构

Ⅱ级编码	Ⅰ级编码	Ⅱ级编码	Ⅰ级编码
逃避 / 放松	逃避单调重复的日常生活；逃避现实中的烦恼和压力；获得身心的放松；给自己的心灵放个假；给单调的生活添些乐子	社会交往	认识志同道合者；邂逅新的朋友；与亲友一起共享美好的时光

续表

Ⅱ级编码	Ⅰ级编码	Ⅱ级编码	Ⅰ级编码
自由	呼吸新鲜的空气；享受自由的味道；想要感受一下流浪	旅游目的地体验	领略不同的风景；体验不同的风土人情；体验另外一种生活；看看外面的世界；看看其他人是怎样生活的；看点新鲜的人和事物
自我认同建构	找到迷失的自己；在陌生的环境中做真实的自己；遇见另外一个自己；证明自己的勇气或独立自主；感受自己还活着	冒险猎奇	想要冒险；探索未知的世界；满足自己的好奇心
求知	开阔眼界、增长见闻；了解其他地方的历史和文化；丰富自己的人生		

二、概念的指标体系构建与量表开发类研究

除了上述两种典型的研究可以使用类属分析法外，概念的指标体验构建与量表开发类的研究也可以使用这种方法，但相对来说，这两类的研究就不像上述两类研究可以全部或纯粹性地运用该方法，它们还需要其他方法辅助完成，甚至需要定量研究方法的配合。以下，我们结合案例进行完整的解释。

（1）指标体系构建类研究。某概念的指标体系构建其中的一种路径为以下步骤所示：1）基于文献分析和理论实践经验，选择合适的研究对象，通过深度访谈等方法收集质性研究数据，然后运用类属分析法提取某概念衡量与测量的初级要素指标与内容框架。2）根据初级要素指标体系设计成李克特 5 级量表（1 分为非常不重要，2 分为不太重要，3 分为一般，4

分为比较重要，5 分为非常重要），再将量表发放给专家，请他们选择各指标的重要程度，并运用 AHP 层次法进行权重计算，对指标进行筛选。

（2）量表开发类研究。量表是“由很多题项构成，并且这些题项构成一个复合分数，试图揭示不能使用直接方法来观察的理论变量的水平”的一种测量工具[①]。量表开发具有一定的理论和实践价值。理论意义上，量表的开发有利于理解研究对象的结构维度及内涵。实践价值上，量表的开发可以测量概念，不仅可以了解该概念变量的水平，还可以利用它们来验证其与其他变量之间的关系。在旅游研究领域，量表的开发与验证越来越受到学者们的重视。近年来，国内外旅游学界更是出现了一股量表开发与验证的热潮，改变了旅游研究仅仅依靠其他学科量表的格局[②]。

量表开发通常包含以下几个步骤：1）选择合适的研究对象，通过深度访谈等方法收集质性研究数据，使用类属分析法进行概念的类属和具体测量项目的识别与归纳，借此构建初始量表题项库。2）在专家讨论的基础上，修改、删除与合并初始题项，得到第一轮修正后的题项库。3）按照李克特量表形式将第一轮修正后的量表转变为调查问卷，发放给被调查者由他们填答，回收问卷后，使用统计分析技术对量表进行信度和效度的检验，删除其中影响量表信效度的测量项目，最终构建相对成熟的量表。

---

① 德威利斯.量表编制：理论与应用（第2版）[M].魏勇刚，龙长权，宋武，译.重庆：重庆大学出版社，2004.

② 陈钢华，赵丽君.旅游领域量表开发研究进展——基于国内外六本旅游学术刊物的分析[J].旅游导刊，2017，1（6）：66–85.

妥艳媜等编制的旅游者幸福感的测量量表其过程具有典型性[1]。研究者们运用了深度访谈法和关键事件法，邀请受访者回忆一次让其感到幸福的旅游经历。访谈主题包括：1）旅游基本信息（出游时间、地点、同行者、交通工具、出游天数等）；2）产生幸福的感觉；3）幸福感带来的影响。通过类属分析，并结合前人文献，获得旅游者幸福感的维度初始构成（表 8–5）。然后，将其形成题项库，并经过专家讨论，筛选获得第一轮修正后的量表。最后，将其转化为问卷，发放问卷，收集数据，运用统计分析的方法进行量表的信效度检验，最终构建旅游者幸福感测量量表（表 8–6）。

表 8–5 旅游者幸福感初始维度与内容构成

维度	具体构成要素和内容
积极情感	开心，欢乐，快乐；愉悦；身心愉悦；惊喜；惊艳；兴奋；感动；惬意；恬静
个体成长	对生活有不一样的感悟；顿悟；人生的成长；知识增加；自己读懂生活、看懂自己；迈向人生的新阶段
控制感	现实情况和自己料想的没有太大出入，自己负责策划，并且安全地完成了这次旅行，看到了自己想看的风景
社会联结	用自己工作后的收入让父母体验旅游的快乐；憧憬带着孩子一起四处旅行；心中不免遗憾要是能带孩子出来，让孩子也看看多好
满足感	平和知足；内心满足；人生的圆满；不论周边环境好坏，内心都会觉得满足
自由感	轻松，悠闲自得；完全放松，没有压力；释放压力，暂时逃离，忘记烦恼，感觉到自由

① 妥艳媜等.旅游者幸福感：概念化及其量表开发［J］.南开管理评论，2020，23（6）：166–178.

续表

维度	具体构成要素和内容
征服感	征服；刺激；挑战；新奇；震撼
沉浸体验	期盼时间能停留在这一刻；忘乎所以地开心；全身心地、专心致志地欣赏风景和异域风情

表 8–6　旅游者幸福感最终量表

因子	测量题项
个人成长	这次旅行提升了我看问题的境界
	这次旅行让我学会更加乐观地对待生活
	这次旅行使我对自我和世界保持积极思考
	这次旅行让我得到很多人生领悟
	这次旅行让我感到自己有所成长
沉浸体验	这次旅行中我有种释放自我的感觉
	这次旅行让我感觉到精神焕发
	这次旅行中我有一种自由的感觉
	我非常享受此次旅行，完全沉浸
	这次旅行中，我体验到一种自己与身边的环境融为一体的感觉
社会联结	这次旅行中，我可以为身边伙伴 / 伴侣分担他（她）们的烦恼
	这次旅行中，我和身边的人有比较深入的接触和交流
	我在这次旅行中是一个很合群的人
	在这次旅行中，我能感觉到自己被别人接纳和认同
成就体验	这次旅行中我体验到一种征服感
	在这次旅游中，我的能力和才华得以体现
	这次旅行让我感到很有成就感

续表

因子	测量题项
控制感	我觉得这次旅行活动都在我的掌控之中
	这次旅行中我的目标很清晰
	我很好地解决了这次旅行中出现的困难
积极情感	在旅游过程中我感觉到自己是开心的
	在旅游过程中我感觉到自己是愉悦的
	在旅游过程中我感觉到自己是兴奋的

第九章　扎根理论

扎根理论作为一种分析方法在旅游研究中越来越受到重视[①]。它的受欢迎程度可能归因于明确的方法程序，这对新手研究人员特别有吸引力[②]。该方法受欢迎的另外一个原因是，扎根理论相对于传统的形而上学或者其他过于主观的质性研究方法而言要客观一些。本章主要对扎根理论方法进行介绍，首先介绍扎根理论的含义与类型，然后阐释扎根理论的操作步骤，最后对扎根理论在研究中的应用作几点补充说明。

第一节　扎根理论的含义与类型

扎根理论强调了信息从数据中的自然浮现，并借此发展成理论。但扎根理论其方法论本身也在经历着发展和演变，从最初的经典主义扎根理论到其他如程序主义扎根理论、建构主义扎根理论等有诸多不同的学派，各个学派间存在着一定程度上的分歧，各自有着不尽相同的内涵。

---

① MATTEUCCI X，GNOTH J. Elaborating on Grounded Theory in Tourism Research［J］Annals of Tourism Research，2017（65）：49–59.

② MEHMETOGLU M，ALTINAY L. Examination of Grounded Theory Analysis With An Application to Hospitality Research［J］. International Journal of Hospitality Management，2006，25（1）：12–33.

一、扎根理论的含义

扎根理论（grounded theory，又译作草根理论）是由美国社会学家格拉泽（Glaser）和斯特劳斯（Strauss）于 20 世纪 60 年代末在一项研究中提出的。扎根理论方法的发明由以下因素促成：第一，在格拉泽和特斯劳斯所处的那个历史时期，社会研究陷入一种尴尬，即社会研究存在两个极端：宏大理论的建构缺乏经验资料的支持，而经验性研究又缺乏理论提升[①]。在这种情形下，如何打通理论与经验资料之间这一鸿沟就成了众多学者思考的重心。第二，在学术界的科学研究中，实证主义的假设检验范式，特别是其在理论发展的有效性方面的欠缺受到了强烈的质疑[②]。第三，那个时期的民族志研究主要侧重于对于情境、场域、制度等的细节描述，但是缺乏分析事件发生的原因及其后果的解释和理论模型[③]。20世纪60年代，格拉泽和斯特劳斯通过对医务人员处理即将去世病人的一项实地观察研究，总结出了一套质性研究方法，并出版《扎根理论的发现：质性研究策略》（*The Discovery of Grounded Theory: Strategies for Qualitative Research*）一书。从该方法的出处可以看出，扎根理论最初来源于医学领域的研究。

扎根理论将实证研究与理论建构紧密联系，提供一套科学系统的方法指导与资料分析步骤，使研究者扎根于经验材料，在不断比较原始资料的基础上，提炼概念、归纳范畴、建立联

① 文军，蒋逸民．质性研究概论［M］．北京：北京大学出版社，2010：226.

② 霍尔顿，沃尔什．经典扎根理论：定性和定量数据的应用［M］．王进杰，朱明明，译．北京：北京大学出版社，2021：4.

③ 弗里克．扎根理论［M］．项继发，译．上海：格林出版社，2021：3.

系，进而生成和发展理论[①②]。这个定义中有几点值得我们重点关注：

第一，扎根理论强调了实证研究的思想，建立在经验资料分析的基础之上，由此揭示该方法与形而上学、传统思辨式的研究具有本质上的区别。扎根理论常常被认为是质性研究中最现代、最实证的理论构建的方法[③]。也正因为此，扎根理论才会显得更为科学，被更多的研究者所接受并流行开来。另外需要说明的是，扎根理论的经验资料即质性研究数据其来源是多方面的。格拉泽认为，一切皆为数据，访谈、文献、观察笔记、问卷、备忘录与反思笔记等，都可以作为扎根理论的原始数据[④]。

第二，扎根理论从本质上来说不是一种理论，而是一种分析问题的方法，但其目的旨在构建理论。这就要求学者要有抽象形成理论的能力。

第三，扎根理论分析过程中强调持续比较与不断归纳分析。首先，扎根理论不是关于研究结果的准确描述性报告，也不是解释参与者行为的意义；相反，它是一种概念抽象化的过程[⑤]。其次，这个过程中存在和类属分析法一样的步骤，同样

---

① 王君怡，吴晋峰，王阿敏.旅游目的地形象认知过程——基于扎根理论的探索性研究［J］.人文地理，2018（6）：152–160.

② 张敬伟，马东俊.扎根理论研究方法与管理学研究［J］.现代管理科学，2009（2）：115–117.

③ CHARMAZ K. Constructionism and The Grounded Theory. In Holstein J A&Gubrium J F（Eds），Handbook of Constructionist Research［M］. New York：The Guilford Press，2008：398–412.

④ GLASER B. The Grounded Theory Perspective：Conceptualisation Contrasted With Description［M］. Mill Vally：Sociology Press，2001.

⑤ 霍尔顿，沃尔什.经典扎根理论：定性和定量数据的应用［M］.王进杰，朱明明，译.北京：北京大学出版社，2021：14.

需要归纳提炼概念，而在归纳提炼概念的过程中，需要跟前面的资料、之前编过的符码进行不断的比较。最后，分析过程中逐渐会形成一些观点命题，获得理论，同样需要将建立的理论与现有文献进行比较，找出相同和相异之处，作为修正最初建立理论的依据。

第四，结合上文扎根理论产生的背景来看，扎根理论的出现主要是由于当时缺乏分析事件发生的原因及其后果的解释和理论模型。也就是说，扎根理论偏向于或侧重于过程类或机制类问题的分析。

第五，尽管我们在上文多处地方提到扎根理论可以看作是分析问题的方法，但不应局限于这种认识。事实上，扎根理论应看作为一套方法论体系，包括抽样、资料收集与分析、理论建构等，都有它的规定与要求。

二、扎根理论的类型

扎根理论最初由格拉泽和斯特劳斯于 20 世纪 60 年代共同提出，但后来这两位学者以及其他学者对扎根理论的理解存在分歧，学术方向发生分离，由此而催生了不同的扎根理论学派，并对于什么是真正的扎根理论这个根本性的问题产生争议。

1978 年，格拉泽以独立作者的身份出版了《理论敏感性》（*Theoretical Sensitivity*）一书，从而成为经典主义扎根理论的代表；1987 年，斯特劳斯以独立作者身份出版了《质性数据分析》（*Qualitative Data Analysis*），标志着程序主义扎根理论的诞生，而斯特劳斯与科尔宾（Corbin）合著《质性研究的基础：形成扎根理论的程序与方法》（*Basics of Qualitative Reseaarch Analysis: Techniques and Procedures for Developing Grounded Theory*）一书，使得程序主义扎根理论获得更大范围的推广与接受；最后，卡麦兹（Charmaz）在建构主义哲学理论基础上，吸收了经典扎根理论中有关归纳、对比、涌现和开放性的方法，同时借用了程序化扎根理论中的因果假设逻辑，形成了以其为代表的建构主义扎根理论①。

（一）经典主义扎根理论

经典主义扎根理论主要以格拉泽为代表。按照格拉泽的观念，理论是基于对数据的分析，并且强调不受先入为主观念的影响。经典主义扎根理论的核心思想如下所述②：

（1）持续的比较分析。这一点在上文中也提到过，它属于扎根理论的一个核心思想。通过资料与资料的比较进行分析，包括概念与概念、理论与前期理论等之间的多样性比较。格拉泽将用来发展理论的不断比较的方法步骤叙述如下：开始收集资料；寻找资料中可以发展成为核心类属的关键议题、事件或活动；收集资料，以提供核心类属的偶发事件，并留意该类别下的各种维度；写下正在探索的类属，试图去描述并解释资料中的所有事件，同时也继续寻找新的事件；运用资料和凸显的模型，以发现基本的社会经历和关系；将分析的焦点集中在核心类属上，且同时进行抽样、编码、理论的发现和写作。该步骤正如前文所强调的，质性研究不一定是这种线性化的，它是循环往复，曲折前进的。

（2）负面案例。寻找负面案例，确保研究者可以借此不断

---

① 贾旭东，衡量.扎根理论的“丛林”、过往与进路［J］.科研管理，2020，41（5）：151-163.

② ESPRIELLA R，RESTREPO C. Grounded Theory［J］. Rev Colomb psiquiat，2020，49（2）：126-132.

根据新证据发展新理论。

（3）理论敏感性。理论敏感性是指研究者的知识、理解和技能等，属于分析与思考能力、好奇心和创造力的混合物。理论敏感性能够帮助研究者形成范畴，建立范畴之间的联系。在研究的各个阶段，研究者都应该对自己现有的理论、前人的理论及资料中所呈现的理论保持警觉，注意捕捉新的建构理论的线索，因为保持理论的敏感性可帮助研究者在收集资料时有一定的焦点和方向，而且在分析资料时寻找那些可能比较集中、浓缩表达资料内容的概念。

（4）理论抽样。根据格拉泽的观点，理论性抽样是指为了形成理论，在数据分析的过程中，需要研究者决定下一步要收集什么数据，并思考从哪里可以找到它们，在理论形成的同时发展理论的数据收集过程。也就是说，当数据涌入的时候，即一开始收集原始数据的过程中，就要通过不断比较分析的方法得出符码、概念和范畴。然后，研究者将根据研究之所得进一步指导该怎样收集数据以及收集哪些数据，从而让理论得到进一步的发展，最终达到理论中每一个范畴的饱和。当理论所需的重要范畴都达到饱和后，理论性抽样工作才可以停止。

（5）理论饱和。理想情况下，数据收集工作需要一直持续到新的类属不再出现，直到实现理论饱和。

（6）备忘录书写。撰写备忘录是发展理论的基础。

（二）程序主义扎根理论

程序主义扎根理论由斯特劳斯和科尔宾开发。该学派发明的这种方法有着比较清晰的结构和过程，很明确、直接地教研究者怎么做，从而一步一步地构建出理论，因此这种方法目前使用最为广泛。但需要强调的是，格拉泽本人却极力反对斯特劳斯等将扎根理论程序化，认为这样做实质上违背了扎根理论的基本精神，即不先入为主地构想问题、提出概念、范畴或假设来强制选择资料和形成理论。在格拉泽看来，扎根理论研究的问题不是研究者自己确定的研究问题，而是研究对象所面临的问题，研究者在深入田野工作之前没有具体的研究问题，所有的研究问题、概念及范畴都是随着研究的进展而自然涌现的。另外，他认为，斯特劳斯等提出的程序化扎根理论中的推荐模型不过是一个生硬促成、事先臆想的概念框架，是将现有资料填充到预设框架中的过程。

（三）建构主义扎根理论

卡麦兹吸收了格拉泽和斯特劳斯的思想，并将建构主义哲学的理念融入扎根理论，发表了一系列的论文与著作，如《建构主义与客观主义扎根理论》（*Constructivist and Objectivist Grounded Theory*）、《建构扎根理论：质性研究实践指南》（*Constructing Grounded Theory: A Practical Guide Through Qualitative Analysis*）等，由此，卡麦兹被认定为“建构主义扎根理论”代表。

在建构主义扎根理论学派的观念中，他们倾向于将数据解释为一种建构，换句话说，是对现实的一种合理的、合乎上下文背景的理解或看法。建构主义扎根理论认为世界中不存在唯一的客观真实，数据和理论不是等待被发现的客观存在，而是带有研究者主观意识的创造，这也就允许研究者在质性研究数据分析的过程中，结合自身以往研究实践经验和知识积累，进行创新和富有想象力的研究设计与解释[①]。建构主义扎根理论最初

① 胡国栋，王天娇. “义利并重”：中国古典企业的共同体式身股激励——基于晋商乔家字号的案例研究［J］. 管理世界，2022（2）：188-239.

的应用侧重于慢性病研究。例如，艾滋病随着时间的推移，从致命疾病转变为慢性疾病，但其含义也因个人而异，有些人认为这是一种惩罚，但也有人认为这是不可避免的，等等。这种不同的看法也就决定了人们对待或处理它的不同的方式，可能是积极的应对，也可能是消极应对。

在卡麦兹看来，所有方法论都是人类了解世界的一种方式，人类对世界的理解是一种解释性的，所谓的“真理”与“理论”都具有临时性特征，理论不是被发现的，也不是独立于研究者而存在于数据中，任何理论提供的都是对被研究世界的一种解释性图象，而不是真实面貌。扎根理论也不例外，只是人类理解世界的一种方法论，人类认识世界、理解世界的过程，也是人类与外部世界互动与建构的过程。

本体论上是相对主义、认识论上是主观主义的建构主义扎根理论，重塑了研究过程中研究者与被研究者的互动关系，整个过程中研究者的观点起了重要作用。在本体论上，建构主义相信一种相对主义真实，真实既是个体的建构，又是特定社会情境中主体间的协商结果，是互动的个体的社会性建构。一个事件的社会建构意义随着时间的流逝发生变化，它不但被个体的行动所影响，而且被历史、社会和语言所影响，这种本体论的观点是对实证主义哲学观点的突破。我们把社会生活的概念从一个真实的世界、一个有待发现的世界转变为一个在思想上通过成员的语言和行动变成现实的世界。在认识论上，建构主义相信知识是由依赖情境和符合价值的多种解释构成[①]。对知识的认识不是唯一不变的，知识是一个重构的创造性的问题，

① 冉新义.建构主义扎根理论及其对教育技术研究的价值初探［J］.哈尔滨学院学报，2010，31（11）：22–26.

不存在带有普遍意义的、脱离具体情境的、抽象的知识；知识是对具体社会文化情境的建构，是参与的各方面通过互动而达到的一种暂时的共识。所以，建构主义认为主体和客体两者是一个互为主体的关系，研究者与研究过程有密切关系，研究者是主要研究工具，不是一个旁观者，研究结果是由不同主体通过互动而达成的共识。

第二节　扎根理论的操作步骤

以下介绍扎根理论三大学派的分析步骤或流程。由于程序主义扎根理论的应用最为广泛，我们将作重点解释。

一、经典主义扎根理论操作步骤

经典主义扎根理论操作步骤包含 3 大阶段 4 个步骤[①]：

（1）研究问题产生阶段。该阶段包含 1 个步骤，即确定研究问题。经典主义扎根理论强调研究问题并非在书斋里完成，而是在对某一现象所产生的研究兴趣或好奇心的驱动下，研究者进入实地与具体的研究情境，通过调研、访谈等方法收集资料，撰写反思笔记，在对经验资料分析的基础上，在田野的“漫游”中逐渐形成研究问题。这也就强调了研究问题是在研究过程中不断聚焦的，而不是在研究之前就事先确定好的，它是对研究现象的行动与过程的一种探索与提炼[②]。

---

① 霍尔顿，沃尔什.经典扎根理论：定性和定量数据的应用［M］.王进杰，朱明明，译.北京：北京大学出版社，2021：66–109.

② 吴毅，吴刚，马颂歌.扎根理论的起源、流派与应用方法述评——基于工作场所学习的案例分析［J］.远程教育杂志，2016（3）：32–41.

（2）数据收集与处理阶段。该阶段包括两个步骤，分别为：1）理论抽样与数据收集。该步骤主要是围绕研究问题设计详细的调研方案，包括确定抽样方案、选择研究对象，设计访谈问题等，并进入实地展开调研，收集质性研究数据与资料，并做好研究笔记。2）开放性编码和选择性编码。其中，a. 开放性编码：开放性编码是指没有理论预设的、完全开放自由式的编码过程，该过程的结果是发现（核心）范畴。b. 选择性编码：选择性编码意味着开放性编码的终止，限定与核心范畴有关的范畴，通过进一步的理论抽样和数据收集确认核心范畴并使其饱和。

（3）理论发现与构建阶段。该阶段包含一个步骤，即理论性编码。理论性编码强调深入研究核心范畴之间的联系，建立起关系，最终构建理论，建立模型。

二、程序主义扎根理论操作步骤

不同于其他形式的扎根理论，程序主义扎根理论的目的是建立理论，而不只是验证理论，该方法的操作技术和流程主要表现为三种类型的编码。

（1）开放性编码（open coding）。该类型的编码目的是将研究分析文本取名字并加以分类，这一流程实质上是概念化的过程，细分为概念化（将事件、现象贴标签，赋予名称，并进行初步归类，即概念化过程）和范畴化（将看似同一现象有关的概念群聚类，形成主要范畴）两个步骤。具体来说，首先，我们对某事件或现象贴标签，并给它们起名字，使它们形成一个一个的概念。初始的概念往往很多，有时能达到成百上千个。这不仅与话题讨论的宽泛性及资料的丰富程度有关，还跟研究者的编码水平和经验有关。有些新手研究者可能会编得过细，导致符码数量非常多，这种情形下，我们对符码进行适当的归类，每一类用一个概念来概括。这一步，我们仍然可以把它看作是概念化的过程。接下来，我们还得把相似的概念归类在一起发展成为范畴，否则，概念太多，我们不知如何处理。开放性编码这个过程，其实就等同于第八章类属分析的操作步骤。

严格意义上来说，斯特劳斯和科尔宾建议在范畴化的过程中，注意挖掘或发展范畴的性质和维度，但不少研究并没有严格按照这个步骤来做，这在某种程度上或许也是可以接受的。首先发展范畴的性质，再从性质中区分出维度来。性质是一个范畴的许多特质或特征，而维度则代表范畴的内容结构。比如，颜色这个范畴的性质可以包含明度、饱和度、色相等性质，每个性质还有它的不同分类，例如，颜色在饱和度的连续体中，可以由深到浅，而在色相上，可以由暗到亮。表 9–1 为旅游研究中的开放性编码示例。这项研究旨在探索旅游体验的作用路径，通过对迪士尼主题公园游记和深度访谈资料的开放性编码分析，最终从中挖掘出 43 个概念和 13 个范畴。在编码过程中，作者对游记进行分析，寻找不同的范畴以及每个范畴的不同性质和维度。比如，通过概念 a1–a8 识别出服务接触范畴（A1）后，通过原始资料发现一些服务过程让顾客略感不爽，由此，确定这属于服务接触的质量，于是质量成为服务接触的一个性质；按照理论抽样的指导，寻找服务接触质量这一性质下的不同维度，找到高低之分。以此类推，再寻找服务接触范畴下的其他性质和维度，当没有新的性质和维度出现时，确认该范畴达到理论饱和。

（2）主轴式编码（axial coding）。在开放性编码之后，将资料重新整合，建立范畴间的联系，利用“因果条件→现象→脉络→中介条件→行动或互动的策略→结果”这一典型模型来实现这一过程，即将研究者在开放式编码过程中形成的范畴按照该推荐框架进行归类[①]。这个模型的发明，笔者揣测原因在于该方法的发明人是为了便于研究者构建理论，而概括总结出这个具有一定普适应用性的理论框架。我们首先对这个模型中的几个概念进行简要的解释。

表 9–1　开放性编码分析示例[②]

原始资料	开放性编码			
	概念化	范畴化	范畴的性质	性质的维度
秧爹不置信地问那个工作人员：“人们在这里排队，只是为了拍这张照片吗？”那小伙子笑了，说：“对。”（Y34—DL）我们走进一家铺面不是很大的商店，里面迪士尼的卡通纪念品琳琅满目，小宝看了爱不释手，考虑到后面还有很多项目要游玩，因此看了之后就出来了。店家是个慈眉善目的老妇人，没想到她追赶上我们送给小宝一张米老鼠形象的卡通贴纸，着实让人感动。（Y1—DL） ……	a1 问询 a2 购物 a3 指引 a4 讲解 ……	A1 服务接触（对概念 a1–a8 进行范畴化处理）	次数 质量 路径	无 / 少 / 多 低 / 高 间接 / 直接

① 斯特劳斯，科尔宾.质性研究概论［M］.徐宗国，译.台湾：巨流图书公司，1997：112–121.

② 马天.基于扎根理论的旅游体验作用路径研究：以迪士尼主题公园为例［J］.旅游导刊，2020（3）：43–61.

因果条件（causal conditions）：导致某个现象产生或发展的事件或事故，即前置条件。因果条件可能是一个，也可能是多个，取决于实际情况。

现象（phenomenon）：引起一连串行动/互动来处理与应对的中心念头、事件或事情。

脉络（context）：脉络意味着现象发生的背景条件。（笔者更倾向于将 context 翻译为“背景”或“背景情境”。）

中介条件（intervening conditions）：对行动者所要采取的行动/互动策略有促进或抑止影响的事件。（笔者更倾向于将 intervening conditions 翻译为“干预条件”。）

行动或互动的策略（action/interactional strategies）：行动者在背景条件下，为了回应某些现象，对其加以管理、处理、执行，而采取一些属于行动/互动性质的策略。

结果（consequences）：行动的产物，行动的结果导致了什么事，或者个人或团体对行动反应的结局。

我们借用斯特劳斯和科尔宾合著的《质性研究概论》中一位摔断腿的人的例子对以上概念进行解释。某个人大腿很疼痛，这是现象。而其大腿疼痛的原因是他不小心摔断了腿，因此，不小心摔断腿是因果条件。这里的脉络指腿疼痛现象的背景条件，即具体的疼痛原因，包括什么时候摔断的、怎么断的、骨折了几次、疼痛的位置以及疼痛的强度等。这些都是大腿疼痛的背景条件或背景情境。大腿疼痛现象发生后，我们需要采取行动或互动策略，即要对它进行管理、处理。比如说，我们要把腿固定，找紧急救护，让它保持温暖。这些都属于行动策略。中介条件是对行动者所要采取的行动/互动策略有促进或抑止影响的事件。上文提到个人更愿意将 intervening conditions 翻译为“干预条件”，即认为这个干预对行动 / 互动策略或起到促进作用，或起到抑止作用。在本例中，摔断腿的人想要把腿固定，但对急救一无所知，这是抑止因素。想要给腿保持温暖，但由于找不到毛毯，这也是一种抑止的因素。最终的结果，摔断腿的人做出了处理，大腿疼痛得以减轻，这属于结果。

有必要提到的是，上文提到了“因果条件→现象→脉络→中介条件→行动或互动的策略→结果”这一典型模型，但该模型的这种逻辑表达或许还不易理解。在伍威·弗里克的著作中，他利用了横向和纵向两个轴面表达了该模型中因素之间的逻辑关系（图 9–1）[①]，似乎更有利于读者的理解，也更符合“主轴式”一词的真正内涵。笔者对横纵两个轴向的理解是，横轴揭示了现象发生、发展和演变的过程，而纵轴则突出了对现象更深层次的掌握和了解。

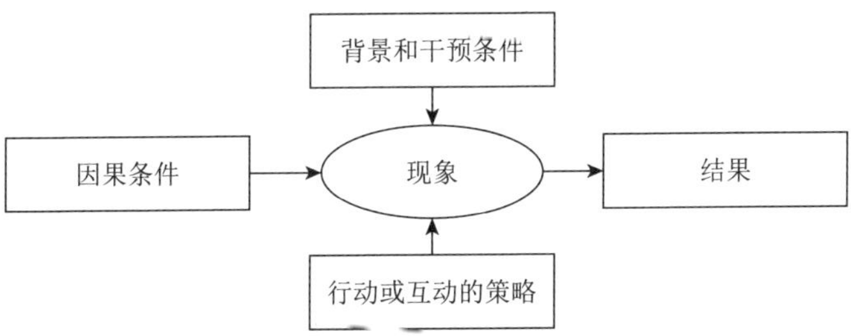

图 9–1　主轴式编码模型

（3）选择性编码（selective coding）。选择性编码是分析工作的最后一步。在这个阶段，以核心范畴为中心，并联络统合各相关概念，最终发展理论。关于这一步，斯特劳斯和科尔

① 弗里克 . 扎根理论［M］. 项继发，译 . 上海：格林出版社，2021：63.

宾只是提到了上述分析思想，并没有明确示例怎么做。有学者将其表述为“用所有资料及由此开发出来的范畴、关系等扼要说明全部现象，即开发故事线。”[①]

程序主义扎根理论在近年来国内旅游研究中应用比较广泛。国内旅游研究中较早运用该方法的是苗学玲和保继刚的成果。尽管这项研究开始得比较早，但仍不失为一篇经典之作。他们按照程序主义扎根理论，探讨了互联网平台寻找游伴的现象[②]。该研究通过对访谈等资料的编码分析获得若干初始概念与范畴，再将范畴按照典型模型进行归类，包括因果条件因素（分担旅行费用、分享、照应、可选产品丰富、心情好、性格外向、假期时间有限、担心安全、害怕寂寞和不愿参与决策等）、现象（结伴旅游需求）、脉络（锻炼组织能力、没有其他人组织、拓宽人际网络、有旅行经验）、中介条件（与同事亲友不能同行、旅行团的负面经历）、行动策略（召集、约伴）、结果（包括争端与妥协等负面经历，以及旅行体验深刻、自由、结识朋友、拜访偏僻目的地等正面经历）。结合上述编码，该研究的故事线大致可表述为：由于心情好、性格外向、假期时间有限，出于对旅行费用分担、彼此之间有个照应、避免安全事故的发生以及旅途中寂寞等因素的考虑，萌发了结伴旅行需求。为了锻炼自己的组织能力、拓宽人际网络，同时由于同事亲友不能同行，自己也不愿意参加旅行团，因此选择到虚拟社区召集、约伴，最终体验了自由，结识了新的朋友，拜访了偏僻的

---

① 高静，焦勇兵.基于多案例扎根分析的旅游者－目的地品牌关系研究［J］.旅游科学，2014，28（5）：54–67，78.

② 苗学玲，保继刚.“众乐乐”：旅游虚拟社区“结伴旅行”之质性研究［J］.旅游学刊，2007，22（8）：48–54.

目的地，尽管也发生过争执和妥协。这个故事线将各种范畴串联在一起，为研究提供一种理论概括。按照笔者的理解，这个故事线也可拆分成若干细分命题进行表达。这些命题就属于探索性研究的结果，同时也为定量研究提供有待检验的理论。

三、建构主义扎根理论操作步骤

建构主义扎根理论的编码过程分为两个基本阶段①：

（1）初始编码（initial coding）阶段。通过对数据进行逐行编码，在数据基础上进行全面抽象，研究者应围绕数据展开客观中性的提问，如“数据内容是什么”“这些内容关于什么”“数据会指向什么范畴”等问题，也会围绕包含主观的场景提问展开，即“参与者是谁”“观点是什么”等问题。初始阶段的关键原则是贴切数据，秉承开放的心态，不放过任何一个可能的理论方向。

（2）聚焦和选择阶段。对初始阶段出现令人感兴趣的符码、出现频次高的符码、在初步开放的理论框架中占有重要地位的符码，进一步归类形成范畴，为形成理论打下基础。包括以下步骤：1）聚焦编码（focused coding）。聚焦编码的意义在于使初始阶段的编码更具指向性、概念性。通过编码间的比较挑出重要的范畴，进行重点关注。2）轴心编码（axial coding）。在聚焦编码阶段，范畴已经出现，重要范畴包含其中。重要范畴进一步上升为核心范畴与一般范畴。核心范畴受到一般范畴的支持，两者建立主从关系，从而形成核心范畴的维度和属性。3）理论编码（theoretical coding）。理论编码的

---

① 贾旭东，衡量.扎根理论的“丛林”、过往与进路［J］.科研管理，2020，41（5）：151–163.

目的是使核心范畴和一般范畴间的差异关系以具体的形式呈现出来，即将初始编码阶段打散的陈述性逻辑，以核心范畴和一般范畴的方式形成了新的、连贯的、理论化的表达，同样可以利用图形、表格描述。

第三节 扎根理论的几点说明

以上我们阐释了扎根理论的含义和类型，并对三大学派扎根理论的操作步骤分别作了描述和解释。但还有几个问题需要做进一步的澄清与说明。

一、做扎根理论读不读文献？

方法论学者对于做扎根理论研究需不需要读文献、何时读文献这个问题存在过争议。格拉泽和斯特劳斯表示过，做扎根理论研究需要慎重触碰前人文献。他们在谈到如何提出合适的概念时，明确指出："一个有效的策略，首先是确实需要忽略正在研究之领域的理论和事实文献，以确保类属的浮现将不被更适合其他领域里的概念污染。与这些文献的相似性和趋同性，可以在核心类属浮现之后获得。"[①] 在格拉泽和斯特劳斯的眼里，做扎根理论研究就是要防止研究者受到先入为主思想的影响，因此要把这些文献放置一边，这似乎有点像现象学所提倡的将前人的观念"悬置"起来。避免先入为主的基本前提已

① GLASER B，STRAUSS A. The Discovery of Grounded Theory：Strategies for Qualitative Research［M］. Chicago：Aldline Publishing Company，1967：37–38.

经被一些学者批评为“幼稚的”和“不现实的”[①]。但先不读文献并不意味着永远不读文献，格拉泽和斯特劳斯表示当核心类属浮现及理论发展得比较充分时还是应该阅读同一领域的文献，这样才能与前人理论进行比较，形成对话，进而扩展和超越初步形成的理论。斯特劳斯随后在论述这个问题时，有过一些退让。他关于这个问题的中心思想是，研究者在分析核心类属出现之前，最好避免读包含理论、视角和分析，与本研究现象相同或相关的文献，但可以读以下几种类型的文献：第一，可以读本学科的一般性知识，将其作为研究视角，提供理论敏感性，也可以读与本研究现象直接相关的文献，但主要读其中的原始资料，补充研究者自己的资料库；第二，可以了解其他研究现象的文献，其原始资料和思想都可以被用来进行比较分析，为研究者对自己的资料进行编码和写备忘录提供思路；第三，对那些在本研究之前有所发现的类似研究，也需要讨论与它们之间的关系[②]。斯特劳斯的这种退让实际上会遇见操作上的难题，就是如何严格区分研究现象直接相关的文献中的原始资料与非原始资料，甚至面临着同一领域与不同领域的文献也难以区分的问题。也就是说，理论上，斯特劳斯的这种构想能够被理解，相信这样做也能优化扎根理论，但下放到实际操作层面是很难解决这些“剪不清，理还乱”的问题。

后来，在《质性研究的基础：形成扎根理论的程序与方法》一书中，斯特劳斯放弃了他之前与格拉泽的主张，而强调

① DEY I. Qualitative Data Analysis：A user-friendly Guide［M］. New York：Routledge，1993.

② 陈向明，王富伟. 扎根理论研究需要如何读文献？——兼论扎根理论不同版本的界定之争［J］. 比较教育学报，2020（2）：3-14.

文献阅读必不可少。在这本书中，他们还专门单辟一章讨论文献问题，首先将文献划分为技术文献和非技术文献两大类，其次介绍了两类不同文献所起的作用。

技术性文献指的是以专业的和学术性作品为特征的研究报告及理论和哲学性文章[①]。阅读这类文献的作用包括以下几个方面：

（1）作为资料比较的来源。如果分析资料中出现一个概念，它让人想起来读过的文献中有过相似或者相反的概念，研究者可以从相似性或差异性角度进行概念的理解。

（2）提高理论敏感性。遇到分析资料中及前人文献中都反复出现的概念，要给予重视，以此作为理论形成的基础。

（3）刺激问题思考。可以在研究开始之前和过程中，利用已有文献设计访谈和观察方案中的问题。

（4）有助于提出问题。当研究者的分析与文献存在结果上的分歧时，这种差异将有助于引起研究者的重视与思考。

（5）引导理论抽样。阅读文献有助于引导研究者了解与当前研究领域相关的其他情境，从而有目的地开展抽样工作。

非技术性文献指的是可以用来作为原始资料和补充访谈及田野观察的传记、日记、文档、手稿、记录、报告、手册等。这些资料可以作为首要资料，也可以作为对访谈和观察的补充资料。

二、扎根理论可不可以做点改变？

这个问题主要是针对程序主义扎根理论来说的。扎根理论

---

① 陈向明，王富伟.扎根理论研究需要如何读文献？——兼论扎根理论不同版本的界定之争［J］. 比较教育学报，2020（2）：3-14.

三大学派实际上也有共性的地方，即关于扎根理论的操作步骤都是从开放性编码到理论性编码。开头相同，结尾或目标也一致。不同的地方就是中间环节。上文其实提到过，笔者感觉程序主义扎根理论之所以发明“因果条件→现象→脉络→中介条件→行动或互动的策略→结果”这个典型模型来实现理论的生成，其主要原因或许是为了方便研究者们构建理论。但这种概括使用的是归纳法，归纳的方法总会存在疏漏，现实中总会存在某项研究不能完全性地套用该模型的情况。也就是说，严格按程序主义扎根理论提供的建议来做，其实并不容易，有的研究或许就没有它所提到的这个典型模型中的因素。扎根理论主要创始人之一格拉泽曾强调：“扎根理论是一套清晰的程序，用来产生概念化的假说，帮助人们解决其关心的问题。它并非像一些统计方法一样，是一套封闭的流程、死板的方法论。”因此，扎根理论不是一个一成不变的“烹饪书”或“公式”，而是会根据研究问题、研究场景以及研究参与者的不同而进行动态调整的研究方法论，扎根理论本身就是动态演化的，并非一成不变。但它的核心思想不变，即“扎根于分析资料，从概念抽象到理论生成，并意在揭示一种过程”这种理念不变，变化的只是不绝对按照程序主义扎根理论的原始推荐来做。

我们借用符国群等的一项旨在探讨子女带父母家庭旅游决策过程的研究为例做出解释。该篇文章运用了扎根理论的方法，识别了“爸妈型”家庭旅游的主要驱动力和影响“爸妈型”家庭旅游过程体验的因素，探讨了子代与亲代如何评价家庭旅游[①]。在此基础上构建了“子代－亲代”家庭旅游过程模

① 符国群等.运用扎根理论构建“子代－亲代”家庭旅游过程模型［J］.旅游学刊，2021，36（2）：12–26.

型，发现子代带父母旅游的主要驱动力是“报答和补偿”，带有明显的“行孝”动机，但在旅游之后与父母再度旅游的意愿显著降低；与此不同，亲代对旅游过程的评价和“再游意愿”明显高于子代。显然，这篇文章并没有按照斯特劳斯和科尔宾发明的程序主义扎根理论经典模型来做，而是做了灵活的变通，这其实也是可以接受的。以卡麦兹为代表的一些学者则认为，扎根理论提供的程序、规范与流程，如“样本选择”“文献回顾”“编码流程”“数据分析”以及“理论建构”等都是一种指导性原则，而不应成为金科玉律的具体指令，需要研究者灵活使用①。

三、理论是“发现”还是“建构”的？

回答这个问题要根据研究者所信奉的学派观点或遵从的学派主张而定。不同学派的观点是不一样的。按照格拉泽的观点，理论是发现的，它客观地存在于数据之中，在这个过程中研究者应该保持一种价值无涉的中立立场。而以卡麦兹为代表的建构主义扎根理论学者则将“参与”“对话”“移情”与“共同建构”等思想引入扎根理论研究中，强调质性研究是一种“价值介入”的方式，社会研究不可能完全排除价值中立，现象的接受、选择、描述和解释不可避免地会受到研究者主观因素的影响②。今天社会科学研究中所使用的扎根理论，关于到底是强调“发现”还是强调“建构”，实际上并非泾渭分明，即扎根理论在发展过程中有相互采纳、互相融合的现象。

---

① 吴毅，吴刚，马颂歌. 扎根理论的起源、流派与应用方法述评——基于工作场所学习的案例分析［J］. 远程教育杂志，2016（3）：32–41.

② 同上。

四、形式和内容：谁更重要？

今天旅游研究中同样呈现出大量使用扎根理论方法的图景，表明了许多学者接受并愿意使用这种方法。这种方法的采用相对性地减轻了国内长期仰仗传统思辨式文章的程度，这可以看作是一种进步。但是，部分文章在应用扎根理论方法过程中似乎也陷入了工具依赖的泥沼。确切地说，部分文章使用了扎根理论这种程序化的步骤提炼了概念，也发展了理论或理论模型，但文章显得比较匠气，质性研究的味道不浓，更重要的是，文章缺少了深度的描述、阐释及与相关理论文献的互动和融入。吴毅等同样谈到过这个问题。他们批评指出，尽管规范的数据分析是扎根理论所要强调的一个方面，但有很多初学者将扎根理论等同于数据分析工具，并利用计算机软件将数据分析程序化、简约化，扎根理论不应该被认定为是一套普适性、固化的、一成不变的流程，更不能将其简化为一种计算机软件技术，还需要强调研究者提出问题、建立关系、捕捉灵感、运用直觉与想象力，否则，研究的结论就成为描述现象层面的“行为”与“认知”，而看不到现象背后的“关系”与“生活世界”①。

最后回答本标题所提出的问题，我们需要强调的是，形式和内容同等重要，希望扎根理论实践者在规范地运用扎根理论的操作步骤的同时，在分析过程中也要注重对相关理论文献的对话、借鉴和融合。

---

① 吴毅，吴刚，马颂歌.扎根理论的起源、流派与应用方法述评——基于工作场所学习的案例分析［J］.远程教育杂志，2016（3）：32–41.

五、一切皆数据!

研究数据无论是对质性研究还是定量研究而言都是重要的。扎根理论学者提出“一切皆数据”的理念，鼓励使用各种方法收集一手研究数据，包括利用观察、访谈、拍视频等方法，还包括搜集各种二手资料，如档案、回忆录、新闻报纸、日记、传记、学术文章等。研究者常常重视一手研究数据的收集，而忽略了一些二手数据来源。朱迪丝·A. 霍尔顿和伊莎贝尔·沃尔什指出，现有文献其实可以作为数据①。扎根理论实践者把文献作为数据，主要是将它们与研究者提炼得到的概念、范畴进行比较，从而指导理论抽样与理论生成。

① 霍尔顿，沃尔什.经典扎根理论：定性和定量数据的应用［M］.王进杰，朱明明，译.北京：北京大学出版社，2021：53.

第十章　隐喻抽取技术

目前，隐喻抽取技术在中国大陆的发展还处于起步阶段，台湾地区的有关研究资料相对而言较丰富，值得学者的关注。另外，隐喻抽取技术在市场营销领域应用较多，在旅游领域中的应用相对比较零星，但这种方法可以为旅游研究注入新鲜的血液和活力，以期丰富旅游研究方法的理论体系。隐喻抽取技术与前面介绍的类属分析具有一定的区别，它不仅仅是数据分析的方法，也包括数据收集的方法。从内容的角度来看，笔者认为隐喻抽取技术与符号学具有极大的相通之处。因此，建议读者在学习这种方法的同时，可以进一步学习符号学的相关知识，以达到相互补充的作用。本章首先介绍隐喻抽取技术的起源与含义，然后阐释隐喻抽取技术的假设前提和理论基础，最后介绍该方法的操作步骤与流程。

第一节　隐喻抽取技术的起源与含义

隐喻抽取技术（Zaltman Metaphor Elicitation Technique，简称 ZMET）最早是由哈佛商学院的教授扎尔特曼（Zaltman）提出的，该方法的主要思想是将照片观看与深度访谈相结合；该方法既包括数据收集的策略，又含有数据处理的方法，主要通过从受访者身上引诱获得表面的、存在于日常语言中的隐喻，这些表面的隐喻可以作为对更深层隐喻理解的线索，从而捕获受访者内心深处的感受和想法[①]。

该方法的发明源于扎尔特曼在一次尼泊尔旅行中获得的灵感。20 世纪 90 年代初，扎尔特曼去尼泊尔的一个贫困地区做调查研究，他没有亲自去拍摄当地人的生活场景，而是采用“志愿者雇用摄影技术”，即将照相机提供给当地人，教他们如何去拍照，并让他们自行拍摄自己感兴趣的东西或景象。这些照片收集起来后，令扎尔特曼感到奇怪的是，当地人拍摄的照片中的人像都没有脚。经过询问后扎尔特曼发现这是拍摄者有意为之的作法，原来当地人赤脚是因为没有鞋子穿，对于当地人来说赤脚代表着贫穷，是贫困的一种符号表征，所以当地人并不想向外地人暴露他们贫困的状况。正是这小小的顾忌，引起了扎尔特曼的思考，他发现看似普通的照片背后竟然隐藏着不为人知的故事与意义。扎尔特曼将这些想法应用到了自己的研究之中，发明了隐喻抽取技术。

1995 年，扎尔特曼在《看见消费者的声音——以隐喻为基础的广告研究方法》一文中首次提出了隐喻抽取技术的概念，认为隐喻抽取技术是结合非文字语言（图片）以及文字语言（深入访谈）的方法，以探索消费者内心深处的想法和观念

---

① ZALTMAN G，COULTER R. Seeing the Voice of the Customer：Metaphor-based Advertising Research［J］. Journal of Advertising Research，1995，35（4）：35–51.

的研究技术[①]。从中可以看出，第一，隐喻抽取技术是在一对一的采访中使用受访者的图片作为刺激，来探索和调查受访者的意念与感受，受访者通过挑选照片、讲述图片背后的故事，使原本内心晦涩难言的真实想法清晰地表达出来；第二，隐喻抽取技术最初源于市场营销研究领域。

图像处理技术与传统语言文字交流方式的结合，有助于揭示受访者潜藏在内心的真实感受与想法。图像思考学家格温多琳指出，人类思考的方式早期是以图片而不是文字的形式，人类超过 80% 的沟通也是通过非语言的形式，如手势、语调、眼神、身体姿势等都是借助图像进行的思考[②]。大多数到达大脑的信息是通过视觉系统实现的，许多交流是非语言的，图片可以作为探索客户概念的切入点。也就是说，图片作为一种非语言和文字的视觉传播媒介，可以借助图像想象和视觉隐喻进行分析较难探索的受访者的潜意识层面。

心理学家弗洛伊德提出了无意识概念，他把人的意识比作是浮出海面的冰山，暴露出海平面的 5% 是显意识层面，沉睡在海底的 95% 则属于无意识层面，无意识来源于我们意识不到而又难以表达的隐晦的认知过程。问卷调查、焦点小组、面对面访谈等传统意义上的调查手段，往往只能获得用户意识表现中的 5%，而隐藏在用户意识中的 95% 是无法获取的，难以做到窥其全貌。隐喻抽取技术的独特优势在于能够深入人们内心 95% 的无意识，打开隐藏在事物背后的隐喻，可以更加深

① ZALTMAN G，COULTER R. Seeing the Voice of the Customer：Metaphor-based Advertising Research［J］. Journal of Advertising Research，1995，35（4）：35-51.

② GWENDOLYN C-C. The ZMET Alternative［J］. Marketing Research，2000（12）：6-12.

入了解受访者的内心世界，进而帮助受访者丰富和完整地阐述自身的看法[①]。

第二节 隐喻抽取技术的假设前提

传统的定性调查技术的框架是以口头为中心的，即调查者主要是面向词语，但这种调查技术所面临的一个现实可能是，大多数的人类交流是非语言的。因此，如果研究者忽视了非语言交流的渠道，则很有可能会错过对被研究者更多信息的掌握和理解。在这种背景下，一种多感官渠道引出消费者信息的方法就孕育而生，即隐喻抽取技术。扎尔特曼和库尔特总结了隐喻抽取技术有 7 个理论假设前提[②]：

（1）大部分的沟通是非语言形式的。虽然没有正式的研究提供直接的证据，但通信专家的经验法则是大约 80% 的人类交流是非语言的，语言的大部分意义也是由非语言线索决定的[③]。人们在日常生活中使用的大多数心理图像是视觉上的，到达大脑的刺激也都是非语言的[④]。

（2）思考是以影像的方式产生。思想是图像，通常以非语言图像的形式出现，非语言术语的使用可以使研究人员更接近

① GWENDOLYN C–C. The ZMET Alternative［J］. Marketing Research，2000（12）：6–12.

② ZALTMAN G，COULTER R. Seeing the Voice of the Customer：Metaphor-based Advertising Research［J］. Journal of Advertising Research，1995，35（4）：35–51.

③ POYATOS F. Paralanguage：A Linguistic and Interdisciplinary Approach to Interactive Speech and Sound［M］. Benjamins，1993.

④ KOSSLYN S，SEGER C，PANI J，et al. When Is Imagery Used in Everyday Life? A Diary Study［J］. Journal of Mental Imagery，1990，14：131–152.

思想发生的状态。而字面语言和非语言图像的结合则更有助于向研究人员传达更深、更多样的内部表征或意义。

（3）隐喻是思想、感觉和行为的基本单位。隐喻是观察消费者思想和感受以及理解行为的关键。一个隐喻的本质是用另一种事物的角度理解和体验一种事物[①]。隐喻作为一种强有力工具，可以隐藏、表达我们的想法，帮助我们了解思考的本质，能够挖掘对人们决策具有深远影响的潜在情感。从市场营销学的角度而言，只有通过对隐喻的理解，我们才能理解消费者的思维和行为，从而学习如何成功地开发和销售商品和服务，甚至行为和思想本身也是彼此的隐喻。

（4）感官的图像即隐喻。感官是通往心灵的大门和窗户，所有新信息都通过它传递，以感官为基础是了解受访者思想和行为的重要潜在工具，可以帮助研究人员打开用户的心智之门。基于感官的隐喻是理解人的思想和行为的潜在重要手段。许多隐喻都是心理上的图像，个人可以通过图片来传达他们的视觉隐喻，例如照片、杂志中的图片、图纸或艺术品等等。

（5）心智模型是故事的表现。这个前提的一个组成部分是，记忆的主要过程为故事的创造、存储和检索[②]。当然，故事是对知识的隐喻，它们提供了构念（construct）之间的关系，因此，研究人员可以捕获并作图表显示。构念之间的连接代表了一个构念影响另一个构念的推理过程。

（6）思想中的深层次概念是可以触及的。大约有 95% 的

---

① LANGACKER R，LAKOFF G. Women，Fire，and Dangerous Things：What Categories Reveal About the Mind［J］. Language，1988，64（2）：384.

② SCHANK R. Tell Me A Story：A New Look at Real and Artificial Memory［M］. Simon & Schuster Trade，1990.

思想、情感和学习的过程是无意识的，人们无法察觉这些隐藏在内心的想法与感受，但是它们会在潜移默化之中影响人们的思维与认知。隐藏在内心深处的想法和感觉，通常无法用语言表达，但通过有效的方法和工具，是可以将这些想法和感觉挖掘出来的。

（7）理性和感性需要相互结合。感性和理性在决策过程中同时对人们产生影响，两者并非对立而是相互依赖的，虽然理性思维比感性思维更加的准确和全面，但是也需要情感方面的支持。因此，随着深层思想概念的浮现，我们必须同时考虑理性和情感。

第三节　隐喻抽取技术的理论基础

ZMET 作为一种基于各种领域的混合方法，包括语言和非语言的、视觉社会学、视觉人类学、文学批评、符号学、心理意象、认知神经学等等，在吸取了多个学科的精华的基础上建立了深厚的理论基础[①]。

一、符号学理论

“符号学”是一门针对各种符号进行分析和讨论的学科。赵毅衡在其著作《符号学：原理与推演》的引论中开宗明义地指出：“人的精神，人的社会，整个人类世界，浸泡在一种很少有人感觉到其存在却没有一刻能摆脱的东西里，这种东西叫

---

① 徐卉鸣 . 基于 ZMET 方法的虚拟礼物用户情感体验研究［D］. 江南大学，2012.

符号。”[①] 符号可以说无处不在。恩斯特·卡西尔更是认为，整个宇宙充斥着符号[②]。按照赵毅衡的归纳，符号根据其“物源”分为三种：

第一种是自然事物（例如岩石、雷电），它们原本不是为了携带意义而出现的，但落入人的意识中，被意识符号化，才携带意义。如雷电传达了天帝之怒，岩石成了矿脉的标记。

第二种是人工制造的器物（例如石斧、碗筷、食品），原本也不是用来携带意义的，而是使用的物品。这些事物，当它们“被认为携带意义时”，都可能成为符号。如石斧在博物馆成为文明的印记，食品在超市橱窗里引发我们的食欲。

第三种是人工制造的“纯符号”，完全为了表达意义而制造出来的事物，例如语言、艺术、表情、姿势、图案、烟火等，它们不需要接收者加以“符号化”才成为符号，因为它们是作为意义载体被制造出来的。[③]

从以上示例中可以看出，符号被认为是携带意义的感知。符号学分析的对象正是符号及其意义。无论是在西方社会，还是中国，对符号的研究古已有之。早在古希腊、罗马时期，柏拉图、亚里士多德等哲学家就把符号作为哲学的考察对象[④]。而中国的符号学研究早在《易经》等先秦哲学著作中就已出现[⑤]。真正意义上的“符号学”研究始于20世纪，其奠基人被

① 赵毅衡．符号学：原理与推演［M］．南京：南京大学出版社，2016.

② 卡西尔．人论：人类文化哲学导引［M］．甘阳，译．上海：上海译文出版社，2017：43.

③ 赵毅衡．符号学：原理与推演［M］．南京：南京大学出版社，2016：28.

④ 科布利，詹茨．视读符号学［M］．许磊，译．合肥：安徽文艺出版社，2009.

⑤ 王铭玉，孟华．中国符号学发展的语象合治之路［J］．当代修辞学，2021（4）：70–85.

公认为是索绪尔（Saussure）和皮尔斯（Pierce）。但两位学者的理论有所区别。索绪尔研究的是语言符号学，他眼中的语言符号由“能指”和“所指”构成，其中，“能指”指的是语言的声响或文字的外形，而“所指”代表的是相应的概念[①]。举例子来说，父亲带着自己的孩子在小区遛弯，突然前面跑过来一条狗，父亲想提醒孩子注意它，就说了“狗”这个词。当他说出这个词的时候，狗的这个发音即为能指，而孩子听到“狗”的发音其脑海里浮现“狗”这个概念并联想起狗的形象则为所指。与索绪尔的研究不同，令皮尔斯感兴趣的不止于语言符号，还包含各种非语言符号，如可见的物体、不可见的气味、感觉，甚至思想等。为此，皮尔斯发明了符号三角形理论。符号的核心构成要素包括“再现体”（representamen）、“对象”（object）和“解释项”（interpretant）；其中，符号“再现体”指的是符号的可感知部分，如形态、质感、色彩等，“对象”是符号所指涉的人或物，而“解释项”则指的是对符号的解释，即符号的“意义”。由于皮尔斯的符号学理论不限于对语言符号进行研究，世间万物，甚至不可见的思想等都属于符号范畴，因此该理论的应用范围更广，应用价值更大，受到各种学科领域研究者的青睐和使用。

---

① 科布利，詹茨.视读符号学［M］.许磊，译.合肥：安徽文艺出版社，2009：8–15.

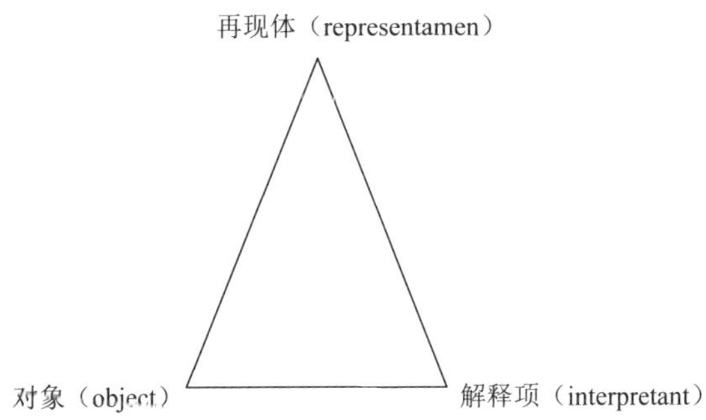

图 10-1 符号三角形

我们以日常生活中“红灯笼”这个物件为例来解释皮尔斯的符号三角形理论。红灯笼这个物件本身是对象，也就是这个物件指的是红灯笼；而红灯笼的形态、颜色，包括它的质感等呈现在我们视觉上的感受是再现体；在中国传统文化语境中，人们赋予红灯笼的寓意是“喜庆”“兴旺”“红红火火”与“阖家团圆”，这些寓意属于红灯笼的象征意义，即为解释项。由此也可看出，通过符号学的分析可以对事物背后隐藏的象征意义进行挖掘和探索，即挖掘它们的隐喻之意。而隐喻抽取技术最终极的目标是探索隐藏在人内心深处的感受、想法或观念。从这个角度来看，符号学理论可以看作是隐喻抽取技术的理论基础。实际上，旅游研究中很多的话题都可以借助符号学、隐喻抽取技术帮助开展探索性的工作。如同前文所提到的恩斯特·卡西尔的观点，即整个宇宙由符号构成。在这种思想的启示下，旅游学者将旅游目的地看作是符号的集合体[①]，而旅游者的体验就其本质而言，可以说成是一种符号互动现

① 马康耐.旅游者：休闲阶层新论［M］.张晓萍，译.桂林：广西师范大学出版社，2008：123-132.

象[①]。我们曾以西江千户苗寨为案例地，运用隐喻抽取技术，从符号学的视角探讨西江千户苗寨村民在与旅游者的互动交往体验中内心深处的感受[②]。西江千户苗寨的村民在这个社区繁衍生息，保留了当地的传统生活方式，创造了其独特的民俗文化。在我们的访谈中，大多数的旅游者常常会提到苗家人，包括绣花的老奶奶、挑水的小伙子、晒麦子的大叔、美丽的苗族姑娘等等。他们通过各种旅游参与实践表征着其独特的地方文化。苗家的男女老少身着精美的苗族服饰，列队等候，载歌载舞，用最高礼节"拦门酒"迎接着来自远方的宾客；年过半百的老人们吟唱着古老的苗歌；盛装的表演人员为游客献上展现苗族发展历史的精彩歌舞剧。这些符号都拥有各自的象征性意义，如"拦门酒"代表着苗家人的待客礼仪，承载着浓烈的好客之情；苗家人日出而作、日落而息的劳作场景展示着悠久的农耕文化；歌舞表演展现了苗族人的节日盛况和歌舞助兴的风俗，象征着热情和友好。这些典型的社会情景由互动的人所创造，并通过语言、表情、体态、动作等符号以表征。

二、精神分析理论

隐喻抽取技术的理论基础还源自于心理学中的精神分析理论。精神分析理论的创始人是奥地利心理学家和精神病医师弗洛伊德。弗洛伊德被称为是 20 世纪影响巨大的世界著名人物之一，曾被弗洛姆（Fromm）冠以"人类伟大的人物和领路人

---

① 谢彦君.旅游体验研究——一种现象学视角的探讨［D].大连：东北财经大学博士学位论文，2005.

② 余志远，王楠，韵江.旅游目的地意象的游客感知及形成过程——基于符号学理论视角［J］.地域研究与研发，2022，41（3）：129-134.

之一”，他的思想对哲学、美学、艺术学产生了重大的影响，为众多研究领域开启了新的大门[①]。从渊源上来看，精神分析理论继承和发展了西方哲学传统，最早可追溯到古希腊的恩培多克勒（Empedocles）的“爱”与“恨”的动力因、柏拉图的“爱欲”“回忆说”“灵魂散步说”、亚里士多德的“梦说”，而对弗洛伊德的思想有直接影响的则是近代哲学[②]。18世纪初，哲学家莱布尼茨（Leibniz）提出无意识和意识的等差观念，而一个世纪之后的赫尔巴特（Herbart）把这个观念发展成意识阈限的概念，认为被排挤于阈限下的观念即为无意识的，这些观念使弗洛伊德深受启发[③]。

弗洛伊德有许多伟大的理论发现，其中包括意识层次结构理论。弗洛伊德把人的意识分成三个层次结构：其一是无意识，又称为潜意识，是个体内心深处被压抑的内容。弗洛伊德在与布洛伊尔（Breuer）共同研究癔症的过程中发现，病人在正常情况下并不能意识自己的一些情绪经验，但在催眠状态下，病人能够回忆起自己有关病症的经验，而且由此心里感到舒畅，病症就会解除。弗洛伊德判断认为，病人经历过的情绪经验被压抑排斥到意识之外，保留在无意识中。那些羞耻、内疚、焦虑等痛苦情感及不符合社会伦理道德的观念被压制在无意识中。无意识观念从不或极少进入清醒的思维中，但它们影响着清醒的思维。但无意识不代表没有意识。其二是前意识。能进入意识的潜伏的观念可以被视为前意识的。前意识可谓是

① 张苏昱．解读弗洛伊德、梦与意识［J］．美与时代，2018（7）：34–36.

② 季岐卫．弗洛伊德无意识理论的“科学”地位及其哲学价值［J］．学术交流，2017（5）：64–69.

③ 林正耀，李正云．对弗洛伊德无意识概念的再认识［J］．上海师范大学学报（基础教育版），2010（1）：34–39.

一位“稽查者”，阻截无意识的本能和欲望侵入意识之中。它压抑了潜意识，保证了意识的理性。举一个例子，可以这样理解：在你的脑海里有一个人，本来你几乎忘记了，但是经别人一提起，又重新让你想了起来，并唤回了你曾经记得的许多事情，这种现实就存在于前意识之中。其三是意识，是个体直接感知的心理与情绪。意识服从于现实，它调节着进入意识的各种印象，压抑着原始的冲动和欲望。

对于以上三者之间的关系，弗洛伊德的“冰山理论”可以给予很好的解释（图 10–2）。

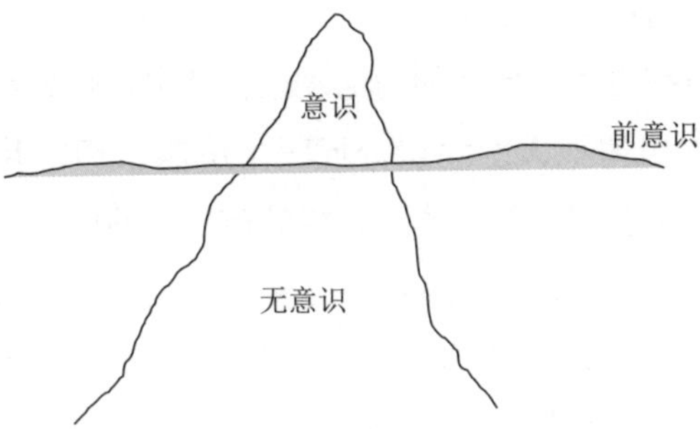

图 10–2　弗洛伊德冰山理论示意图

人的内心世界好比一座位于海里的冰山。可知的意识如浮于海面的可见冰层，但它只是冰山一角，作为一小部分而存在；而在人的内心世界里有一个不可尽知的广阔空间，这就是无意识，无意识就像掩藏在海面之下的庞然大物；而前意识则是连接意识和无意识的一个层面[①]。

引起心理学家思考的问题是，人们该怎么认识无意识，或

① 邱海颖.弗洛伊德精神分析学及其贡献和缺点［J］.文化学刊，2015（12）：75–78.

者说，人的无意识如何被发掘。精神病医师如果掌管了这把通往人的无意识大门的钥匙，就可以帮助病人治疗他们的精神病症，而心理学家掌握这些方法的话，则有助于了解人的内心世界，同理，市场营销者如掌握这些途径，就可以洞悉消费者隐藏在内心深处的消费诉求。按照笔者的理解，这些方法至少有以下几种：

第一，梦的叙说。正如前文所述，由于无意识的想法常常是痛苦的情绪或者不合乎社会伦理道德规范，因此，它们在白天，在人的意识清醒的情况下，是被压抑在内心深处而不能够外露的，但是到了晚上，当意识放松了警惕，人的精神在潜意识里面，无意识下活动的欲望会通过象征、凝缩、移置等多种伪装途径躲避意识的监督和稽查，在伪装之后可以畅通无阻地进入人的大脑，最终进入人的梦境。做梦者醒来后，通过听取做梦者对梦的叙说，会释梦的心理专家就能够挖掘到人的无意识心理。

第二，催眠引导。弗洛伊德治疗精神病人时，常常先对他们催眠。在催眠的状态下，个体的意识防范得以解除，然后通过谈话，了解隐藏在他们内心深处不为人知的经历和观念。

第三，自由联想。弗洛伊德在治疗精神病人时，让他们使用自由联想。自由联想法是让患者在清醒的状态下，自由地回忆呈现在脑海里的有关过去的任何观念、想法、经历，并不加任何批判、如实地报告出来。自由联想法的实质是无意识进入意识的可能性问题，或者换句话说，是无意识的意识化过程，是患者自身的无意识与意识的交流和沟通过程①。

① 季岐卫.弗洛伊德无意识理论的“科学”地位及其哲学价值［J］.学术交流，2017（5）：64–69.

第四，刺激诱导。一些研究表明，无意识可以通过刺激物的刺激，结合深入访谈诱导而获得[①]。比如，可以使用照片为刺激物。正是在这种情况下，扎尔特曼才发明了隐喻抽取技术，结合心理学、认知科学、符号学、视觉人类学等多种学科的精华后，结合深入访谈诱导引出消费者心中的隐喻来寻求潜在需求。受访者在挑选图片以及在表述自己的经历和感受时，往往是基于过去的知识和经验，在交谈过程中不自觉地会流露出内心深层次自我都未必知晓的情感、态度与欲望。

三、手段－目标链理论

手段－目标链理论（Means-End Chain Theory，简称MEC）也可看作是隐喻抽取技术的理论来源之一，该理论对隐喻抽取技术的发明具有启发性的影响。但这种理论本身同样可看作是一种重要的研究方法，值得我们关注与学习。

手段－目标链理论最早由内威尔（Newell）和西蒙（Simon）两位科学家提出，是一种简明扼要地分析消费者行为和价值的工具。后来，古特曼（Gutman）等学者将其进行进一步的修改与完善，提出了手段－目标链理论及其模型。该理论模型中，属性（attribute）、结果（consequence）和价值观（values）三个不同的要素连接成一个链条，以此来反映个体如何通过其行为来实现自己所追求的目标[②]，或者说，这个模型充分体现了消费者导向的营销理念，把消费者的个人价值

---

① 苏文宇.消费者潜意识分析在老年人智能产品设计中的应用研究［D］.南京林业大学，2018.

② GUTMAN J. A Means-end Chain Model Based on Consumer Categorization Processes［J］. Journal of Marketing，1982，46（2）：60-72.

与产品的具体属性联系到一起，从而使管理者能够更好地把握市场，为满足消费者需求提供方法。这三个要素之间是层层递进的关系，即结果相对于属性来说是目标，属性是结果的手段；价值观相对于结果来说是目标，结果是达成价值观的手段，所以，它们三者形成一个链条，用来深入了解受访者的行为偏好和价值观，其概念图如图 10–3 所示。我们对这三个要素解释如下。

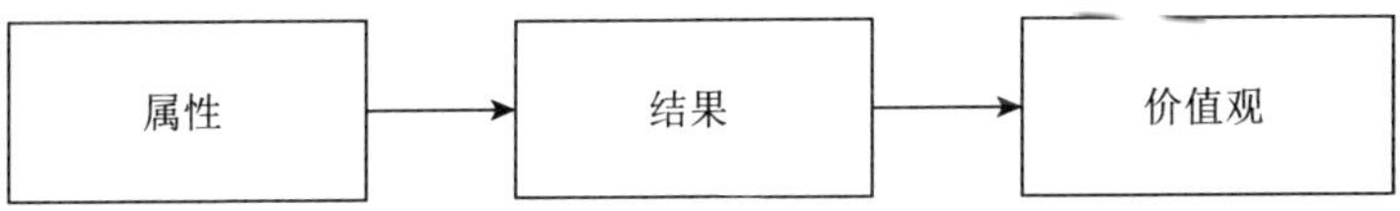

图 10–3　“属性—结果—价值观”连接链示意图

（1）属性。由于手段 – 目标链理论最初来源于消费者心理学，用来解释人们的消费行为，所以属性实际上指的是产品的属性。不同学者对产品属性的认识不尽相同。一般来说，产品属性包括物质属性和功能属性。有学者将属性划分为具体属性和抽象属性，前者指的是有形的、可直接观察描述的属性，而后者指的是无形的、主要通过人主观评价的属性[①]。还有研究不对属性做分类，就是概括消费者感知到的该物品的所有特性。

（2）结果。消费结果是指消费者在使用了产品或服务之后，内心产生的最直接最真实的感受。结果包括功能性结果、心理性结果和社会性结果：功能性结果是使用产品所带来的直接的物理性结果；心理性结果是使用产品后不可见的或间接的

① OLSON J，REYNOLDS T. Understanding Consumers’ Cognitive Structures：Implications for Marketing Strategee［J］. Lexington Books，1983，21（3）：302–312.

结果，是拥有该产品后给人的一种自我感觉；社会性结果是使用或获得该产品后他人对我们反应的程度。

（3）价值观。价值观是人区分好坏、损益、美丑、对错及符合或违背自己意愿等的观念系统，它具有影响个体对观念和行为进行偏好选择的特性①。在手段－目标链理论模型中，价值观被认为是链条中抽象程度或层级度最高的部分，不同的价值观会影响个体对于物品重要性的判断，进而影响个体对物品的评价和行为，人们选择得到某些物品的最终目的也是为了满足一定的价值观的需要（表10–1）。

表10–1 价值观列表

价值分类	
手段价值	目的价值
勇气、宽恕、诚实、想象力、独立、聪明、逻辑、服从、礼貌、负责、自我控制、清洁、高兴、能力、权力、心胸开阔、帮助、爱	舒适生活、成就感、世界和平、平等、美丽世界、家庭安全、自由、幸福、国家安全、乐趣、救世、自尊、社会认可、友谊、智慧、内在和谐、刺激的生活、成熟的爱

手段－目标链理论的操作步骤如下：

（1）阶梯访谈。通常情况下，研究者使用阶梯法获得该理论模型构建所需要的数据。阶梯法利用诱导性的方式，找出消费者对于被调查产品的属性、结果和价值之间的联系，它包括软阶梯和硬阶梯。其中，软阶梯主要是利用一对一的深度访谈，在一个放松的环境下，通过访谈者的循循善诱，让受访者自由表达，诱导出他们认为产品重要的属性或特点，直至最终

① 黄希庭，窦刚，郑涌.当代大学生价值观的离散选择模型分析［J］.心理科学，2008，31（3）：657–680.

诱引出受访者的价值需求；硬阶梯采用结构式问卷，让受访者以自我填答的方式来收集信息资料。

（2）编码与内容分析。将访谈内容的关键因素进行编码整理，再将所有编码汇总按照“属性”“结果”和“价值观”进行分类。然后，运用内容分析法对编码进行统计。

（3）构建价值层级图。首先要统计分类在“属性”“结果”“价值观”的各编码之间直接或间接关联的次数，由此建立“属性 – 结果 – 价值观”的综合关联矩阵表。在此基础上，构建价值层级图。通过价值层级图这种可视化的方式让研究者直接地理解属性、结果和价值观之间的联系，从而理解产品所赋予用户的意义①。

第四节 隐喻抽取技术的操作步骤

按照扎尔特曼和库尔特的建议，隐喻抽取技术的操作步骤详述如下②：

（1）前期准备。通常邀请 20 人左右的受访者参与访谈，在确定受访者后，提前一周左右向受访者介绍研究主题并提供一定的指导，要求受访者为提供一定数量的图片等做准备，要求这些照片能够表达受访者对于研究主题的感受，同时要求受访者具备认知图片的能力并能清楚表达图片的来源以及具体表达的内容，并告知访谈的时间、访谈流程以及注意事项。

① 陈敏. 基于手段 – 目标链理论的粉丝电影观影动机研究——以《复仇者联盟4》为例［D］. 广东外语外贸大学，2020.

② ZALTMAN G，COULTER R. Seeing the Voice of the Customer：Metaphor-based Advertising Research［J］. Journal of Advertising Reserach，1995，35（4）：35–51.

（2）引导谈话。访谈者需要对隐喻抽取技术的原理与操作步骤有充分的了解，在语言上能够与受访者进行顺利沟通，并保障受访者在相对轻松自然的环境下表达自己对于研究主题的看法。访谈的过程中主要利用阶梯访谈法，访谈主要分为 10 个步骤：

第一步，讲故事。人类的记忆和交流是基于故事的[①]，因此研究人员可以提供这样一个机会，请受访者讲述他们所带来的每张图片背后的故事，在讲故事过程中解读出受访者对研究主题的想法。研究人员在这一阶段主要是关注受访者选择每张图片的原因以及背后所隐藏的含义。

第二步，遗漏的问题和图像。询问受访者在搜集图片的过程中是否有想找但未找到的图片或者是否有想表达未能在故事中提及到的想法，可进行补充说明。这是一个重要的步骤，因为它允许研究人员解决在收集图片后或在采访过程中可能想到的问题。

第三步，分类整理。受访者被要求将带来的图片加以分类，并为每一堆分类提供一个标签或描述，分类的堆数和张数没有限制，让受访者自由地按照自身的想法进行分类，此举可以帮助受访者建立与主题相关联的主要概念。分类之后的标签内容，有助于诱导受访者说出对个人具有意义的认知，使研究者找到具有价值的概念。

第四步，概念抽取。随机从受访者所带来的图片中抽取任意的三张图片，然后请受访者进行回答："您认为这三张图片中哪两张图片较为相似，哪张与其他两个不一样？"并追问其

① SCHANK R. Tell Me A Story：A New Look At Real and Artificial Memory [M]. Simon & Schuster Trade，1990.

原因，目的是使问题逐步推进直至新的概念不再出现为止。

第五步，最具代表性的图片。请受访者从自己所选择的图片中，选出一张最能代表自己感觉与想法的图片，并描述其内容与含义，以此捕捉受访者内心的想法。

第六步，相反的图像。研究人员询问受访者可能描述与他们被给予的任务相反的图片，具体来说，要理解什么是什么，也有必要知道它不是什么，任何概念都包含与其意义相反的痕迹。该步骤的作用是：其一，可以使得负面的案例作为评价可信度的标准；其二，访谈者可以通过逆向思维建构与概念之间的关系。

第七步，感官图像。请受访者发挥想象力，通过运用其他非视觉感官（如听觉、嗅觉、味觉和触觉等）来思考和描述对研究主题的感受，即通过感官引出除了视觉之外的隐喻。

第八步，心智地图。研究人员回顾受访者所提及的所有概念，并询问受访者所记录的概念能否准确地描述自己所要表达的内容，是否能够准确表达自我的感受与想法，是否缺少或遗漏任何重要的想法。然后，请受访者创建一个地图来说明与主题相关的重要概念之间的联系。

第九步，总结影像。请受访者使用自己的图片创建一个小插图（剪贴画）来描述所研究的主题或总结图像。

第十步，小短文或视频短片。请受访者写下一篇短文或者创建一个短视频，使用视频编辑软件剪辑成影像，经由受访者查看后，配上一段描述感知内容的小短文。这一步骤可以帮助研究者了解受访者正在考虑的与主题相关的重要问题，以及在访谈之后的对于主题的想法并再次确认重要概念所指涉的含义。

（3）关键主题的识别。一旦访谈完成，研究人员需要审查每个访谈记录，以确定关键的主题，为分析提供大的指引方向。

（4）数据编码。一旦确定了研究主题，就需要对研究数据进行编码，识别各种概念，包括初始概念、连接概念和终极概念。按照笔者的理解，初始概念、连接概念和终极概念似乎与手段–目标链理论中的“属性”“结果”和“价值观”相连通。

（5）构建共识地图。为了直观地呈现多数受访者对于同一个研究主题的共同看法，往往需要绘制出共识地图来探究概念与概念之间关系的联结。共识地图是每位受访者个人心智地图的集合，是将受访者的心智地图放置于共识地图之中，通过相关的联结建构而成的。共识地图中的范畴是受访者在访谈过程中反复提到的，能够展现受访者内心的想法与感受，并代表全部受访者最为集中的思考。也就是说，并非提炼获得的所有概念都被绘入共识地图，这是由于隐喻抽取技术更为重视概念间的关系而非概念的有无。如果受访者在对某一概念与其他概念的关联性认识上并未达到共识，那么即使所有的受访者都提到过这个概念，该概念也不会在共识地图中呈现。要采取“三多”原则（即收敛原则）进行筛选，即多数时间、多数人、多数相同想法。通常，要将一个概念包含在共识地图上，必须有至少三分之一的受访者提到它，并且一个概念必须有至少四分之一的受访者提到它。

上文是隐喻抽取技术的理想分析步骤或操作指南，我们认为，隐喻抽取技术的完整操作步骤是比较复杂的，在实际操作过程中会遇到困难，比如对访谈者的要求很高、如严格执行将带来访谈时间的冗长等。我们将隐喻抽取技术的操作步骤简化表述如下：首先，研究者邀请受访者携带一定数量（建议8张左右）的图片，并让他们逐一对带来的图片内容进行描述，讲述每张图片背后的故事，研究者适时结合受访者所言进行深度访谈，让其描述照片内容所承载的深层次的感受与想法，并将该资料视为本研究数据的主要来源。接下来，进入分析步骤。文本资料根据主题进行概念抽取和内在关系分析，从而获得初始概念、连接概念、终极概念。最后，绘制共识地图以直观地展示初始概念、连接概念和终极概念，并以此揭示它们之间的内在关系。

笔者在本章开篇提到过隐喻抽取技术与符号学具有极大的相通之处。这是由于这个方法吻合符号学分析的核心思想，且具有很强的操作性。符号学方法分析是甄选具有一定代表性的数据资料，结合研究问题、研究主旨和内容，将收集到的数据资料进行分类，分析不同类别下的概念出现的次数，结合话语分析法分析语言与文字，找出概念之间的逻辑联系，综合所有案例进行比较分析，探索、发现其中的规律，分析外显与内隐的含义[①]。按照上文关于隐喻抽取技术的简化步骤，邀请受访者自行挑选8张代表性图片，其目的就是保证数据资料的代表性，满足符号学分析思想第一步的要求；根据主题对文本资料进行概念提取，分类和频率分析符合第二、三步的主张；通过概念分析，并借此识别某些符号的“再现体”和“对象”，从而诱发受访者阐释这些符号在他们内心深处的意义，绘制共识地图则是便于揭示“对象”和“解释项”之间的关系，这是符号学方法最后几步的主旨要求。

① 周常春，唐雪琼.符号学方法和内容分析法在旅游手册研究中的应用［J］.生态经济，2005，21（6）：24–27.

我们曾以西江千户苗寨为研究案例地，使用隐喻抽取技术，探讨西江千户苗寨在游客心中呈现出怎样的旅游意象。按照隐喻抽取技术的方法，本研究初步得到114个西江千户苗寨旅游意象符号，并对表达意义相似的概念进行合并处理。举例来说，将受访者提到的“迎客酒”“拦门酒”“拦路酒”等统一归纳为“拦门酒”；将“仙境”“仙气”“如梦似幻”等整理为“人间仙境”等等。最终，本研究获得90个概念，并以此构成旅游目的地意象符号系统。值得提到的是，从受访者SD07开始，新增的概念已大幅度减少至3个，因此表明本研究收集的质性资料的分析可以达到理论饱和，亦说明了饱和抽样。接下来，本文还需要进一步分析这些概念之间的内在关系，并对它们进行类别上的处理，从而识别获得初始概念、连接概念和终极概念等。最后，研究者需要探索并分析以上类型的概念间的关系并绘制共识地图，以此直观地呈现绝大多数的受访者对同一主题的共同看法。本文严格遵循绘制共识地图时的“收敛原则”，最终共得到39个共识概念，其中初始概念17个，连接概念14个，终极概念8个（图10–4）。

以受访者SD02的一段描述为例说明该符号系统的逻辑。SD02在受访中谈道：“苗寨的观景平台，坐落在半山腰，从观景平台可俯视苗寨的全景，吊脚楼随着地形起伏变化，从山脚一层一层向山顶蔓延，很壮观啊。早上，苗寨起了一层雾，那时候看那些依山而建的吊脚楼，云雾缭绕的样子，真像是人间仙境！”在这段描述中，符号的“对象”作为初始的概念处于概念关系链的最底层，它们是旅游者通过感官体验所感知到的具体的景观，如“观景台”“吊脚楼”；这些符号所指物是通过“再现体”让游客感知，从而获得“壮观”“云雾缭绕”等感觉；最终给受访者带来的心理感受，如“人间仙境”，即为该符号系统的“解释项”。

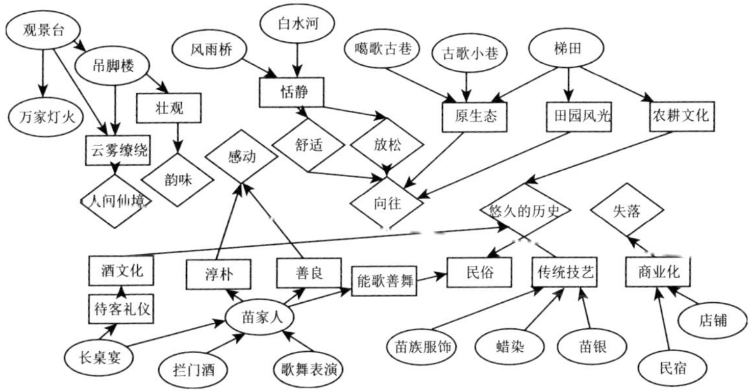

图 10-4　基于共识地图法绘制的西江千户苗寨旅游意象符号系统图

备注：椭圆代表初始概念，矩形代表连接概念，菱形代表终极概念

第十一章　话语分析

本书前文所阐释的类属分析和扎根理论，都有着各自的特色以及相互区别的分析流程，但它们也都存在一个共性的地方，即需要对文本进行编码。在笔者看来，文本编码的分析步骤，并不应简单地看作为一个资料压缩、提炼归纳的过程，它实际上需要研究者结合对话语的内容与意义进行深入思考。其实，这种思考不仅表现在编码分析环节，命题提出和论证的过程中同样需要投入更多的时间和精力。从这个角度来看，话语分析（discourse analysis）显得尤为重要。它构成了一些分析的基础，但从真正意义上来说它的难度是比较大的。它在运用过程中通常会涉及到语言学、符号学、心理学及社会学等学科知识。

第一节　话语与话语分析

一、话语的含义、类型与作用

（一）话语的含义

话语这个词，其英文单词为discourse。该英文单词，又有译作“语篇”。有的学者之所以将discourse翻译为“语篇”，主要是由于他们把书面形式称作“篇章”，而把口语形式称作“话语”，两者的统称即为“语篇”[①]。本书对 discourse 的称谓使用了“话语”这个译词，而对于口语形式的话语，我们常常使用“对话”“会话”“谈话”及“演讲”等术语加以区分。

在牛津词典中，discourse 被解释为“在演讲或写作中针对某个主题所作的较长且严肃的讨论”。泰南（Tannen）的定义使得“话语”的表述更为具体，他指出，话语是超越句子的一种语言，这种语言以任何文本（包括语言学分析的文本）、任何形式（包括两个按顺序组合的句子；一段录音的对话、会议或访谈；一本小说或戏剧）存在[②]。从上述两个定义中可以看出，“较长”“超越句子”都表达了话语是大于句子的单位，即强调了话语是超越句子的结构特征。即便如此，我们不能简单地将话语看作为句子的组合，即使这种组合是合乎语法的，因为话语还要强调逻辑性。还需要指出的是，近年来有不少学者认为话语不应该非得强调超越句子的这种形式上的认识[③]。在特定的环境里，几个词，甚至一个词都可以是一个话语。比如景区里张贴的“禁止吸烟”“小心地滑”等警示语之类的有意义的语言单位都可以看作是一个话语。因此，韩礼德等强调不应从形式上界定话语，而应从功能上界定，即话语应被看作是具有功能的语言，指的是传递某种信息，告诉人们应该做某事

① 苗兴伟，张蕾.汉语语篇分析［M］.北京：外语教学与研究出版社，2021：2.

② TANNEN D. Talking Voices：Repetition，Dialogue，and Imagery in Conversational Discourse［M］. Cambridge：Cambridge University Press，1989.

③ 董保华，杨炳钧.功能语篇分析新发展研究［M］.北京：清华大学出版社，2021：108.

或不应该做某事[①]。

综合以上认识，我们将话语定义为：话语通常指以任何形式存在的、具有逻辑性的语段或句子构成的语言整体，并具有传递信息、促成实践发生的功能性作用。

（二）话语的形式

话语的形式种类繁多，可以根据不同的标准，将其划分为不同的类别。例如，根据话语的媒介形式划分为口语话语和书面话语，根据话语的程式特点分为机构话语和非机构话语，等等。综合杜金榜[②]和张应林[③]等的研究，我们对几个典型的话语形式简述如下。

（1）口语话语。口语的形式比较广泛，演讲、讲课、报告、打电话、采访、谈话等都属于口语范围。从路径的角度来看，口语话语大致分为两大类，包括单向的言语（如演讲、讲课、报告等）和双向的言语（如谈话）。作为口语的话语，其特点是及时性和线性化。及时性指的是口语的发生是"在线"生成的，不像书面话语那样可以延迟产生；而线性化指的是每个词都是一个接一个地说出来的，一旦说出，这个顺序就不能发生改变，即不能倒退或重组我们的话语。

（2）书面话语。与口语话语不同的是，书面话语的作者通常有时间思考该说什么及如何说，并且可以对话语进行修改，由此而产生结构良好的句子，并呈现作者想传达的信息。另外，与口语话语相比，书面话语的作者与读者对语境的共享程

---

① 韩礼德，姜望琪，付毓玲.篇章、语篇、信息：系统功能语言学视角［J］.北京大学学报（哲学社会科学版），2011（1）：137–149.

② 杜金榜.语篇分析教程［M］.武汉：武汉大学出版社，2013：9.

③ 张应林.语篇分析学［M］.武汉：华中师范大学出版社，2006：20.

度要低，而且缺乏共时性。例如，作者所能获得的语境，读者并不能全部获得，而且要在读者阅读时才能得到，迟于作者写作的时间。读者也可以对话语做出反馈，但作者很难全部得到，即使能得到一部分反馈，也不能即时得到。由于很少得到即时反馈，书面话语所呈现的信息一般是单向的。

（3）机构话语。自从20世纪70年代开始，机构话语逐渐成为国外话语分析领域的研究热点之一。社会由家庭和机构组成。作为社会组成的重要单元，机构包括企业、政府机关、新闻报社、医院、学校、律师事务所等具备各种性质和功能的单位。这些机构由于各自服务的对象、承担的业务和工作等各有不同，因此它们都有属于自身的一套话语秩序与表达。比如，企业作为经济领域中的商业机构，它的话语及表述内容具有它的特色：形式上，它大多以一系列简短精练的平行结构出现；在内容上，它强调企业价值体系中的核心信念和指导原则，传达的是积极向上、励志奋发的精神[①]。再如，一些政府机关在给其下属机构下发通知文件时，常常会使用大量的祈使句实现义务型情态，如“全力做好旅游景区旅游容量测量工作”等，借此体现上级机构的权威性。

（三）话语的作用

话语有什么用？詹姆斯·保罗·吉认为，使用中的语言是关于说事、做事和成事的[②]。这种概括非常简练，但理解起来不免有些困难。笔者尝试理解詹姆斯·保罗·吉的思想，对话语的作用阐释如下：

---

① 徐涛．机构话语的“越界”［J］．外语教学，2006，27（3）：28–32.

② 詹姆斯·保罗·吉．话语分析导论：理论与方法［M］．何清顺，译．重庆：重庆大学出版社，2021：52–64.

（1）话语是用来说事的，即用来传递信息。话语中通常包含了话语使用者的意图，并传递着信息。此处需要指出的是，有些话语意图的表达很明显，信息也很明确，但有些话语的意图和信息却比较隐晦，需要研究者仔细斟酌、反复揣摩，甚至需要求助于他人的帮助（如商量、参考前人理论文献等）才能深解其义。笔者曾经在研究背包客旅游体验的意义问题时，最初面对“三郎”的叙说不太能理解。他说道：“城里，遇见的每个人都这么忙碌，都这么神经兮兮，都长着一副冰冷麻木或者茫然戒备的面孔。我很厌倦。是寻找心灵的归宿还是在逃避世俗，已没有心思去思考这些问题，只想走，只想离开，远远的。”但当笔者接触了法兰克福学派的现代性理论以及马克思的异化交往理论之后，才懂得“三郎”的话语中为何充满了对城市人的反感，以及想要逃避或远离这种生活状态的愿望。在马克思看来，现代人的交往陷入了一种异化交往的困境，属于一种功能性的交往[①]。在被异化了的功能性交往关系中，交往双方均忽略了对方的情感、尊严等而将对方视作客体、物、抽象的实体，只是把对方当成满足自己某种需要的工具，这种建立在利益、功能关系上的人际关系变得脆弱化，人与人之间不再有心灵的碰撞和沟通，不再有发自内心的朴实的爱，人际关系成了不带感悟的例行公事[②]。

（2）话语可以用来做事和成事，促进实践的发生。尽管我们不能简单地靠说几句话就能建造一幢大楼，但世界上的确有

---

① 马克思.1844 年经济学哲学手稿［M］. 刘丕坤，译 . 北京：人民出版社，2000.

② 陈双凤.现代社会交往异化难题及其破解［J].陇东学院学报，2009，20(3)：97–99.

很多事情是通过说话来建造的。比如，滑雪比赛中一位裁判说“开始！”于是比赛中的“开始”就存在了。又如，学生毕业论文答辩会现场，评委主席说“现在我们的论文答辩会开始”，于是，会议就开始存在了。

（3）话语可以用来构建身份。我们也可以使用语言获得某种身份或角色，即构建身份。再以学生毕业论文答辩会为例，评委主席以“主席”的口吻说话，那他正在行使委员会“主席”之职，而他如果换一种方式说话，则是在和同事聊天。比如，他想邀请孙教授点评某位学生的论文时，说道：“孙教授，请您谈谈您对这位学生论文的看法。”这种说话方式就非常正式，表明他按照答辩委员会主席的身份在履行自己的职责，而言语正式则表达了对孙教授的尊敬。但如果换种方式说：“老孙，你怎么看这篇论文？”使用“老孙”和“你”这种词语，这就把孙教授当作自己的朋友，一种不见外的表达。同时，也通过具有亲密感的话语进一步构建、维系了彼此之间的关系。许多背包客通过不走寻常路、特殊着装等标志着他们的特殊，还通过话语来构建他们与众不同的身份。在他们的眼里，背包客的身份与参团游客有着很大的不同，并极力在身份上与这些群体划清界线。笔者在做背包客研究时访谈过“JJ”，就很强烈地感受到了他在话语中竭力地构建其不一样的身份。当听完我的访谈计划时，“JJ”问了我一个问题：“我想问问，你研究的这个是一般的腐败游，还是户外运动的那种旅游？”这句话中最值得玩味的是“一般”和“腐败”两个词语。“一般”这个词意指“普通，没有特色”。该词本身并没有任何的褒贬色彩，但将它放在当时的语境中，笔者能够明显地感受到“JJ”对大众旅游的一种反感，这种轻蔑的态度在“腐败”二字上表现得淋漓尽致。

二、话语分析的起源与含义

话语分析并非是新近才出现的一种研究方法。本书第三章在回顾诠释学的历史时就指出，学者早在17世纪早期就开始了对话语的解释。在苗兴伟和张蕾看来，西方的话语分析可以追溯到两千多年前柏拉图对辩论结构的研究和亚里士多德对修辞理论的研究，中国早在刘勰的《文心雕龙》中就有话语分析的思想[①]。但真正意义上关于话语的科学研究则出现在20世纪的语言学研究中，不少的学者采用不同的方法研究社会和世界上的语言，其中影响较大的是布拉格学派的功能句子观、哥本哈根学派的语符学理论，以及伦敦学派的语境理论[②]。1952年，一位名为泽里克·哈里斯（Zellig Harris）的语言学家，发表了一篇题为"话语分析"（"Discourse Analysis"）的论文[③]。他是第一位创造"话语分析"这个术语的语言学家。他探索了语言规则，这些规则旨在解释文本中的句子如何通过语法加以连接。不过学者们认为，尽管泽里克·哈里斯创造了"话语分析"这个令人振奋的概念，但实际上他的那篇论文并不太受人推崇，因为那篇论文发表之后的很长时间里没有人跟进，其结果并不令人感到有趣。而且，他论文中阐释的话语分析法其含义与今天我们所使用的术语含义相去甚远。

除此之外，20世纪60年代美国加州大学伯克利分校

---

① 苗兴伟，张蕾.汉语语篇分析［M］.北京：外语教学与研究出版社，2021：4–5.

② 董保华，杨炳钧.功能语篇分析新发展研究［M］.北京：清华大学出版社，2021：1.

③ 张应林.语篇分析学［M］.武汉：华中师范大学出版社，2006：20.

社会系的两位研究生萨克斯（Harvey Sacks）和谢格洛夫（Emanuel A. Schelgloff）的贡献也值得提及，他们在师承戈夫曼的思想下，进一步发展了戈夫曼的方法，将语言学、人类学、心理学等社会科学结合起来，对会话这种形式的话语分析起到奠基作用[①]。长期以来，人们认为日常会话和交谈是杂乱无章，毫无规律可循的，因此很难对它们进行学术研究。但常人方法论学者指出，人们在日常生活中的做事和说话都有一套秩序和规律。王宁阐释这个问题时举过一个日常生活中的例子作以说明：甲给乙打电话想托付乙帮着办件事情，在正式交待这件事情之前，有过一番闲聊，问候对方近况。这个问候与闲聊看似不重要，毫无章法和规律可言，但其实是对两者之间关系的梳理，是对委托办事的一种前期铺垫。因此，作为话语的一种存在形式，会话分析（conversation analysis）具有了理论上的支持，开始进入学术研究的视野并被视为常人方法论王冠上的一颗明珠。

在上文的阐述中，我们其实可以看到包括语言学者和社会学者在内的多领域研究者对话语分析产生兴趣，而他们对话语的分析和利用具有差异性。因此，"话语分析"一词的解释，也应该回到各自领域的应用中加以概括。在语言学中，它的使用通常表明人们对使用中的语言的组织和功能感兴趣，并且可以应用于对独白、书面文本以及对话的研究；在社会学、心理学、人类学和教育研究中，它通常指的是在社会语境中对话语

① 杜金榜. 语篇分析教程［M］. 武汉：武汉大学出版社，2013：9.

的分析[①]。

第二节 一般性话语分析

为了与下文的“批评性话语分析”的概念相区别，我们在这里使用“一般性话语分析”概念。“一般性话语分析”侧重于强调使用语言学的方法对话语展开分析，而非像批评性话语分析那样将话语与权力和意识形态联系起来。而在笔者看来，批评性话语分析虽然主旨是从权力的角度讨论话语的含义，但它的分析步骤中同样包含从语言学的角度进行分析的步骤。因此，“一般性话语分析”属于基础性的分析过程。苗兴伟和张蕾在其《汉语语篇分析》著作中对话语的衔接、连贯及信息性等概念给予了详尽的说明[②]。这些概念属于语言学知识体系范畴，对这些知识的掌握将有助于研究者对话语进行深层次的把握与理解。本书只对话语分析中需要考虑的语境因素作以说明。

语境这个概念最早由人类学家马林诺夫斯基在 20 世纪初提出。语境就是话语的环境和话语所处的情景，语言和语境是密不可分的，理解语言必须依赖于它所依存的环境。脱离了语境，词就没有意义。由此可见，话语分析离不开语境，话语分

---

① JOHNSON M，MERCER N. Using Sociocultural Discourse Analysis to Analyse Professional Discourse［J］. Learning，Culture and Social Interaction，2019（21）：267–277.

② 苗兴伟，张蕾.汉语语篇分析［M］.北京：外语教学与研究出版社，2021：4–5.

析中的任何一种分析方法、步骤或者模式，都应联系语境[①]。从语境对于话语分析的重要性角度来看，我们需要警惕的是，近年来运用定量研究方法所开展的话语分析。如，通过机器编码方式进行文本挖掘，这种只专注于词语本身，而漠视或忽略了该词在具体语境中的真正含义的作法将会导致分析结果的无效或失真。

语境本身是一个系统。语境可分为内部环境、文化语境和情景语境，内部环境指的是联系上下文了解话语的含义；文化语境指的是施话者所在言语群体的风土人情及历史文化，该群体的人一般能理解话语的意义和交际意图；情景语境指的是话语产生时的事件性质、参与者关系、时间、地点、方式等，甚至交际者的身势、体态、语言风格等[②]。这些不同类型的语境，都会影响话语的分析和理解。

民族文化对人们思想表达方式具有显著的影响，如在词汇运用、表达方式、说理方式、思维模式等方面都表现特定文化语境的某些特点。胡文仲引用了他的学生金敬子（Kyeongia Kim）的一项研究说明该问题。该研究得出的结论：美国学生更多地在开头就将主题点出，然后发挥主题；而韩国学生更多地在结尾提出主题，在前面提供背景说明[③]。胡文仲的研究中还转述了其他学者在研究不同国籍的学生的写作后，用各种不同的图形形象地表示出几种不同的思维模式，如图 11-1。

---

① 张存玉，陈冰.语篇分析中语境的功能［J］.长春理工大学学报（社会科学版），2013，26（1）：169-170.

② 张彧.语境与语篇理解的个案研究［J］.吉林教育学院学报，2013，29（10）：122-124.

③ 胡文仲.超越文化屏障［M］.北京：外语教学与研究出版社，2002：110.

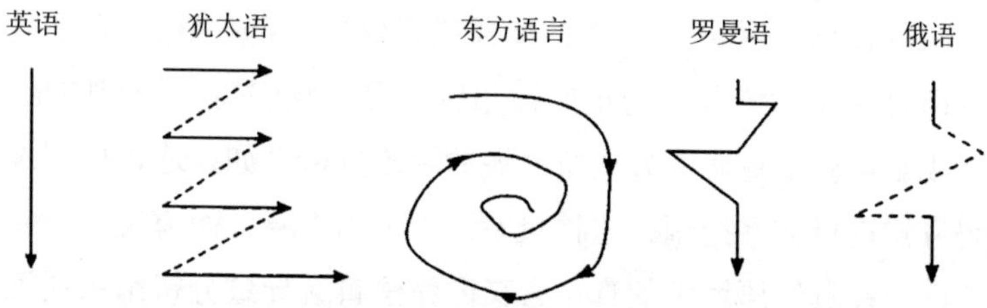

图 11–1 思维差异图

结合语境的分析可以准确把握施话者的真正意图。比如“我吃过饭了”这一句在不同的情景下会有不同的理解。如果某人邀请你共进晚餐，这句“我吃过饭了”的含义就很可能是拒绝。换一种情景，如果已经坐在餐桌旁了，这句话的含义很可能是“不要为我点太多菜，我只想陪你，和你聊聊天”。

同样话语的表达，常常会由于施话者语调、语气、或者表情与姿势的不同，产生或导致不同的意义。所以，在对会话、谈话资料的转录过程中，严格性的作法需要标注出重音和强调等语气，记录施话者的表情与体态，目的就是对这种特殊表达的意图做出准确的分析。通过对语境的分析可以消除理解上的障碍，如歧义和多义。有研究者在分析话语含义时强调指出，话语从本质上来说是正在使用语言时的一段文字或口语对话[①]。这个定义中，不仅表达了话语的范围包括口语对话和书面语，更重要的是，研究者强调了“正在使用”（in use）这个词。研究者之所以强调“正在使用”，主要是他认为专注于词语本身的一般性解释很有可能不能传递说话者或写作者的真正意图，而要结合话语所处的情境与语境进行理解。不仅是因为

① FOSTER J，GRENIER R，TAYLOR E，MOBLEY A. Discourse Analysis：A Novel Analytical Technique for Qualitative Nutrition Research［J］. Journal of Nutrition Education and Behavior，2019，51（7）：904–911.

单词的如何传递可以显著改变它们的意思，而且谁在讲及谁在听同样都会构建单词的意义。笔者借用詹姆斯·保罗·吉书中的一个例子，说明单词的如何传递可以显著改变它的意义。这个例子说的是历史教授沃戈沃开展了一项口述史的研究，她邀请了当地中学教师参加研讨。卡伦是这次被邀请访谈的一位中学教师。在这个会议上，问询者谈到项目方举办的“暑期研究班”的事情。卡伦表示自己参加了，她当时也打了电话给萨拉，但萨拉最终没有参加。对于萨拉的缺席，卡伦使用的语言使自己与萨拉形成了鲜明的对比。她用“I did call her（我的确给她打电话了）”进行强调，而不仅仅是“I called her（我给她打电话了）”。卡伦使用“did”这个单词，就把她自己描绘为一个责任心很强的人，做了别人让她做的事情，而且，她使用“I did participate in it（我确实参加了）”，进一步强调她负责任地参加了暑期研究班。

第三节 批评性话语分析

一、批评性话语分析的含义

上文指出，话语不仅可以用来说事，传递信息，而且还可以用来做事、成事。这种表述中似乎也隐喻了话语具有某种力量。1989 年，费尔克拉夫（Fairclough）在他题为《语言与权力》（*Language and Power*）的著作中提出了“批评性话语分析”（Critical Discourse Analysis，简称为 CDA）概念。无独有偶，沃达克（Wodak）在他的著作《语言、权力和意识形态》（*Language, Power and Ideology*）中也提出了相似的想法。而

1992年在阿姆斯特丹举行的学术研讨会上，这两位学者连同其他学者一起深入地讨论了批评性话语分析的理论建构问题。随后，批评性话语分析开始为学界广泛讨论，快速进入蓬勃发展时期。

按照苗兴伟和张蕾的观点，批评性话语分析将语言看作一种社会实践方式，运用语言学的研究方法，通过实际语言的分析来研究社会问题，包括民族问题、种族歧视、性别歧视、公共关系等，揭示隐藏在语言背后不被普通读者发觉的意识形态和权力关系①。这个定义，包含了以下几个方面的内涵：

第一，话语是一种实践方式。话语构成了论说及书写的对象，是一种产生意义、构建主体思想、心智和情感的实践活动②。活动主体通过话语参与社会实践，即话语被看作是一种社会行为，与社会环境其他因素相互作用。这就使得批评性话语分析不再是传统意义上的仅对话语结构特征或者其功能进行分析，而是分析话语背后的社会结构、权势关系和意识形态等问题。

第二，批评性话语分析作为话语分析的一种流派，自然传承了话语分析的若干方法，包括功能语言学、会话分析、语料库语言学等方法，对社会生活中的话语实践形式进行分析。

第三，批评性话语分析的目的旨在揭示话语所承载的权力关系和意识形态。它在传统的语言学基础上将以语言学为主的话语分析同社会科学研究的话语转向紧密结合。它的宗旨和目

---

① 苗兴伟，张蕾.汉语语篇分析［M］.北京：外语教学与研究出版社，2021：4–5.

② 张永霞.福柯话语分析：话语研究新视角［J］.牡丹江大学学报，2018，27（9）：89–107.

标带有鲜明和强烈的人文关怀，致力于改变现存的被人视为理所当然的话语实践，并以此重建和改变社会组织，从而为消除压迫和促进社会公平指明方向[①]。

第四，批评性话语分析与一般话语分析的区别就在于“批评”，强调通过对具体话语的分析，揭示话语背后的权力与意识形态冲突。“批评”并非简单表示否定，而是强调了研究者的深刻反思，包含对话语所表征的不平等权力关系与意识形态的透彻解释。

二、话语与权力的进一步阐释

批评性话语分析的理论基础之一是福柯的话语理论。值得说明的是，福柯眼中的话语不局限于语言，而包括一切可以传递意义、表达思想的非文字形式，如面部表情、身体姿态。在福柯的话语理论体系中，该话语绝不仅仅与语言学中的话语相联系，他的话语理论更多受惠于尼采的权力谱系学，即将话语看作是一种权力。这里的权力不是狭义的政治权力，也不是语用学研究所强调的个体语言运用产生的语力，而是指日常生活中由话语实践体现的人与人之间的社会关系[②]。准确来说，是人与人之间不对等、不平等的关系。英语词典中将权力定义为：“对他人的控制和影响。”从这个定义中，我们可以看出，控制是界定权力的重要概念。如果我们能让别人按照我们的意愿行事，就说明我们控制了他们的行为或思想。

---

① 张永霞.从范式的视角探究批评性话语分析与福柯话语分析之研究定位［J］.牡丹江大学学报，2021，30（12）：28–34.

② 苗兴伟，张蕾.汉语语篇分析［M］.北京：外语教学与研究出版社，2021：155.

权力不仅仅是来自国家机器的暴力，而且通过与话语的联姻贯穿于整个社会机体。父母与孩子、老师与学生、医生与病人、雇主与雇员之间存在着复杂的权力关系和不同的知识话语。话语能够反映权力关系。权力较大的一方拥有较高的地位和资源，他们可以使用语言实施权力，进而实现自己的目标。例如，父母通过语言教育子女、规训着他们的行为；教师在课堂上通过话语限制学生说话的数量和内容；旅游企业的管理者通过语言来说服、命令员工更加卖力地工作。但权力也不是永恒不变的。没有权力的群体和个人会争取获得更多的权力，为自己赋权、增权。批评性话语分析旨在阐释这些社会实践的过程，揭示潜藏其中的权力关系、不平等关系及其变化。

樊友猛等关注到了山东省上九山村旅游发展过程中的村民搬迁事件，收集了该案例地的新闻报道，并进行了批评性话语分析，从开发商与村民之间的话语中可以看出不对等的权力关系。本书摘录其中的部分话语如下：

> “留在山上的村民大都是60岁以上的老人。有三种情况，一种是习惯了山上的生活不愿下山；一种是经济条件不好，在山下盖不起房子；还有一种是借住别人家的房子。……让老人更发愁的是，村子开发后他们住在哪里。村民娄守顺：‘我83了，担心没地方住。’……开发商从一开始就给镇里提出一个硬性条件：为便于管理，必须把山上的村民全都搬下来……经商定，对居住在山上居住的村民形成了安置方案：对愿意转让房屋的，开发商按评估价收购，统一修缮，并允许继续居住；对转让后暂时没房住的，开发商按评估价收购，并在山下划

拨宅基地，同时允许继续留住老房子，待新房建成后收回；对不卖也不搬的，可继续住老房子，但由开发商出钱，对老屋进行统一改造。”①

从这则话语中，我们可以很明显地看出开发商和村民之间关系的不平等。“经济条件不好”“发愁”“担心”等词语，明显透露出村民的弱势地位，他们陷入一种无所适从和任人摆布的境地。与之相对，“硬性条件”“必须”“允许”等词语赋予了开发商，其强势地位一目了然。从这个案例中，还可以看出，在分析乡村地区旅游发展过程中各主体的话语权时，要联系话语主体的身份、社会地位、财富状况等，这些决定了主体在权力关系网络中较量时拥有力量的大小。这些利益相关者包括政府、开发商、专家、农民等。从角色扮演上看，政府作为公权代表、引资方，通常也是农村旅游发展过程的主导者；开发商为出资方，对农村旅游发展起到直接支配性的作用；专家作为专业知识代表，多受聘于政府，将政府发展理念落地为实施方案；农民被定义为目标群体，也即发展对象或救助对象；从社会地位归属上看，政府、开发商、专家属于强势群体，农民属于弱势群体。

福柯在《规划与惩罚》著作中利用了边沁的全景敞视式监狱来阐释权力的运作。这种监狱打破了长期密不透风的传统监狱模式，取而代之的是“四周是环形结构，中间是一座瞭望塔”的模式。这种监狱只需要一名监督者站在瞭望塔中对罪犯进行监视，罪犯的言行受到密切的监视，而罪犯则不

① 樊友猛，谢彦君，王志文.地方旅游发展决策中的权力呈现——对上九山村新闻报道的批评话语分析［J］.旅游学刊，2016，31（1）：22-36.

能看到监督者。久而久之，即使没有监督者在上面进行监视，但长期的“规训”以及刑罚使得权力自动运转，导致犯人变得不敢轻举妄动。边沁所提出的全景敞视建筑的构想，最初只是被应用于监狱，后来应用于学校、工厂、甚至整个社会。这些机构的监视，尽管在手段和惩戒措施等方面都具有差异，但是其目的都是制造出驯顺的个人。

女性主义领域的话题同样是批评性话语分析中重点讨论的对象。在前文关于女性主义哲学的阐释中，我们指出，我国当今阶段男女性别平等观念仍受到传统父权制文化的影响。在父权制社会下，“父亲”以严厉的目光监视着女性，用他们的话语规训着女性的成长。笔者曾经的一位受访者 Windy 谈到父母对她的要求：“还有就是女孩子，他们认为女孩子应该多学做家务，多学做菜，然后就有这些要求，要我们勤快一点……会有这种要求啊，对于男生的话，像我哥，我堂哥他们啊，他们不需要做家务，也就没有这个要求。”从中我们可以看到话语的规训作用。对此，有学者提出可以使用话语建构主体理论进行解释。这个理论主要阐释的是话语如何生成有关人的行为、身体、情感和心理，其大意是：话语通过将我们定位为某种身份的人而将我们置于某个位置上，这些位置决定了我们在话语内多大程度上可以或不可以做某事，我们无法避免话语带给我们的这些主体位置和自我呈现方式。一旦我们接受了某个主体位置，我们就不可避免地陷入了这个位置带来的一整套权利和义务中。女性出生后，社会及家庭就按照父权制赋予女人的价值属性（如温柔、顺从、服务、风情、浪漫等）来塑造她，让她自小就培养和认同被赋予的女性特质。这些特质本身并无好坏之分，但把它们作为人的主体特质时，个体就会慢慢消解自己的主体性和独立性，导致自我的缺失与人格的不完整。

三、批评性话语分析策略

批评性话语分析关注各类社会问题，讨论语言与社会的关系。具体的分析方法以费尔克劳夫（Fairclough）的话语实践法影响最大。费尔克劳夫在创建他的话语实践法之初，认为话语由文本、互动和语境组成，并指出其中的逻辑是：文本由互动产生，互动中包括生产过程和解释过程，这些都是以语境为前提条件和社会条件的，后来，费尔克劳夫对该方法进行了完善，并将“语境”替换为社会实践，“互动”替换为“话语实践”；最终构建了一个由文本、话语实践和社会实践组成的三维分析框架（图 11-2）。

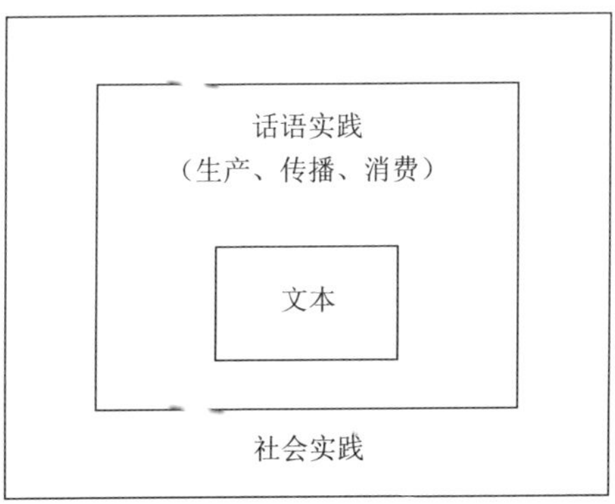

图 11-2　批评性话语分析的三维分析框架（费尔克劳夫，1992）

文本主要从语言学角度对其内容和叙事逻辑进行剖析，重点分析词汇、语法、连贯性和文本结构。其中，词汇分析并非研究词汇本身，而是聚焦于词汇的意义；语法研究主要针对的是将简单句或分句和另一个句子连接在一起的连词，每一个分句都结合了观念的意义、人际间的意义以及文本的意义，具体体现在情态、及物性、主被动语态、名词化以及主题的分析上；连贯性的关注点主要涉及分句和句子是如何被连接在一起的，注重连接句子的方式、方式的随意组合会构成话语结构的不同，最后导致意识形态的差异；文本结构关注大范围的整体结构[①]。

任何一种文本、话语实践都不是孤立的存在，都是人在社会活动中的相关意识形态、社会环境的产物[②]。话语实践主要是指文本的生产、传播和消费的过程，由于社会规则和文化习俗会影响这个发生过程，所以在不同的社会规则和文化习俗下会形成不同的话语类型。话语实践涉及文本的生产、传播和消费，它们分别对应言辞表达中的“力量”、文本的“互文性”与“连贯性”。对于文本生产者而言，其自身的目的以及意图都属于文本的“力量”，理解“力量”是如何施加到生产过程中则需要了解文本背景的“互文性”，连贯性为我们在对主体进行解释时所运用的主要原则，即受众如何解释文本并为其赋予意义，把握解释原则同样需要了解“互文性”。

社会实践指的是将话语置于权力和意识形态框架中进行讨论，旨在揭示话语背后隐含的权力关系，总结文化变化和社会变迁。

基于以上分析框架，费尔克劳夫进一步概括了实际运用

① 张琦.批评话语分析视角下青年身份的话语建构——以Bilibili《后浪》为例［D］.兰州财经大学，2021.

② 沈瑞林，张彦会，李昕钰.我国高校课程思政话语体系建设的困境与对策——基于费尔克劳夫话语三维模式的考察［J］.江苏高教，2022（3）：73–79.

中的分析步骤，分别对应为描述（describe）、阐释（interpret）和解释（explain），而这些步骤的阐述可进一步帮助我们理解上述三个维度概念之间的区别。对于文本的分析，主要是利用语言学的知识，对文本的词汇、语法和结构等形式方面的特征进行描述性分析；而话语实践则重在提出阐释，分析文本是怎样产生的，又是如何传播并引起受话者解读的；解释则对应的是社会实践，主要结合社会因素分析哪些因素对话语实践产生影响，并产生文本。

在国内旅游研究中，批评性话语分析法的运用还是非常稀缺的。我们仅以郭培轩撰写的一篇非旅游类的文章为例对上述步骤进行解释①。这篇文章的分析不够全面，但可作为一个例子加以了解。作者收集了 2020 年 1 月 1 日至 2020 年 12 月 31 日期间热门微博中对女性形象评论的语篇。在文本分析中，作者从情感意义层面将微博中描述女性的词语分为中性、贬义和褒义三大类，并分别统计了这些词语出现的次数，发现媒体中对女性形象不太正面的评价仍然占据主流，包括“强势”“女权”“女司机”“剩女”等。在话语实践分析中，该文只是考察了话语的互文性，分析发现微博中对女性形象的描述大多采用直接引语的方式，比如引自某央视新闻对女性快递员的报道等。而在社会实践分析环节，作者从男权主义和新媒体时代女性话语权缺失两个角度对以上问题进行了社会文化因素方面的解释和批判。

最后需要说明的是，批评性话语分析同样会被人质疑为有时过于主观或带有强烈的自省成分。所以，三角互证在批语性

---

① 郭培轩. 新媒体时代女性形象的批评话语分析［J］. 新闻研究导刊，2022，13（24）：130–132.

话语分析中的应用尤为必要。概括起来，三角互证可来自于三个方面的策略：第一，尽量丰富文本材料的来源，除了收集传统的文本（如政策文件、新闻报道、游记等），还可借助访谈等技术收集话语数据。第二，在话语分析的过程中尽量融入前人的理论，以防止文章被读者认为只是作者的自说自话，前人理论不仅包括心理学、社会学等学科理论，而且更应重视对话语分析的发源学科（即语言学）中若干理论的运用，包括文本世界理论、意向图式理论等。第三，根据研究的需要，加入定量、实验等方法的支持。关于最后一个策略，我们借用“学术志”平台举办的《话语分析研究与论文写作》课程中列举的例子进行说明。这个例子是英国曾经发生的一场骚乱，而研究者发现了媒体如何借助语言中“火”的隐喻而建构一种事实。《每日星报》的报道提到“据昨晚报道，一名十几岁的女孩向警察投掷石块，引发（sparked）了席卷（engulfed）伦敦北部的骚乱。”另外，BBC 报道：“骚乱已经在伦敦的第三个晚上蔓延（spread）开来，英国其他城市也爆发了（flaring）骚乱。”在这两则新闻报道中，媒体实际上都使用了带有表达火之义的词汇，它们把这场骚乱隐喻为一场大火。在这种隐喻的作用下，大部分读者会在内心深处认同警察使用高压水枪进行镇压的做法。为了支持这种解释的合理性及科学性。研究者又开展了另一个实验。他邀请了两组被试，每组被试只能读到以下文字版本中的一个。

版本 1：抗议活动从早上开始，但很快发展到了整个城市。在那里，抗议活动持续了一整天。最终，警方用高压水枪驱散了抗议者。

版本 2：抗议活动从早上开始，但很快就蔓延到了整个城市。在那里，抗议活动持续了一整天。最终，警方用高压水枪驱散了抗议者。

在这两个版本的文字中，绝大部分文字表述一样，但显然第二个版本中使用了带有火之义的“蔓延”这个词。研究者使用了调查问卷进行测量，让被试为测量语句进行赋分（从 1 分到 7 分），以求了解两个版本情境下警察使用高压水枪驱散抗议者的合理性。从结果来看，火隐喻版本的被试打分显著高于只是字面意思版本的分数，即读者在火的隐喻作用下，认为这场事故是危险的、紧急的，更愿意接受警察使用高压水枪镇压抗议者的行为。

第十二章　内容分析法

内容分析法（Content Analysis）与以上几章中所提到的分析方法具有较大的差别，它在利用质性分析的同时，突出了对文本信息的定量分析，现在被广泛运用到新闻传播、图书情报、政治军事、社会学、旅游学等社会科学各领域中，成为重要的研究方法。本章首先介绍内容分析法的起源与含义，然后阐释该方法的操作步骤与流程，最后借助案例说明该方法在旅游研究中的应用，并指出其中存在的问题。

第一节　内容分析法的起源与含义

根据克里品多夫（Krippendorff）的考证，18 世纪的瑞士曾发生过一个有趣的故事，而这个故事实质上可以看作是内容分析法应用的雏形。当时有一部名为“基督教之歌”的圣歌集，其中有 90 首歌曲受到教徒们的谴责，原因是这些歌曲中的象征词与牧师的要求相违背，为了解决这个问题，人们对照早期的圣歌数出歌曲中不符合宗派教义的象征词[①]。这个故事里方法的运用可以看作是内容分析法的早期雏形，但真正意义

① 余娟.论心理学研究中的内容分析法［J］.河西学院学报，2006，22(1)：74-77.

上的内容分析法起始于20世纪初期，其标志是韦伯在首届德国社会学联合大会上的发言，他提议探究新闻报刊的内容[①]。第二次世界大战期间，美国著名传播学专家哈罗德·拉斯韦尔（Harold Lasswell）等在美国国会图书馆组织了一项“战时通讯研究”的工作，以德国公开出版的报纸为研究对象，通过内容分析法获取重要的军政机密情报，并取得了出乎意料的成功[②]。这项工作系统地发展和完善了内容分析法。在内容分析法发展过程中，它充分借鉴了系统论、信息论、语义学、统计学等学科成果，并广泛地应用于人文社会科学的各个领域。

1952年，美国传播学家伯纳德·贝雷尔森将内容分析法定义为“一种对具有明确特性的传播内容进行的客观、系统和定量描述的研究技术。”[③]而何芸和杨晓霞指出，内容分析法是一种深入剖析研究对象的内容，经客观、系统、量化分析后，透过现象将其内容所含的隐性本质揭示出来，并给予相应预测的科学方法[④]。从这些定义来看，内容分析法具有以下几个特征[⑤]：

（1）系统性。指的是内容或类目的取舍应依据一致的标准，以避免只有支持研究者假设前提的资料才被纳入研究对象

① 库卡茨.质性文本分析：方法、实践与软件使用指南［M］.朱志勇，范晓慧，译.重庆：重庆大学出版社，2017.

② 邱均平，邹菲.关于内容分析法的研究［J］.中国图书馆学报，2004（2）：12–17.

③ BERELSON B. Content Analysis in Communications Research［M］. New York：Hafner，1952：18.

④ 何芸，杨晓霞.内容分析法在我国旅游学研究中的应用及述评［J］.西南农业大学学报（社会科学版），2012，10（4）：6–12.

⑤ 邹菲.内容分析法的理论与实践研究［J］.评价与管理，2006，4（4）：71–77.

的情况，选择样本不是随心所欲而是必须按照一定的程序。

（2）客观性。指的是分析必须基于明确制定的规则执行，从而确保不同的人可以从相同的文献中得出同样的结果，即研究分析的结果不应该受到个人事前预设和主观偏见的影响。

（3）定量性。指的是研究中运用统计学方法对类目的分析单元出现的频数进行计量，用数字或图表的方式表述内容分析的结果。

从这些定义与特征中可以明显看出，内容分析法与我们之前介绍的类属分析法、扎根理论等具有很大的不同，前者重在揭示文本中的内涵与意义，而后者则是强调对质性研究数据或文本进行量化分析。这种方法的产生，或许是由于质性研究常常被人批评带有一定的主观性，而实证主义范式在很长一段时期占据主流，并被一些学者认为与定量相联系才会显得科学。毕竟有些时候，量化的数据如“30%”或者“排了大概 200 个人左右的队伍”这样的描述所传递的信息要比“不到一半”或“队伍很长”更准确、更具体。或许因为这种考虑，对文本的量化分析才应运而生。

有学者将内容分析法分为定量分析和定性分析两种。也就是说，内容分析法包括质性内容分析法和定量内容分析法。克拉考尔（Kracauer）是第一个明确呼吁“质性内容分析”的学者。这样的质性分析形式应该能揭示出潜在意义，这不是客观意义，也不是可能或不可能的诠释，而是主体间性交流的潜在意义。克拉考尔提倡的这种新式内容分析从一开始就不同于主流的内容分析①。它不再局限于显见的文本内容或量

---

① KRACAUER S. The Challenge of Qualitative Content Analysis［M］. Public Opinion Quarterly，1952，16：631–642.

化分析，而是致力于在文本中发现意义。伍多·库卡茨（Udo Kuckartz）在他的著作《质性文本分析：方法、实践与软件使用指导》中也提出“质性内容分析法”概念，同样是看到内容分析法变得流行之后，人们又看到了这种分析方法带来的新的困境，文本的内涵用一个个数字去表达好像不能完全揭示它的意义，所以，“质性内容分析法”是要强调在传统内容分析法的基础之上再更多地用传统质性的研究方法去分析文本的意义①。但笔者个人认为伍多·库卡茨等提出的“质性内容分析法”概念，可能会让人误以为质性内容分析法是一种新的分析法，就像传统的内容分析法跟其他的一些质的研究方法（如话语分析、扎根理论）有着本质上的区别一样。其实，质性内容分析法并不是什么新的方法，而是强调在传统内容分析方法的基础上添加质性分析。笔者认为，“质性内容分析法”这个概念提出的意义并不大，不太建议将内容分析法划分为质性内容分析法和定量内容分析法，为此，内容分析法只需要回归其最初本义，强调对质性文本的量化分析，并以此凸显这种方法的独特性。

第二节　内容分析法的操作流程与分析步骤

内容分析法的分析步骤大致包括四个方面，并且这些步骤仅是理论意义或理想层面上的，不少的内容分析研究在实际应用过程中由于各自分析的需要，并不需要或不用完全按照该操作步骤展开。

---

①　库卡茨.质性文本分析：方法、实践与软件使用指南［M］.朱志勇，范晓慧，译.重庆：重庆大学出版社，2017：28–33.

一、提出研究问题或假设

研究者在实施内容分析之前，通常都必须凝练明确的研究问题或形成有待验证的研究假设。研究问题的提出同样是研究目标确定以及研究范围限定的过程。通过提出研究问题，可以明确研究所要努力的方向，并确定研究的主题，从而围绕研究主题收集所需的资料，尽量减少收集那些对研究无用的资料。由于内容分析会涉及到定量分析，有时还会使用高级别的统计分析技术（如相关性检验、回归分析等），其中的一些带有统计推论性质的定量研究严格意义上来说需要提出具有理论支持的研究假设。笔者对这个问题的思考是，如果做变量关系类的研究，一定要提出具有理论支持或严密逻辑支撑的研究假设，这个道理我们在第一章第三节中已阐释；如果仅利用数据做描述性的研究，倒可以不用提出研究假设，但仍要强调对结果的合理解释。

二、界定总体和选取样本

在研究问题或研究假设的引导下，研究者需要界定研究问题回应所需要选择的研究对象。确定研究对象后，需要对研究对象进行调查，包括普查或抽样调查。涉及到抽样调查的问题，具体的策略可以参见本书关于抽样方法的内容介绍。内容分析法的研究对象是先于研究而存在的文本，包括书、杂志、报纸、报告、会议纪要、信件、日记、网页、电影、电视、广播节目、音乐、图片、艺术品等各种文本资料。但值得提醒的是，正如周翔指出，尽管内容分析抽样在抽样原理和重要性上与问卷调查抽样别无二致，但两者还是有所不同[①]。

第一，对于问卷调查抽样而言，其抽样单位是自然的个体，彼此独立，然而，内容分析所针对的文本属于人造产物，可根据研究者需要加以选择。文本单位可根据某一个单位下的下一层级对象进行选择，比如某个电视节目中的各种情节、场景、镜头和人物动作等，又或者某篇新闻报道中的段落、句子等。

第二，问卷调查中的抽样单位往往仅涉及一类，而有些内容分析研究在开展多元主题的关联性研究时，可能会涉及到多类抽样单位。譬如，通过新闻报道的内容分析来研究旅游安全问题，可能需要考虑多层面抽样单位：在媒体选择层面上，抽样单位是每个独立的媒体机构；从新闻体裁的角度考虑，抽样单位是消息、通讯、评论等。

第三，问卷调查所抽取的抽样单位通常就是分析单位，而内容分析中，这种情况极为少见。

三、建立编码手册或编码表

在内容分析中，建立编码手册或编码表是最重要、最关键的一个步骤。有研究者将这一步概括为类目建构。按照笔者的理解，该编码手册实际上是通过对研究文本的归纳和分析，建立与研究主题相关的类属、概念及细化测量指标的过程，从本质上说是一种概念化和操作化的设计。这也就是将原始文本资料转换成标准化形式材料的过程，或者是将内容资料转换为数字数据的过程。内容分析所使用的编码手册就跟定量研究利用

① 周翔 . 传播学内容分析研究与应用［M］. 重庆：重庆大学出版社，2014.

的测量量表一样重要。因此，设计好的编码手册或建立出色的类目有助于产生高质量的内容分析研究，而简单的编码手册或肤浅的类目建构则可能会导致内容分析流于表面化以致泛化平庸，甚至毫无意义①。由于内容分析中设计的编码手册类似于定量研究的研究问卷，所以要注意的是其中变量的测量层次问题。按照笔者的理解，好的编码手册通过文本数据的收集，最后能使用较高级别的统计方法进行分析。而变量的测量层次将决定着所能够使用的统计方法。传统上，将变量按照测量的层级或尺度由低级到高级、由粗略到精确划分为定类、定序、定距和定比四个测量层级的变量②。

一是定类变量（nominal variable，亦称名义变量、类别变量）。定类变量是最粗略、计量层次最低的测量尺度变量，它只能用来测量事物的性质和类别，比如性别、职业、婚姻状况、宗教、出生地等。也就是说，变量赋值时，只有类别上的区分，并没有顺序、大小、高低之别。这类变量只能用频数、百分比等简单的描述性指标进行统计分析。

二是定序变量（ordinal variable，亦称有序变量、顺序变量、等级变量）。定序变量的赋值不仅可以表达出类别上的区分，还具有顺序、大小、高低、强弱之类的等级差别。需要注意的是，这类变量的赋值尽管有大小、高低等程度上的差异，但不能在赋值上明确地反映大多少、高多少。比如，经济地位和文化程度就属于这类变量。

---

① 周翔.从内容分析法论看电视暴力攻击研究发展［C］.新闻与传播评论，2011：1–10.

② 范伟达，范冰.社会调查研究方法［M］.上海：复旦大学出版社，2014：127–130.

三是定距变量（interval variable，亦称等距变量、区间变量）。这类变量的赋值能够准确地度量类目之间的数量差距，但它没有绝对的零点。因此，定距变量可做加、减法运算，但不能做乘、除法运算。最典型的，人的智商和温度都属于定距变量。

四是定比变量（ratio variable，亦称比例变量、等比变量）。定比变量与定距变量相似，但其有绝对零点。

最后需要指出的是，建立定量研究的测量问卷在编码手册形成的过程中，需要研究者对其信度和效度进行判别，保证编码手册的质量。

四、数据收集与分析

编码手册形成之后，需要研究者对照编码手册与研究文本，将编码手册看成研究问卷进行填答。这个过程比问卷调查方便，内容分析不像问卷调查那样，研究对象无需对研究者作出回应，研究者可以单方面完成问题的询问和回答而不影响研究对象，所以它被看作是非介入性研究的主要研究方法之一。最终，研究者将获得研究所需要的定量数据，并运用简单的描述性统计方法（如频数、均值等）以及推断性统计方法（如卡方检验、t检验、方差分析、相关性检验、回归分析等）进行统计分析。

以下，本书结合作者曾经开展过的一项内容分析法研究对上述步骤进行说明[①]。该项研究最初关注到的是酒店官方网站设计的优劣问题，其背景是：由于互联网的出现，越来越多的

① 余志远，王兆成. 中国高星级酒店网站设计元素测评分析［J］. 哈尔滨商业大学学报（社会科学版），2008（3）：104–108.

旅游者选择利用网络这种新途径来获得酒店信息或预订酒店产品。对于提供信息或预订途径的酒店官方网站而言，它们在网站设计过程中是否考虑到网站元素的科学合理利用与设计，进而达到营销自己、实现电子商务的目的。因此，系统性地评估现有的酒店网站设计现状则成为该研究的问题和目的。

在研究对象的选择上，该研究限定的是中国大陆地区的高星级酒店网站平台。改革开放后，国内酒店业发展非常迅猛，数量庞大，并覆盖各种等级与类型。在笔者开展该项研究的特殊时代，还没有出现如“携程”“去哪儿”等第三方酒店预订平台，而那个年代低端的酒店没有实力、动力去开发属于自己的官方网站。所以，从典型性和代表性的角度出发，本研究最后选择的是我国大陆地区四、五星级的酒店网站，尽可能地收集各省、自治区和直辖市已经建成的四、五星级酒店的官方网站。所以，严格意义上来说，尽管该项研究的样本选取最初考虑的是覆盖全体，而不是抽样调查，但最终由于各种原因收集不到部分酒店网站信息。

如果按照内容分析法的步骤，接下来需要构建或形成编码手册或编码表。理论上来说，途径有二：第一，自主开发，通过对研究对象文本的分析，提炼、概括形成类别与测量指标；第二，借鉴他人，利用前人学者已经编制好的、成熟的量表作为自己的编码手册。我们的那项研究重点借鉴的就是别肯多夫和布莱克（2000）、塞翰梅斯和雅卡普（2006）的研究成果，他们将网站设计元素进行了归纳，提炼出四大主要元素，分别是互动空间、导航系统、网站功能和营销元素，并编制了编码手册（实际上可看作调查问卷）。利用该编码手册，研究者对照样本中的每家酒店网站进行填答，最终完成208份调查问卷。在数据收集完成后，我们使用了简单的描述性统计报告了酒店互动空间、导航系统、网站功能和营销元素等元素的设计现状，如从对“互动空间”的描述性统计结果来看，有97%以上的网站列举了酒店电话和地址；77%的网站列出了酒店的电子邮箱地址，但只有44%的网站对电子邮箱做了进一步链接设计，以方便顾客留言，有49%的网站使用了顾客在线留言表。另外，该研究还利用卡方检验方法检验不同星级的酒店在网站设计元素利用上有无显著性差异。

第三节　内容分析法在国内旅游研究中的应用

以“旅游”或“酒店”为主题词，“内容分析法”为关键词，在知网数据库中进行检索，可以看到国内旅游研究领域的内容分析研究呈现如图12-1所示的发文趋势。相比于传播学而言，内容分析法在国内旅游研究中的应用相对滞后，大概2004年左右开始引入并逐渐流行起来，经历三个阶段：1）萌芽介入期（2004–2010年），该阶段开始有零星的成果出现；2）快速增长期（2011–2017年），相关研究呈现快速增长趋势；3）平稳发展期（2018年至今），开始呈现平稳发展态势，发文量趋于稳定。

国内旅游学者进行内容分析的文本来源广泛、包罗万象、各有妙用，包括网络游记、网络评论、旅游手册、报纸、微信、照片、记录片、网站、旅游投诉案例、导游解说词、访谈等各种形式的文本资料。相对集中的研究主要聚合为四大主题，分别是旅游体验与评价、酒店服务感知与评价、旅游行为偏好与旅游目的地形象感知，其中尤以旅游目的地形象感知方面的研究最为丰富，但同时也是重复性研究最为突出的一类主题域。其他零散的研究尽管不是探讨以上主题，但既表现出了内容分析法可以被应用于多种话题的讨论，又体现了各自研究的新意。

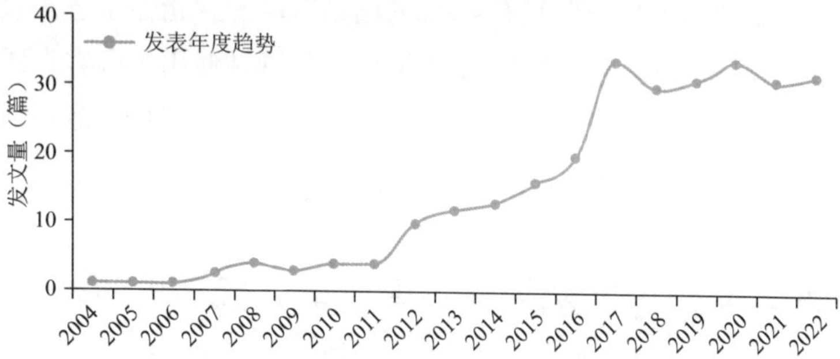

图 12-1 国内旅游研究领域内容分析研究的文献积累

从旅游研究中内容分析法应用的类型来看，主要包括三类研究。 第一，描述类研究。这类研究通过对文本的挖掘，运用描述性的统计分析方法，对旅游形象、景观、活动项目、酒店服务的体验和感受等各个方面进行描述，从而掌握旅游目的地形象、旅游者行为偏好、旅游与酒店消费中的体验感受及满意度评价等特点。第二，比较类研究。部分研究者通过巧妙的设计，在同个主题上开展比较性的研究，以此理解一些差异类问题，代表性的成果如李玺等探讨的访澳商务游客对澳门旅游形象的感知差异[①]；刘彬、甘巧林基于旅游摄影照片的内容分析，通过网络收集婺源官方宣传图片和旅游摄影图片对比形象

① 李玺，叶升，王东.旅游目的地感知形象非结构化测量应用研究——以访澳商务游客形象感知特征为例［J］. 旅游学刊，2011，26（12）：57-63.

构建差异[①]。第三，趋势类研究。该类研究通过内容的量化分析揭示某些指标有不同时序的变化趋势情况。该类研究相对比较少，刘海朦等最新的研究成果为我们提供了很好的示范。该研究首先构建了历史文化街区旅游体验质量评价指标体系，并以2017-2019年网络文本为数据源，利用均值、IPA分析法和二次拟合模型对江汉路及中山大道历史文化街区旅游体验质量进行内容分析，其中探讨游客旅游体验质量的季节性分布特征话题比较有趣且具有实践意义[②]。

我们通过阅读以内容分析为主题发表在国内期刊上的部分旅游文章，归纳得出以下问题，这也是未来研究需要避免的误区。

一、大材小用问题

内容分析法的实质是对质性研究数据的量的分析和呈现。上文提到，这种数据分析既可以做简单的描述性统计分析，也可以与高级别的统计分析联系起来。这也就是说，内容分析法其本身原属“大器”。尽管我们并不是想强调研究问题的分析非要弄得越复杂越好，但高级别的统计分析的确能够帮助揭示更多及更为深入的发现。在以上我们提到的三类内容分析法的应用研究中，很明显看出其中的描述类研究最为常见。有不少运用内容分析法开展旅游目的地形象的研究仅止步于文本中有关形象表征的高频词的呈现，即只对它们做了简单的描述性统

① 刘彬，甘巧林.Web2.0时代下的旅游摄影与婺源旅游地形象研究——基于旅游摄影照片的内容分析［J］.旅游论坛，2015，8（2）：54-60.

② 刘海朦，胡静，贾垚焱，吕丽.具身视角下历史文化街区旅游体验质量研究——以江汉路及中山大道历史文化街区为例［J］.华中师范大学学报（自然科学版），2021，55（1）：128-136.

计分析处理，这就限制了研究深度上的推进。比较而言，有研究除了运用内容分析法识别并描述该景区的形象之外，还借用量的数据建立IPA象限图，进一步分析景区投射形象与游客感知形象的差异，这类研究在研究深度的推进上做出了努力和尝试。其启示在于，除非研究者对于问题的分析仅需要使用内容分析法做简单的描述性分析，否则建议研究者在前期研究设计的时候做好精心的安排与规划。

二、重量轻质问题

目前旅游研究中还存在内容分析法使用简单化的问题。部分研究者掌握了内容分析法，仅将其作为一种工具和手段进行描述、呈现，这种作法比较高效，但在某种意义上忽略了质性研究的结合，没有发挥该工具本身的理论创造价值。从这个角度来看，伍多·库卡茨提出“质性内容分析”正是对原有的“内容分析法”重量而轻质倾向担忧的一种表现。内容分析把文本中的特征转化成为数字，从句子、段落或其他形式的文本中挖掘出数字。如果仅停留在数字表面化的呈现，那么很有可能会流于肤浅，甚至存在断章取义之嫌。同样的词汇，在中国博大精深的语言体系中，如果不回到特定的场景及具体的语境当中，我们可能很难真正知晓它们的本义。更多时候，诸多话语的意义需要研究者仔细地揣摩与深入解读，用心诠释和推理才能得到。因此，内容分析的过程中，除了使用科学的量化分析，还需要关注内容背后问题的本质和理论的价值，要注意对内容的把握，好的内容分析应该超越单纯的统计与计算。

三、避难就易问题

我们关注到近年来不少的旅游研究中使用 Rost Content 软件进行内容分析，这个软件可以对文字材料进行分词处理，并统计高频词，构建语义网络。同时，我们也观察到有些研究使用 Nvivo 或 Maxqda 软件进行编码，从而统计高频词。这两种分析工具的使用，尽管最终的目的都是得到高频词，但两者具有过程上的明显差别。利用 Rost Content 得到词汇的工作主要交由软件，是由软件依托其自身带有的词库，识别文本材料中的词汇而进行自动分词处理。而研究者使用 Nvivo 或 Maxqda 软件编码，过程中主要发挥了研究者的主观能动性，其词汇的获得其实是结合语境而对文本句子或段落的高度归纳。因此，从繁简程度上来看，前者更为简单，后者更为繁重。笔者更倾向于推荐研究者更多使用 Nvivo 或 Maxqda 进行手动编码处理，因为笔者认为目前 Rost Content 有其自身的不足：第一，它的分词工作主要依托于自身的词库，而目前开发者编制的这个词库显然只是日常生活用语，尽管我们看到有研究者在使用过程中为该词库添加 Hownet 情感词典、THUOCL 词典，但旅游研究中很多的概念其实需要结合学科特性及文本语境而命名；第二，Rost Content 在分词过程中可能由于“傻瓜化”的处理而造成违背、曲解原文意思的情况。比如，它会将原本“不美好”拆分成“不”和“美好”，导致了研究者在统计词频的时候出现与原文本根本不相符的结果。由于 Rost Content 软件自带语义网络分析功能，可能很多研究者想利用该分析功能。不过，这个功能也可以通过综合利用 NVIVO 软件和 Ucinet 软件的 Netdraw 功能得到实现。对此，黄燕等发表的文章给予了很好的示范①。

四、避繁就简问题

目前研究中还在一定程度上表现为对过程的简化。当然，上文中提到的分析步骤并不是金科玉律，有些研究结合自身研究目的可以做出简要性的选择。事实上，满足质性文本定量化的特性似乎都可以视为内容分析。我们想强调的是，上文介绍内容分析法的那套步骤虽然复杂，但或许能带来更为有益的结果与发现。在上文介绍内容分析法的操作步骤中，我们提到建立编码手册或编码表是很重要的一步。早期国内旅游学者熊伟和许俊华②以及范向丽和郑向敏③等发表的文章中均出现过该步骤，后期似乎由于 Rost Content 软件的流行，使用该步骤的文章变得相对少见。自主开发编码手册本身就是一件不太容易的事情，而从选择样本、再到对照一个个样本填写一份份的编码手册也很烦琐。这属于一类比较复杂的研究。本书想提醒的是，在条件允许的情况下，使用这种策略开展的内容分析研究，能够与高级别的统计分析方法联系起来综合使用。事实上，内容分析法的应用中还存在一类称为“关系类研究”，即可以通过内容分析法，结合相关统计分析技术，分析变量之间的相关性或者推断因果联系，但这方面的研究在国内旅游研

① 黄燕等.互联网时代的旅游地视觉表征：多元建构与循环［J］.旅游学刊，2015，30（6）：91–100.

② 熊伟，许俊华.基于内容分析法的我国经济型酒店服务质量评价研究——兼与高星级酒店相对比［J］.北京第二外国语学院学报，2010（11）：57–67.

③ 范向丽，郑向敏.内容分析法在旅游安全研究中的应用［J］.北京第二外国语学院学报，2010（3）：37–44.

究中似乎很少见。薛健平等[①]及肖华等[②]分别发表在《软科学》和《经济管理》上非旅游类的文章可以提供很好的参考和借鉴。

旅游学科在方法论上也表现出了跨学科的包容和融合特性，它将起源于传播学的内容分析法引入旅游研究，并形成了较好的积累，但其中也存在若干问题。这些问题或许都属于方法应用过程中不可避免的阶段性产物。笔者提出这些问题，其本意只是希望引起未来研究的思考，从而在该方法使用上做出改进与完善。

① 薛健平，余伟萍，牛永革.电子商务企业微博品牌传播效果研究［J］.软科学，2013，27（12）：67–71.

② 肖华，张国清，李建发.制度压力、高管特征与公司环境信息披露［J］.经济管理，2016，38（3）：168–180.

后　记

我很早以前就想写一本旅游研究方法的书。我在四川大学攻读硕士研究生学位时，就慢慢培养起了做学术研究的兴趣。该阶段的学习为我从事学术研究打下了基础。那个时期，我接触的是定量研究方法。2009 年，我考入东北财经大学攻读博士学位，师从谢彦君教授，主要使用质性研究方法从事旅游基础理论研究。读博期间，我广泛地涉猎了方法论书籍，孜孜不倦地汲取着书中的营养，收获着他人的智慧。在我看来，研究方法很重要。在十多年前的一次由中国旅游研究院主办的中国旅游科学年会上，当时已有 80 多岁高龄的申葆嘉教授向我们这些晚辈学人强调了研究方法研习的重要性。申老先生把研究方法比作一把钥匙，没有这把钥匙，我们就难以打开学术之门。受申老前辈思想的启发，我愿意把研究方法当作如下比拟。

它好比车载导航。初开车的人大概都有着相似的体会，就是不敢贸然出门，因为不晓得出发地到目的地该选哪条路，除非出发前认真参考地图，或者索性安装一个导航系统，让它指引着你如何去走。科学研究也是如此，它是一项复杂且系统的工程。研究起点（问题的提出）与研究终点（结果的发现）之间是一段很长的路。道路中，“杂草丛生”“迷雾漫漫”。研究方法就好比车载导航，有步骤，有程序，一步步引导着研究者通向研究的终点。

它好比翻译软件。语言不通，会造成交往的困难。做研究其实也是这样。正如我们在本书中阐释过，定量研究与质性研究存在着差异。在考虑质性研究的抽样问题时，我们就不能运用定量研究的思维去质疑十几位、几十位的受访者有没有代表性；如果不认识到哲学中除了实证主义，还有诠释主义、女性主义等哲学的存在，就无法理解有的研究中允许一定的情感和主观性思想的表达。从这个角度来说，掌握这些方法论知识，就像掌握了对方的语言一样，我们才能与彼此更为轻松、毫无障碍地对起话来。

它好比火种。研究方法除了给研究者提供方法上的指导，能为学界提供一个可以沟通的桥梁之外，它还可以作为一枚枚的火种，燃起研究者头脑中的思想之花。对于同一个文本，如果掌握了话语分析、扎根理论、内容分析等方法，我们所做的研究就很有可能呈现百花齐放之势。正如本书在谈及旅游研究选题策略这个问题时所说明的那样，“尽管我们会认为，方法是用来解决问题的。研究方法应该根据研究问题而定。但当可以使用不同的研究方法解决同一个问题时，事实上不同方法的运用也可以带来不同的结果与发现。”

博士阶段的学习让我转变了自己的研究领域和兴趣方向，从饭店管理转向旅游基础理论，从定量研究转向了质性研究。数字让定量研究显得理性、真实，但它似乎是“祛魅”的（当然，在数学家的眼里，它极具魅惑），远离了文字的精神与灵魂，为此而缺少了情感和温度。正如胡塞尔对科学主义的批判，科学主义所带来最大的恶果是对“生活世界”的遗忘。数字并不能反映生活世界本身，生活世界的面貌并非如此。也如同《旅游学刊》执行主编张凌云教授语重心长的教诲:“计算不能替代思想。”正因为如此，我想做有温度的研究，如果能赋予其思想，那更是我的愿望和追求。尽管我强调了质性方法在旅游研究中的重要性，但并不意味着否定定量研究的价值及其功用。事实上，任何一个方法都有它的优点和缺点。质性研究方法同样如此。它还不太为一些学者接受，很多论文并没有清晰地说明研究案例的代表性和典型性、样本选择的数量是否足够、研究者在研究中处于怎样的一个位置，等等。这么看来，质性研究要为更多的学者接受、认同，还有很长的一段路要走。

本书工程不小。我读了很多文献，才把这本书呈现在你们面前。在整个书稿撰写的过程中，我认真细致地阅读并辨析了这些文献，力求正确、有逻辑地表达这些知识，同时也纠正了一些个人认为错误的观点。不过也需要提到的是，由于这本书所涉及到的知识其广袤程度超出了我原有的想象，我常常受困于一些知识难点的思索，尤其是面对诸多质性研究方法的哲学基础问题，与这些晦涩难懂的哲学概念、观点打着交道，但好在最后我都一一克服，并加以解决。尽管我做了大量的努力，但很多知识实际上已超越了我的专业范围，加之个人能力的限制，我不敢声称我的理解都是完全正确的。本书中如有错漏之处，敬希各位读者批评指正，以求实现新的提升。

这本书的顺利完成，离不开他人智慧的启发和指引，我站在他们的肩上才能完成这本著作，特别向提供这些知识的学者、先贤们致以衷心的感谢和崇高的敬意!

我很感谢那些在我求学的不同阶段对我进行培养和教育的各位老师，特别感谢我的两位研究生导师。李柏槐教授是我硕士求学期间的科研启蒙老师，他为我打开了学术大门。谢彦君教授在我攻读博士学位时对我耳提面命、悉心教导，授我以学问，传我学术之道，先生就像一棵大树，根深叶茂，有时静默无语，但时刻关注着我们，关心着我们的成长。

本书属于我主持的国家社会科学基金一般项目“美丽乡村建设背景下乡愁旅游场建构研究（21BJY200）”的阶段性成果，非常感谢国家社会科学基金委员会及评审专家给我的鼓励。同时，它也是文化和旅游部宏观决策课题“新文旅战略型人才培养体系创新与模式探索（2022HGJCK10）”与教育部学位中心 / 中国专业学位案例中心“旅游创新助力生态文明：中国样板与案例探索（ZT–211017301）”项目的阶段性成果。此外，十分感谢学院新文旅文库对本书出版的支持。

在本书中，我援引了不少我与学生合作的成果。在与他们合作的过程中，我们一起尝试使用了各种质性研究方法。正是因为这样，我才会对诸多方法有着更为深刻的理解和感悟。我在撰写第十章“隐喻抽取技术”时，谷平平为我提供并整理了部分文献。为此，我要感谢他们。

最后，感谢那些在我生命历程中给过我鼓励和支持的人们。谨以此书，献给这个世界上身上有光、给他人以温暖的人们！

东北财经大学旅游与酒店管理学院　余志远

2023 年 2 月于大连

图书在版编目(CIP)数据

旅游质性研究方法 / 余志远著. — 北京 : 商务印书馆, 2023
ISBN 978-7-100-22458-1

Ⅰ. ①旅… Ⅱ. ①余… Ⅲ. ①旅游—研究方法 Ⅳ. ①F590-3

中国国家版本馆CIP数据核字(2023)第082738号

旅游质性研究方法

余志远 著

商 务 印 书 馆 出 版
（北京王府井大街36号 邮政编码100710）
商 务 印 书 馆 发 行
艺堂印刷（天津）有限公司印刷
ISBN 978-7-100-22458-1

2023年6月第1版　　开本880×1230 1/32
2023年6月第1次印刷　　印张10¾
定价：55.00元